ぐんま百名山

まるごとガイド

上毛新聞社

冬

●ぐんま百名山
[冬1] 黒斑山(P.108)／ようやくたどり着いた山頂から雄大な浅間山を眺める
[冬2] 榛名山(P.150)／榛名富士の山頂から見た雄大なパノラマ

[冬1]

[冬2]

早春〜初夏

●ぐんま百名山

[早春〜初夏1] 赤城山 (P.8) ／ 白銀の世界が広がる大沼と黒檜山
[早春〜初夏2] 栗生山 (P.14) ／ 山頂からは袈裟丸山などの山並みが望める

[早春〜初夏1]

[早春〜初夏2]

[早春～初夏3] **白毛門**(P.84) ／ 山頂付近から谷川連峰東面一ノ倉沢の岩壁を望む
[早春～初夏4] **吾妻耶山**(P.76) ／ 日本最大の浮島がある大峰沼

[早春～初夏3]

[早春～初夏4]

夏〜秋

● ぐんま百名山

[夏〜秋1] **四阿山**(P.120)／登山道から見渡す大風景。正面は浅間山
[夏〜秋2] **横手山**(P.128)／山頂から雲海がたちこめる長野方面の山々を望む

[夏〜秋1]

[夏〜秋2]

[夏~秋3] **エビ山**(P.132)／ 野反湖と周辺の山々
[夏~秋4] **平標山**(P.60)／ 階段の登山道を歩くハイカー
[夏~秋5] **高岩**(P.168)／ 雄岳にある垂直に近い20mの鎖場

［夏~秋3］

［夏~秋4］　　　　　　　　　　　　　［夏~秋5］

夏〜秋

●ぐんま百名山
[夏〜秋6] **大水上山**(P.88)／坂東太郎の古里"三角雪渓"
[夏〜秋7] **草津白根山**(P.126)／鋭くとがった岩肌が残る旧噴火口

[夏〜秋6]

[夏〜秋7]

[夏〜秋8] 巻機山(P.86)／錦に染まった山肌が眼前に迫る7合目
[夏〜秋9] 鹿岳(P.210)／二ノ岳山頂から一ノ岳(右)を望む
[夏〜秋10] 妙義山(P.162)／岩を登ると眺望が開ける

[夏〜秋8]

[夏〜秋9]

[夏〜秋10]

秋〜冬

●ぐんま百名山
[秋〜冬1] 吾妻山(P.20)／トンビ岩からの眺めは絶景
[秋〜冬2] 皇海山(P.48)／林道の途中から頂上を仰ぎ見る
[秋〜冬3] 谷川岳(P.54)／天候によってさまざまな表情を見せる「トマの耳」山頂付近

[秋〜冬1]

[秋〜冬2]

[秋〜冬3]

ぐんま百名山

まるごとガイド

■本書について

○本書は群馬県が選定した「ぐんま百名山」を登るための、一般登山者、ハイカーを対象としたガイドブックです。

○登山コースの状況、交通や宿泊情報など、本書に記載された内容は基本的に2010年1月から2015年9月にかけての調査・取材に基づきます。

○コースは山名見出し下に○○コース、○○～□□等で記しました。

○コースの難易度は、見出し右欄外に「初級向き」「一般向き」「上級向き」に分けて示しました。これはあくまでも本書で紹介するコースの難易度であって、山そのものの絶対的な難易度評価ではありません。またそれぞれのグレードの意味は下記の通りです。

> 「初級向き」高低差も少なく、歩行時間も短いおだやかなコース。危険なところはほとんどなく、無理なく歩けるコース。家族連れにもすすめられる。

> 「一般向き」高低差もあり、急な登り下りや、やや危険な箇所等も含まれる。歩行時間が長く、登山、ハイキングの経験者向き、または経験者との同行が望ましい。登山靴、登山用の雨具など無雪期用の一般的登山装備および非常食等の備えが必要となるコース。

▶ 「上級向き」「一般向き」よりさらに大きな高低差、長い歩行時間など、難度の高いコース。十分な経験をつんだ上級登山者向きで、一般向き以上の体力と技術も求められる。

▶ ＊ヤブや雪渓、岩場のある難コース、歩行時間の特に長くなるコースは「熟達向き」「健脚向き」とした。

○見出し下の「2万5千図」は、コースをカバーする国土地理院発行の2万5千分の一地形図名です。

○見出し下の「適期」は積雪期登山の経験のない一般のハイカー・登山者が安全・快適に歩ける時期をスケール上に示したものです。

○見出し右に記した「標準的な総歩行時間」は、休憩・昼食等を含まない、平均的な登山者を想定した総歩行時間です。歩行時間には個人差がかなりありますから、ゆとりを持った行動を心がけてください。

○見出し右に記した「標高差」は登山口と山頂間の単純な標高差で、コースの登下降等を含んだ実際の標高差ではありません。特に縦走コースの場合、実際の標高差は本書で示した数字よりはるかに大きくなりますので注意してください。

○本文中の地図は概念図です。また方位の表示のないものは上が北です。実際の山行には必ず国土地理院発行の2万5千分の一地形図とコンパスを携行してください。

○眺望（山頂からの眺め）
　◎極めて素晴らしい　○素晴らしい
　□物足りない　△ほとんど見えない

ぐんま百名山エリアガイド

エリア3
谷川・上越・奥利

平標
大源太山
三国山
稲包山

エリア5
浅間・白根・吾妻

横手山
エビ山
白砂山
八間山
草津白根山
御飯岳
四阿山
高間山
有笠山
嵩山
十二
王城山
小野
湯ノ丸山
岩櫃山
篭ノ登山
蛇骨岳
浅間隠山
榛名山
黒斑山 浅間山
鼻曲山 角落山
石尊山

エリア6
榛名と
西毛の丘

エリア7
妙義・荒船

高岩
妙義山
日暮山
物見山 御堂山 大桁山
荒船山 物語山
崇台山
観音山
牛伏山
庚申
鹿岳 四ツ又山
立岩 黒滝山 小沢岳 稲含山 天狗山
烏帽子岳 桧沢岳 赤久縄山 御荷鉾山 桜山

エリア8
西上州

天狗岩 笠丸山 父不見山
諏訪山 天丸山 諏訪山

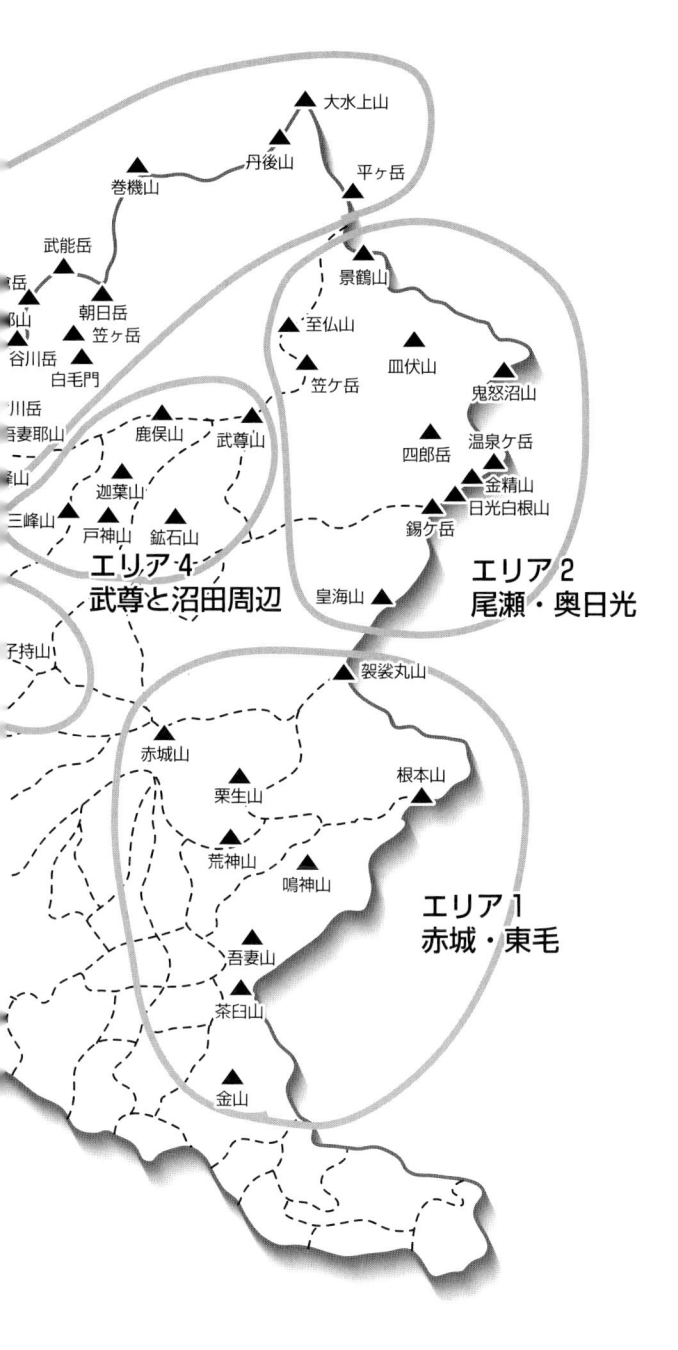

エリア1	赤城・東毛
エリア2	尾瀬・奥日光
エリア3	谷川・上越・奥利根
エリア4	武尊と沼田周辺
エリア5	浅間・白根・吾妻
エリア6	榛名と西毛の丘陵
エリア7	妙義・荒船
エリア8	西上州

エリア1 赤城・東毛

主な山：赤城山、栗生山、荒神山、鳴神山、根本山、吾妻山、茶臼山、金山、袈裟丸山

エリア2 尾瀬・奥日光

主な山：大水上山、丹後山、平ヶ岳、景鶴山、至仏山、皿伏山、笠ヶ岳、鬼怒沼山、四郎岳、温泉ヶ岳、金精山、日光白根山、錫ヶ岳、皇海山

エリア4 武尊と沼田周辺

主な山：武能岳、朝日岳、笠ヶ岳、谷川岳、白毛門、鹿俣山、武尊山、迦葉山、戸神山、鉱石山、三峰山、子持山、巻機山

目次

口絵
本書について／2
ぐんま百名山エリアガイド／4

エリア1　赤城・東毛

赤城山（あかぎやま）／8
袈裟丸山（けさまるやま）／12
栗生山（くりゅうさん）／14
根本山（ねもとさん）／16
鳴神山（なるかみやま）／18
吾妻山（あづまやま）／20
荒神山（こうじんやま）／22
茶臼山（ちゃうすやま）／24
太田金山（おおたかなやま）／26

エリア2　尾瀬・奥日光

至仏山（しぶつさん）／28
皿伏山（さらぶせやま）／32
景鶴山（けいづるやま）／34
笠ケ岳（尾瀬）（かさがたけ）／36
日光白根山
　（にっこうしらねさん）／38
金精山（こんせいざん）／42
温泉ケ岳（ゆせんがたけ）／44
錫ケ岳（すずがたけ）／46
皇海山（すかいさん）／48
四郎岳（しろうだけ）／50
鬼怒沼山（きぬぬまやま）／52

エリア3　谷川・上越・奥利根

谷川岳（たにがわだけ）／54
仙ノ倉山（せんのくらやま）／58
平標山（たいらっぴょうやま）／60
大源太山（だいげんたさん）／62
三国山（みくにやま）／64
稲包山（いなつつみやま）／66
万太郎山（まんたろうやま）／68
茂倉岳（しげくらだけ）／70
武能岳（ぶのうだけ）／72
阿能川岳（あのうがわだけ）／74
吾妻耶山（あづまやさん）／76
大峰山（おおみねやま）／78
朝日岳（あさひだけ）／80
笠ケ岳（谷川）（かさがたけ）／82
白毛門（しらがもん）／84
巻機山（まきはたやま）／86
大水上山・丹後山（おおみなかみやま・
　たんごやま）／88
平ヶ岳（ひらがたけ）／90

エリア4　武尊と沼田周辺

武尊山（ほたかさん）／92
鹿俣山（かのまたやま）／96
迦葉山（かしょうざん）／98
戸神山（とかみやま）／100
三峰山（みつみねやま）／102
鉱石山（こうせきやま）／104

エリア5　浅間・白根・吾妻

浅間山（あさまやま）／106
黒斑山・蛇骨岳（くろふやま・
　じゃこつだけ）／108
湯ノ丸山（ゆのまるやま）／110
篭ノ登山（かごのとやま）／112
浅間隠山（あさまかくしやま）／114
角落山（つのおちやま）／116

鼻曲山（はなまがりやま）／118
四阿山（あずまやさん）／120
御飯岳（おめしだけ）／124
草津白根山
　（くさつしらねさん）／126
横手山（よこてやま）／128
白砂山（しらすなやま）／130
エビ山（えびやま）／132
八間山（はちけんざん）／134
高間山（たかまやま）／135
王城山（おうじょうさん）／136
岩櫃山（いわびつやま）／138
有笠山（ありかさやま）／140
嵩山（たけやま）／142
小野子山（おのこやま）／144
十二ヶ岳（じゅうにがたけ）／146
子持山（こもちやま）／148

エリア6　榛名と西毛の丘陵
榛名山（はるなさん）／150
観音山（かんのんやま）／154
庚申山（こうしんやま）／156
牛伏山（うしぶせやま）／157
石尊山（せきそんさん）／158
崇台山（そうだいさん）／160

エリア7　妙義・荒船
妙義山（みょうぎさん）／162
物見山（ものみやま）／166
高岩（たかいわ）／168
日暮山（にっくらやま）／170
御堂山（みどうやま）／172
物語山（ものがたりやま）／174

大桁山（おおげたやま）／176
荒船山（あらふねやま）／178

エリア8　西上州
諏訪山（上野村）（すわやま）／180
天丸山（てんまるやま）／182
諏訪山（神流町）（すわやま）／184
父不見山（ててみえじやま）／186
烏帽子岳（えぼしたけ）／188
笠丸山（かさまるやま）／190
天狗岩（てんぐいわ）／192
立岩（たついわ）／194
桧沢岳（ひさわだけ）／196
小沢岳（おざわだけ）／198
赤久縄山（あかぐなやま）／200
御荷鉾山（みかぼやま）／202
桜山（さくらやま）／204
稲含山（いなふくみやま）／206
天狗山（てんぐやま）／208
鹿岳（かなたけ）／210
四ツ又山（よつまたやま）／212
黒滝山（くろたきさん）／214

索引／216
山行チェックリスト／218

コラム　山名の話①／31
　　　　群馬の火山／41
　　　　山名の話②／175

【表紙・裏表紙の写真】
利根川源流の三角雪渓に向けて、チシマザサに覆われた大水上山に続く稜線を行く。裏表紙は、谷川連峰の万太郎山から朝日が昇る日光連山を望む。

エリア1　赤城・東毛
エリア2　尾瀬・奥日光
エリア3　谷川・上越・奥利根
エリア4　武尊と沼田周辺
エリア5　浅間・白根・吾妻
エリア6　榛名と西毛の丘陵
エリア7　妙義・荒船
エリア8　西上州

前橋市／沼田市／桐生市　　　　　　　　　　　　　一般向き

赤城山

あかぎやま　1828m

黒檜山コース
2万5千図 赤城山

| 適期 | 1 | 2 | 3 | 4 | 5 | 6 | 7 | 8 | 9 | 10 | 11 | 12 |

▶標準的な総歩行時間
　3時間30分
▶標高差　432m
▶眺望　◎

●プロフィール

　赤城山は、群馬県中央部やや東寄りに雄大な裾野を広げる複合成層火山。火口原湖の大沼、火口湖の小沼を囲むように、外輪山の黒檜山（最高峰・1828m）、薬師岳、鍬柄山、中央火口丘の地蔵岳、長七郎山、寄生火山の荒山、鈴ヶ岳、鍋割山など1300mから1800m級のピークを連ねている。

▲黒檜山と大沼

　志賀直哉や高村光太郎らの文人、芸術家に愛され、大沼のほとりの小鳥ヶ島には志賀直哉の文学碑も立っている。この小鳥ヶ島には古い歴史を持つ赤城神社があり、参拝客でにぎわう。また赤城山は冬季五輪スキーのメダリスト猪谷千春氏を育てた粉雪のスキーゲレンデとしても知られている。

　ハイキングコースは黒檜山をはじめ、地蔵岳、鈴ヶ岳、荒山、鍋割山など主なピークに伸びている。コースは全体的に穏やかで、危険箇所もほとんどなく、森林公園や関東ふれあいの道としての整備もなされている。冬は数十cm以上の積雪があり、気温も低く一般向きではなくなるが、無雪期には安心して歩ける。展望もすばらしく、大きく広がる関東平野や上信越の山々、そして八ヶ岳、奥秩父、そして足尾、日光の山並みまで一望できる。

●コースガイド

　赤城の最高峰黒檜山から駒ケ岳まで外輪山を南下するミニ縦走コース。大洞から大沼東岸の道路を北に進むと、20分ほどで小鳥ヶ島北の登山口。右手の黒檜山頂から西に伸びる小尾根に取り付く。山頂の稜線まで樹林の中の急な登りが続く。途中にある猫岩は尾根上の露岩で見晴らしも良いが、

尾根の南側は一部切れているところもあり、道を外さないように。外輪山の稜線に出たら左折し、平らな尾根道を100mほどで黒檜山頂。東側の日光、足尾から北の尾瀬、武尊、谷川の眺望が素晴らしい。

山頂から南に戻り、登ってきた道を右に分け、なおも外輪山の尾根上を進むと黒檜大神の石宮があり、さらにその先で東麓の花見ヶ原へのコースを左に分ける。道はまっすぐ駒ケ岳との鞍部に向かって急な下りとなり、30分ほどで大ダルミと呼ばれる鞍部に降り着く。

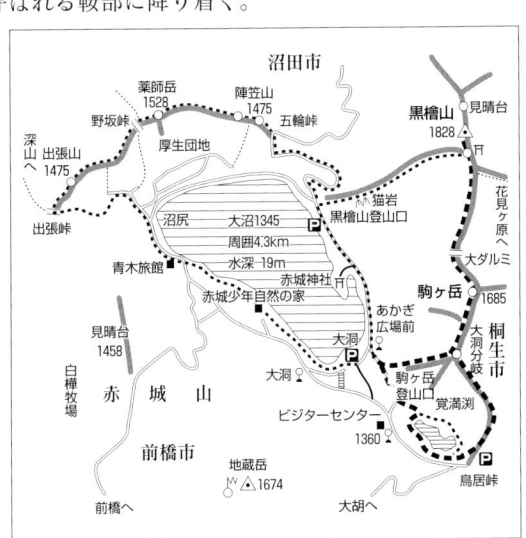

駒ケ岳へは大ダルミから少し登り返すが、どこが頂上かあまりはっきりしない。展望は南東に開け足尾の山並みや関東平野が望める。頂上を過ぎ、道なりに尾根を右に外れると鉄製の階段もある急なジグザグの下りとなり、やがて覚満淵と大沼の間の道路に降り立つ。なお、覚満淵を回り込むコースもとれる。

参考 TIME

大洞 ➡ 登山口 ➡ 黒檜山 ➡ 駒ケ岳 ➡ 大洞
0:20　　1:30　　0:50　　0:50

交通

マイカー　前橋市街地から主要地方道前橋赤城線で大沼湖畔の大洞まで29km。関越自動車道赤城インターからは赤城南麓広域農道（からっ風街道）経由で前述の前橋赤城線に入る。

公共交通機関　前橋駅から関越交通赤城山ビジターセンター行きで終点まで約1時間。急行バスは通年土・休日運行。行きは（8：45・11：40・15：15）。帰りはビジターセンター発（10：10・13：45・16：40）。平成24年2月現在。登山の際は関越交通に確認のこと。それ以外の平日は前橋駅から富士見温泉行きに乗り、終点で赤城山ビジターセンター行きに乗り換える。黒檜山、駒ヶ岳登山は「あかぎ広場前」バス停が近い。

〇問い合わせ
前橋市富士見支所　☎027（288）2211
赤城公園ビジターセンター　☎027（287）8402
関越交通前橋営業所　☎027（210）5566

●アドバイス
▷通常、3月いっぱいは残雪がある。一部急な登り下りがあるので、残雪期に登る場合はアイゼン必携。また冬季は寒気も厳しく、冬山経験者以外の入山は無理。
▷駒ケ岳からの急な下りにある鉄製の階段は雨で濡れていたりすると滑りやすい。

●サブコース

鈴ヶ岳 赤城山カルデラの西側外輪山の山列から西に外れてそびえる標高1565mの寄生火山。ドーム状の山容が印象的。一般的な登山コースは新坂平からの往復コースで歩程3時間ほど。マイカーの場合は新坂平の駐車スペースに車を置ける。バス利用の場合は新坂平下車。新坂平から牧場との境界に沿って西へわずかに登ると、外輪山の尾根に出る。右折して、ほぼ平らな外輪尾根をしばらく北へ向かって歩く。やがて、小起伏が出てくると鍬柄山は近い。鍬柄山の山頂は特徴もなく狭いが、眺望は良い。

鍬柄山頂を過ぎると急な下りとなる。一部両側が切れたやせ尾根の滑りやすい急な下りもあるので足元に注意。さらに急な下りを続けると笹に覆われた鞍部に降り立つ。ここから鈴ヶ岳への最後の登りが始まる。

山頂は潅木に囲まれているが、上越国境の山並みや子持、榛名などの展望がきく。帰路は往路を忠実に戻る。鈴ヶ岳からの急な下り、鍬柄山山頂手前の急なやせ尾根は慎重に。

荒山～鍋割山 赤城山の南に連なる荒山（1572m）と鍋割山（1332m）は展望とツツジの山。前橋赤城線沿いの荒山高原登山口の箕輪駐車場から荒山高原へと登り、ここから荒山、鍋割山それぞれを往復して荒山高原へ下山するコースが良く歩かれている。所要時間は4時間ほど。

駐車場から荒山高原へは約40分。荒山高原手前で少し急な岩の多い斜面を登るが、総じて歩きやすい。南北に頂稜を連ねる鍋割山へは、荒山高原から南に向かう。北端のピークに上がり、ここから展望の良い尾根を南端のピークまで往復する。草原状の尾根をたどる道はまさに空の上のプロムナード。南端のピークは前橋市街地から関東平野まで雄大な眺望が広がる。

荒山高原から荒山へは静かな樹林帯の道。落葉後や早春などの季節が展望に恵まれる。

長七郎山～オトギの森 長七郎山（1579m）は火口湖の小沼を囲む高まりの中の一峰。小沼からの標高差は100mほどしかないので、湖畔から見ると丘のような小さなピークだが、山頂に立つと東南面を中心に雄大な眺望が広がり、関東平野も一望できる。大沼南の覚満淵から小沼湖畔を経由して長七郎山を往復し、さらに長七郎山南に広がるオトギの森を訪ねるコースは3時間ほどで歩け、ファミリーハイキングに最適。

覚満淵は大沼の南東に続く標高1360mの火口原に水をたたえる小さな沼。周囲はミズバショウやニッコウキスゲなどが咲く湿原になっている。覚満淵から鳥居峠へは一

見どころ 見ごろ

レンゲツツジの見ごろは6月。赤城は全山ツツジの山とも言っても良いほどだが、特に鈴ヶ岳登山口の新坂平・白樺牧場周辺、荒山高原などは一面の花園となる。秋の紅葉は10月中旬ころ、黒檜山など標高の高い山稜から始まり、大沼周辺を錦に染め、やがて裾野へと向かって降りてくる。

登り。ここから小地蔵岳の北面をまきながら小沼へ向かう。小沼の東岸をたどり、沼尻から長七郎山を往復する。沼尻に戻りオトギの森へ向かう。野鳥のさえずりに包まれた静かなミズナラの林で、銚子の伽藍の深く切れ込んだ谷がすぐ下に見える。

帰路は往路を戻ることになるが、小沼の西岸をたどったり、小沼から八丁峠を経て大洞方面へ下っても良い。時間と体力に余裕があれば小沼から地蔵岳を往復しても良い。

赤城五輪ハイキングコース

五輪（ごりん）ハイキングコースは、大沼北岸の厚生団地の裏山にあたる。赤城外輪山の一部を歩くが、地形図には山名も峠の名も無く、静かな山歩きができる。

湖畔の駐車場から赤城神社に詣でて行くと、20数分で黒檜山の北登山口をすぎ、舗装道路をひと登りすると五輪峠に出る。峠から約7分登ると1475mの台地で、左手に少し下ると厚生団地下山口の道標があり、厚生団地へ下れる。

西へ進むとまもなく陣笠山で、ここから10分ほど進んで岩まじりの急坂になると、コース中の最高点薬師岳は近い。

　薬師岳は展望が無い。下りかけると北側に小さな薬師如来の石碑がある。樹林をぬけると野坂峠で、すぐ先の大沼側に、熊谷山の家下山口がある。眺めの良い稜線をたどると、少年自然の家への下山口があり、この先小さい丘を越えると、最後の登りで出張山に着く。

　出張峠に下ると関東ふれあいの道と合流して、さいたま市立赤城少年自然の家の前に出る。

　沼尻で湖畔へ出て、青木旅館の先から大沼の湖岸をつたい、湖畔遊歩道を経て駐車場に戻る。駐車場（40分）五輪峠（15分）陣笠山（20分）薬師岳（40分）出張峠（10分）厚生団地西端（40分）駐車場。

▲覚満渕・遠景は薬師岳

▲レンゲツツジの新坂平と鍬柄山

みどり市／栃木県　　　　　　　　　　　　　　　　　　　　　　一般向き

袈裟丸山

けさまるやま　　1878m

折場登山口〜袈裟丸山コース
2万5千図 袈裟丸山・沢入・上野花輪

適期	1	2	3	4	5	6	7	8	9	10	11	12

▶標準的な総歩行時間　5時間40分
▶標高差　678m
▶眺望　○

●プロフィール

　日光白根山から錫ケ岳、皇海山(すかい)を経て南下する両毛県境主脈は、南端に近づいて、北から南へ、奥袈裟、中袈裟、後袈裟、前袈裟と並び、袈裟丸連峰を形成している。

　通常、一等三角点の置かれた前袈裟を、袈裟丸山と呼んでいる。

　沢入(そうり)から入る塔ノ沢には、岩の上に5mもの寝釈迦像(ねしゃか)が彫られて

▲ツツジ平から袈裟丸山

いる。製作年代や作者は定かでないが、弘法大師や、日光開山の祖勝道上人が開眼したとの伝説がある。また、江戸時代に足尾銅山で亡くなった人々の魂を慰めるために彫られたとも言われる。

　同じ所に双輪塔(そうりん)と呼ばれる、高さ18mの自然石が重なった奇岩があり、自然の造形の妙を見せてくれる。

●コースガイド

　折場(おりば)登山口から階段状の道を登り、尾根上の緩やかな道に出ると、西側の展望が開ける。浅い沢を右手に見ながら行くと、道は東向きに変わり、ツツジの咲くツツジ平に出る。展望台を経て賽ノ河原に着くと、岩の点在する平地に地蔵尊が安置されている。東側から塔ノ沢コースが合流する。

交通　マイカー　みどり市の「大間々6丁目」から草木湖畔をすぎ、26.5kmで「袈裟丸山登山口・寝釈迦入口」の標識（信号はない）。ここから林道小中・西山線に入り、2.7km先の西山で分岐標識があり、右へ塔ノ沢コースを分ける。さらに奥へ進むと、左側に展望の開けた駐車場と東屋がある折場登山口。駐車は10台ほど。ツツジの時期には満杯となる。
公共交通機関　わたらせ渓谷鐵道沢入駅下車。折場登山口まで約12km徒歩3時間。タクシーは足尾から呼ぶ（要予約）。

○問い合わせ
　足尾タクシー　☎0288（93）2222
　みどり市東庁舎　☎0277（76）2111

賽ノ河原からは約2kmで小丸山に着く。袈裟丸山は間近く、皇海山や庚申山を望む展望台である。小丸山から下ると、ダケカンバ林の広場に避難小屋がある（黄色、鋼製カマボコ型）。南へ下ると水場もある。笹が良く刈られた高原状の歩きやすい道を行く。

　頂上直下はかなりの急登で、30分ほど登ると頂稜の南端に出る。右に折れてまもなく頂上に着く。山頂はシラビソ・コメツガなどの針葉樹林でシャクナゲが群生している。南側が開け、赤城山をはじめ浅間山、八ケ岳、晴れていれば富士山も望むことができる。下山は往路を戻る。

　車の確保ができれば、賽ノ河原から寝釈迦を経由する塔ノ沢コースへ下るのも良い。賽ノ河原（50分）寝釈迦（40分）塔ノ沢登山口。

△北方に見える皇海山　日光白根山

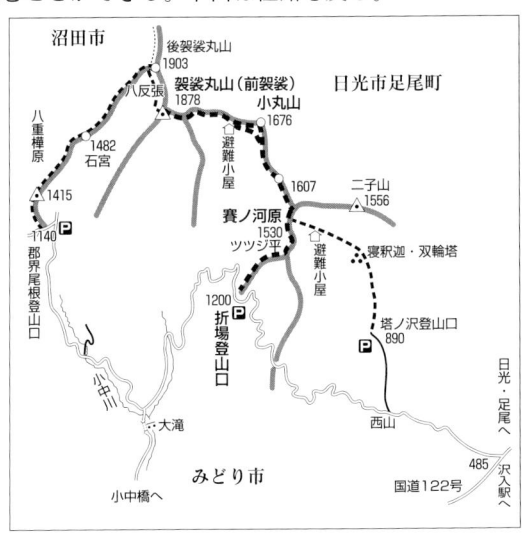

参考 TIME

折場登山口 ➡ 賽ノ河原 ➡ 小丸山 ➡ 袈裟丸山 ➡ 小丸山 ➡ 賽ノ河原
　1:00　　　　0:50　　　1:20　　　1:00　　　0:45

➡ 折場登山口
0:45

●アドバイス
▷袈裟丸山と後袈裟丸の間の鞍部は「八反張（はったんばり）」と呼ばれ、風化が進んでいるため、通行禁止である。
▷冬期は、冬山経験者以外は入山を控えたい。

●サブコース
郡界尾根コース　国道122号の小中橋先で左折約7kmで「大滝駐車場」、さらに約5kmで郡界尾根登山口。駐車は路側に3台ほど。参考タイム・登山口（40分）3等三角点（40分）石宮（30分）見晴岩（50分）後袈裟丸山（1時間）石宮（1時間）登山口。

　特に袈裟丸山を正面に見てたどる八重樺原は、このコースのハイライトと言える。

見どころ 見ごろ

　賽ノ河原から小丸山南面の一帯は、5月中旬からアカヤシオ、ヤマツツジ、レンゲツツジが順番に咲いて山肌を染める。

桐生市

一般向き

栗生山

くりゅうさん　968m

栗生神社〜栗生山コース
2万5千図 上野花輪・大間々

| 適期 | 1 | 2 | 3 | **4** | **5** | 6 | 7 | 8 | 9 | **10** | **11** | 12 |

▶標準的な総歩行時間
　2時間10分
▶標高差　348m
▶眺望　□

●プロフィール

　赤城山の東、旧勢多郡黒保根村の中央部に位置している。旧黒保根村は「平成の大合併」で桐生市の一部となった。栗生山は標高1000mに満たない低山だが、同地区の名峰として古くから親しまれてきた。

　中腹の栗生神社は慶雲4（707）年の創建といわれ、寛政2（1790）年に建てられた本殿をはじめ、神楽殿、元宮、太郎神社が配置されている。本殿は保護のため上屋がかけられているが、建物全体に、上州の左甚五郎といわれた関口文治郎作の、見事な彫刻が施されている。

▲南麓から栗生山（左）

　この栗生神社は新田義貞の四天王の一人、栗生左衛門頼方を祭る村の鎮守で、武運の神、火伏せの神としても信仰を集め、毎年4月15日には例祭が行われる。また、境内にある目通り7mに及ぶ杉のご神木は大同2（807）年に植えたと伝えられ、県の天然記念物にも指定されている。

●コースガイド

　石鳥居から170段の石段を登ると栗生神社である。

　神社の左側から山道に入る。左手に水場を見ながら行くと、まもなく簡

交通

マイカー　みどり市大間々町から国道122号を約10kmの「水沼」信号（桐生市黒保根支所前）を左折し、北上4.3kmの間々下（まました）橋バス停の先に消防詰所があり、栗生神社入口の案内板がある。ここで左折し2.3kmで栗生神社石段下の石鳥居に着く。数台の駐車スペースがある。

公共交通機関　わたらせ渓谷鐵道水沼駅下車。駅前の国道に出てすぐ左の「水沼駅前」バス停から上田沢（かみたざわ）行きバス15分で「栗生神社入口」下車。徒歩約35分で石鳥居。

○問い合わせ
　桐生市黒保根支所　☎0277（96）2111
　沼田屋タクシー（バス）　☎0277（76）9101
　沼田屋タクシー水沼営業所（デマンドバス・予約）　☎0277（96）2578
　水沼駅温泉センター「せせらぎの湯」　☎0277（96）2500

易舗装の林道に合流する。急な舗装路を登り、左にカツラの大木を見ると林道終点は近い。その先は杉の植林の中を急登する。上部で雑木林に変わると、ほとんど直登になるが、テープなどがあって迷うような事はない。

稜線に出ると、ツツジの多い落葉樹林の中を約5分で、栗生山の2等三角点に着く。展望はないが、数分西へ行きわずか下った所には展望岩があり、西の赤城山の眺めが良く、また北は郡界尾根から東へ袈裟丸山まで遠望できる。

復路は分岐点（稜線に出た地点）から東へ30mほど行くと岩陰に石祠があり、その先にアカヤシオの群生地がある。分岐点に戻り、来た道を下る。

△栗生神社の東にある御神木

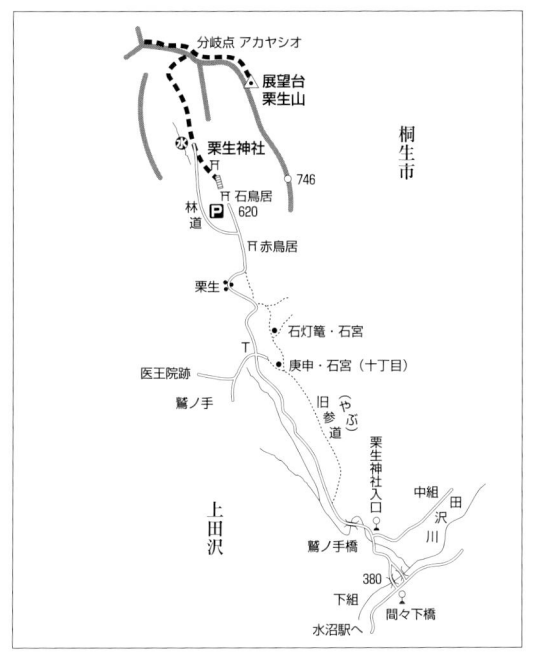

参考 TIME	石鳥居手前駐車地 ➡ 栗生神社 ➡ 栗生山 ➡ 栗生神社 ➡ 駐車地
	0:15　　　　1:00　　　0:45　　　0:10

● アドバイス

下山時、稜線分岐点下に、湿っていてスリップしやすい所があるので注意する。

見どころ 見ごろ

栗生神社本殿の彫刻は、江戸時代の彫刻文化を代表する貴重なものである。

4月中旬から下旬、アカヤシオの群生地一帯は淡いピンクに染まる。

桐生市／みどり市／栃木県　　　　　　　　　　　　一般向き

根本山

ねもとさん　1199m

沢コース〜根本山〜尾根コース
2万5千図 沢入

適期	1	2	3	4	5	6	7	8	9	10	11	12

▶標準的な総歩行時間　4時間20分
▶標高差　620m
▶眺望　△

●プロフィール

　根本山は桐生市梅田町の最奥部、桐生川の源流域にある。根本山を中心とするこの地域は、群馬・栃木両県の自然環境保全地域に指定されており、暖温帯落葉樹の自然植生が残存している。

　昔、富士山から東北を望むと、瑞雲(ずいうん)の根方(ねもと)にこの山が見えたというのが、山名の由来という。山頂

▲熊鷹山展望台から根本山

の近くにある根本山神社は、根本山神、大山祇神、薬師如来を祭る。佐野庄に属し、井伊大老の領地で、徳川家慶の愛妾(あいしょう)歌浦の病気平癒を祈願した社という。

●コースガイド

　三境林道分岐手前の駐車地から数分で、不死熊橋に着く。橋を渡った左側の登山口は、崩れて岩壁に変わり、危険なため林道を行く。すぐ先で道標により根本沢林道に入り、中尾根コースを分けてから、沢に近づいた所で沢コースに入る。右岸を行くと、登山口と根本山神社のほぼ中間に、環境保全地域の看板がある。すぐに十丁、九丁石と続き、四丁をすぎると左に石祠がある。次第に狭谷状になって道が不明瞭になるが、沢辺を進む。

　しばらく行くと弘化4年の石階供養塔がある。すぐ先に石灯籠があり、杉

交通

マイカー　桐生市街地から登山口まで19km。主要地方道桐生・田沼線から梅田湖で県道上藤生・大州線に入り、桐生川源流に沿って進む。駐車は三境林道分岐手前のスペースに約15台。

公共交通機関　「おりひめバス」梅田行きが梅田ふるさとセンター止まりとなったため、マイカー利用となる。

○問い合わせ
　桐生市役所　☎0277(46)1111

木立が残っている。最後の一丁をすぎると、沢が二俣になる。右手の短い岩場に古い鉄梯子がかかっており、尾根上に奥の院が見えてくる。右に折れて鎖場を登り、崖の上に出ると、木柱に支えられた根本山神社が建っている。神社から10本連続の鎖を登る。両側はゴヨウマツの原生林である。鎖場の上には、立派な彫刻のある石宮が鎮座している。ヒノキの大木を見て行者山に登り着く。ここから1本の鎖で鞍部に下り、登り返すと四ツ辻に出る。ひと登りで根本山の頂上に着く。展望はなく、山名標柱と図根点がある。

下山は四ツ辻に戻り、登山口へ1時間と書かれている中尾根を下って不死熊橋へ。途中の1035m付近が、時間的には、頂上から登山口のほぼ中間に当たる。

▲鎖場を見おろす

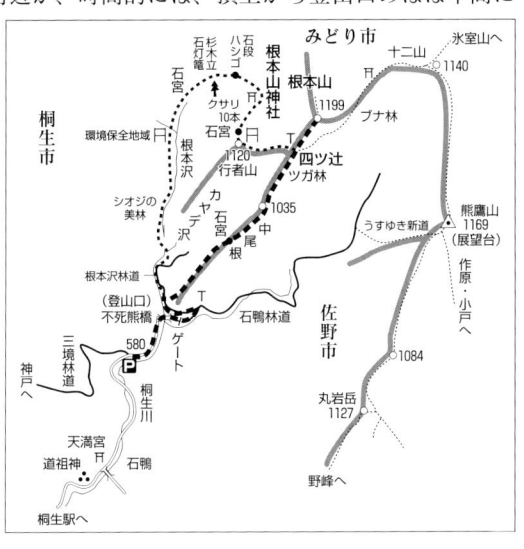

参考 TIME	駐車地 ⇒ 根本山神社 ⇒ 四ツ辻 ⇒ 根本山 ⇒ 駐車地（中尾根経由）
	2:10　　　　0:35　　　　0:15　　　1:20

●アドバイス
▷根本沢コースは中尾根コースほどポピュラーではない。上部は荒れている。雨中雨後、雪のある時期の入山は控えたい。
▷中尾根コースをとる場合は、登山口から山頂まで登り1時間40分。

見どころ 見ごろ

頂上より少し奥にアカヤシオの群生地がある。春のツツジや新緑、秋の紅葉と四季折々の景観が楽しめる山である。

桐生市　　　　　　　　　　　　　　　　　　　　　　　　　一般向き

鳴神山

なるかみやま　980m

大滝登山口〜鳴神山コース												
2万5千図 大間々・番場												
適期	1	2	3	4	5	6	7	8	9	10	11	12

▶標準的な総歩行時間　3時間
▶標高差　580m
▶眺望　○

●プロフィール

　鳴神山は桐生市北東部の梅田町と西の川内町を分ける鳴神山脈の主峰で、南へ伸びる主稜線は、桐生市街地北にそびえる吾妻山へと続いている。山名は、その昔鳴神上人が住んでいたという言い伝えにちなむ。

　山頂周辺は「鳴神山自然環境保全地域」に指定され、豊かな自然

▲川内町から鳴神山（中左）

環境が残されている。地質は、海底の堆積物からなるチャートを主とした古い岩石で構成されている。また山頂部の植生はクヌギ、コナラなどの天然林からなっているが、中腹から下は杉林が多い。また特異な植物分布でも知られ、標高1000mに満たない山域にもかかわらず、亜高山帯の植物やカッコソウ、ナルカミスミレなどの貴重な植物が分布している。

●コースガイド

　大滝登山口は鳴神山登山で一番利用されるコースである。登山口の大きな石鳥居をくぐり、緩やかな道を約500mで、左に大滝（10m弱）が見える。さらに50分ほどで水場がある。伏流水が表に出た所で、道標には鳴神山へ0.5km、大滝へ1.2kmとある。ここから20分ほどでカッコソウの移植

交通

マイカー　桐生市街地から大滝登山口まで11km。駒形登山口へも11km。駐車は各登山口付近に5台ほど。

公共交通機関　登山口へは、JR桐生駅北口から、おりひめバス梅田行き17分の「梅田南小校前」下車。駒形登山口へは、同駅北口から同バス川内行き35分で、終点「吹上」下車。

○問い合わせ
　桐生市役所　☎0277（46）1111
　おりひめバス：桐生朝日自動車㈱　☎0277（54）2420

地を通り、10分ほどの急登で肩の広場の十字路（雷神岳神社広場）に出る。道標には大滝、駒形各登山口へ40分、吾妻山へは8.4km3時間20分とある。鳥居と社殿のある右へ5、6分の急登で、四つの石祠が並ぶ山頂に着く。展望の説明板があり、360度に近い眺望が良い。

　山頂から少し下って登り返し、約3分で仁田山岳（西峰）に着く。社殿の跡の石積みと石祠がある。展望はないが、北斜面はアカヤシオの群生地である。尾根道を北へ下る。

　北の鞍部（椚田）は、道標と小さな石祠がある十字路である。ここから東へコツナギ沢沿いに下り、林道のコツナギ橋に出て登山口へ戻る。西の斜面を下れば、駒形登山口へのコースとなる。

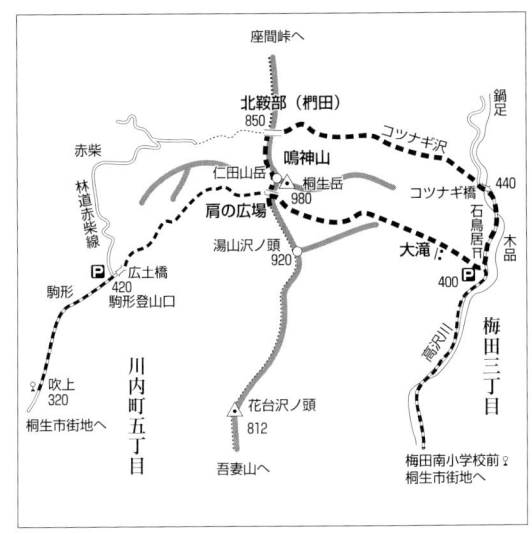

▲鳴神山頂上の石祠

参考TIME

大滝登山口 ➡ 大滝 ➡ 水場 ➡ 肩の広場 ➡ 鳴神山 ➡ 北の鞍部
　　　　　0:10　　0:55　 0:30　　　 0:05　　　 0:20

➡ 大滝登山口
1:00

●アドバイス
▷冬季は、北風の強い吹き出しのときに雪が積もり、寒冷気候にさらされる。12・1月の降雪は少ないが、2・3月の低気圧通過時に積雪が多くなる。
▷駒形コースは一部に沢の中をたどる道があり、雨の多い季節には足もとに注意が必要。

●サブコース
駒形コース バス利用の場合は、駒形コースを登り、大滝コースへ下るのが良い。大滝登山口から梅田南小学校前バス停までは、高沢川沿いの舗道を約4km1時間である。

　駒形登山口はバス終点の吹上（ふきあげ）から約25分。駒形登山口・大滝登山口のどちらも、鳴神山周回コースで上り1時間40分、下り1時間20分ほどである。

見どころ見ごろ

アカヤシオの開花は4月20日ごろ。4月末から5月上旬にカッコソウ（絶滅危惧種）が咲く。

桐生市　　　　　　　　　　　　　　　　　　　　　　　　家族向き

吾妻山
あづまやま　481m

| 吾妻公園〜吾妻山コース |
| 2万5千図 大間々・桐生 |

| 適期 | 1 | 2 | 3 | 4 | 5 | 6 | 7 | 8 | 9 | 10 | 11 | 12 |

▶標準的な総歩行時間　2時間
▶標高差　330m
▶眺望　○

●プロフィール

　吾妻山は同じく「ぐんま百名山」の一峰、桐生市北部の鳴神山（980m）から南に高度を下げながら続く尾根の南端に、顕著な頂を持ち上げている。標高500m足らずのピークだが、桐生市街地から間近にそびえ立つ桐生のシンボル的存在でもある。山頂からの展望は素晴らしく、眼下の町並みを

▲崇禅寺から吾妻山

中心に赤城、榛名、西上州、秩父へと大きく広がっている。

　吾妻山一帯は、ふもとの吾妻公園や桐生が岡公園、水道山、そして北側に広がる自然観察の森などとあわせて四季を通しての手軽なハイキングエリアとして桐生市民を中心に広く親しまれている。一方、北の鳴神山からの尾根を南下縦走して吾妻山に至るコースは、かなり歩き応えのある一日コースとなる。

●コースガイド

　花の名所として親しまれている吾妻公園から、吾妻山を目指し、歩きやすい道を尾根沿いにほぼ北に向かって登っていく。やがて急な岩まじりの道になるとトンビ岩が近い。

交通　マイカー　登山口の吾妻公園は桐生市街地の北に位置し、花の名所として知られる公園。吾妻山へはこの公園の駐車場が利用できる。

公共交通機関　ＪＲ桐生駅が起点となる。北口から吾妻公園までは市街地を1kmほど。

○問い合わせ
　桐生市役所　☎0277（46）1111

トンビ岩からは眼下に桐生市街地が手に取るように望め、その高度感と眺望はまさに絶景。ここはまた、山頂までの行程の半分弱の地点で、岩の上は展望に恵まれた格好の休憩場所でもあるが、岩の端は切れ落ちているので、あまり端に近づきすぎないよう注意したい。

　トンビ岩から樹林に覆われた小ピークを過ぎ、少し下ったその先の鞍部からは山頂への急な登りとなる。特に山頂直下の岩まじりの急坂では落石や滑落に注意したい。特に下山時は石を落としたり、滑ったりしないよう慎重に下ること。この山頂直下などの一部の急な部分を除いては、全体としては歩行時間も短く、家族向きコースといえる。

　なお、コース中に水場はないので、駅や登山口の吾妻公園などで用意しておきたい。絵画愛好家には水道山麓にある大川美術館への寄り道を勧める。主に日本近代洋画を収蔵・展示している。

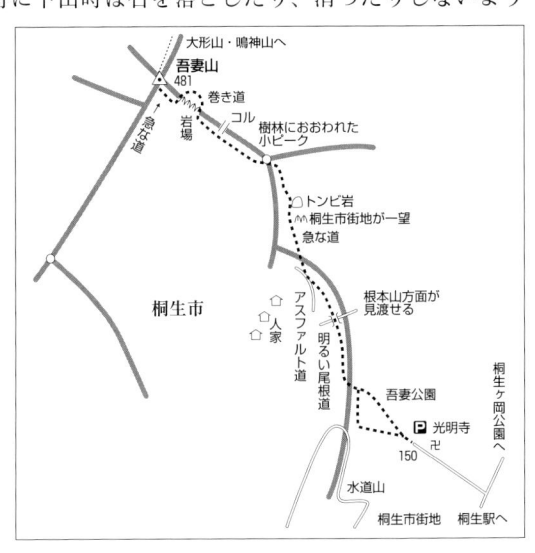

参考 TIME	吾妻公園 ➡ トンビ岩 ➡ 吾妻山 ➡ 吾妻公園
	0:30　　　　0:40　　　0:50

● **アドバイス**
▷ トンビ岩は見晴らしが良いが、転落の危険があるので、あまり端には近寄らないこと。
▷ 上部の滑りやすい急坂では落石や滑落に注意し一歩一歩慎重に。

● **サブコース**
吾妻山から自然観察の森へ
吾妻公園からの往復コースでは物足りないという向きにおすすめのコース。吾妻山から北へ鳴神山への縦走コースが続くが、その途中で左にそれて下ると自然観察の森で、野鳥や植物・昆虫の生態を身近に観察することができる。コース沿いには崇禅寺、東禅寺、小倉の石幢、赤城神社などがあり、寺社、文化財めぐりを楽しむこともできる。全行程9.7km。ゆっくり歩いて約4時間ほど。

見どころ 見ごろ

四季を通して楽しめる。登山口の吾妻公園は花と野鳥の名所で、チューリップは4月、花菖蒲は6月が見ごろ。

桐生市／みどり市　　　　　　　　　　　　　　　　　　家族向き

荒神山

こうじんやま　624m

水沼駅〜荒神山コース
2万5千図 大間々

適期	1	2	3	4	5	6	7	8	9	10	11	12

▶標準的な総歩行時間　2時間30分
▶標高差　365m
▶眺望　△

●プロフィール

荒神山は「駅に温泉・駅が温泉」のキャッチフレーズで知られている、わたらせ渓谷鐵道水沼駅の南東、渡良瀬川の対岸に見える小高い山である。

低山ながら、展望台からは赤城山を背景に桐生市黒保根町（旧黒保根村）を一望できる。また、近くの要害山（593m）、栗生山（968m）をはじめ、袈裟丸山方面の眺めも良い。

▲展望台と赤城山

下山後は、水沼駅温泉センター「せせらぎの湯」で一浴できる。

山名は山頂に祭られた荒神様に由来している。荒神は三宝荒神とも言い、仏・法・僧の三宝の守護神で、竈(かまど)の神として信仰される。

●コースガイド

水沼駅前から、車の行き交う国道122号を1km弱で、群馬テレビ中継所と、荒神山展望台4kmの標識があるT字路を右折する。少し手前に細い近道もある。五月(さつき)橋で渡良瀬川を渡り坂を登ると下八木原の集落で、路傍に湧水槽などがある。

少し先の旧道（近道）入口には古い石標があり、左の大畑・小夜戸(さやど)道へ折れ

交通

マイカー　みどり市大間々町から国道122号を約10kmの水沼駅前で右折して、水沼駅温泉センターの駐車場へ車を止めて、ここから歩くことも可。

公共交通機関　わたらせ渓谷鐵道水沼駅下車。東京方面からのアプローチは、東武特急りょうもう号を利用すると、相老（あいおい）駅での乗り換え1回ですみ、相老駅から水沼駅は約30分。

○問い合わせ
　桐生市黒保根支所　☎0277（96）2111
　水沼駅温泉センター「せせらぎの湯」　☎0277（96）2500

る。坂を登って車道に出ると荒神山登山口は近い。車の場合、登山口路側に3台ほど置ける。少し先の遊歩道入口の小さな道標から山道へ。杉林の道をジグザグに登り、A・Bコース分岐へ。Aコースはやや急登で、山道の谷側には危険防止の柵が立てられ、それに導かれるように頂上下の広場に出る。

荒神山の頂上は広場から、3分ほどで、2等三角点がある。東側は伐採されていて、鳴神山周辺が近い。快晴の日には、東京・池袋の高層ビル群を見ることができる。

広場に戻って数分で展望台に着く。休憩の後、舗道をわずか下り、右の林に入って緩やかなBコースを下る。20分弱でA・Bコース分岐点に戻る。登山口からは車道を下り、黒保根大橋を経て水沼駅に、着く。

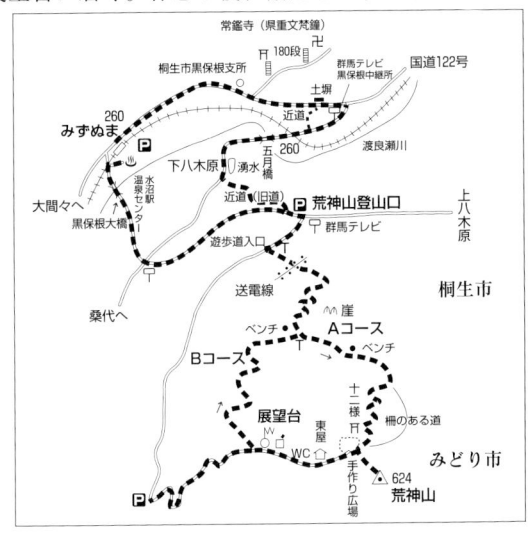

▲山麓から望む荒神山

参考 TIME

水沼駅 ➡ 荒神山登山口 ➡ A・Bコース分岐 ➡ 荒神山 ➡ 展望台
　0:35　　　0:25　　　　　0:25　　　　0:10

➡ 荒神山登山口 ➡ 水沼駅
　0:35　　　　0:20

●アドバイス
▷晩秋から新緑にかけて、手頃な散策が楽しめる。
▷わたらせ渓谷鐵道をアプローチに使えば、渡良瀬川に沿って走るローカル線の旅情にひたることもできる。

見どころ 見ごろ

展望台からは、広大な赤城山東面の風景が手に取るように見える。

桐生市／太田市　家族向き

茶臼山

ちゃうすやま　294m

| 東毛少年自然の家〜茶臼山コース |
| 2万5千図 桐生 |
| 適期 | 1 | 2 | 3 | 4 | 5 | 6 | 7 | 8 | 9 | 10 | 11 | 12 |

▶標準的な総歩行時間　2時間10分
▶標高差　157m
▶眺望　□

●プロフィール

東西に延びる八王子丘陵は、太田市と桐生市を南北に分け、その脊稜(せきりょう)に立つと、広大な関東平野を一望できる。その最高点が茶臼山である。テレビ各局や、携帯電話用の中継アンテナが集中しているのもその故だろう。

山麓にはアカマツ、コナラ、クヌギの純林が育ち、春にはヤマツツジの群落が赤く咲き競い、初夏にはヤマボウシが白い花を付ける。野の花が登山道を彩る秋がすぎると、落葉した木々の間から、桐生市街、足尾、赤城の山々を眺めることができる。

▲八王子山から茶臼山頂

また、八王子山が新田氏金山城の北面の砦であったことから、古井戸や矢竹の群生地、庚申塔などがあり、戦国の世をしのばせる。

●コースガイド

コースは全体に緩やかな起伏に包まれ、県立東毛少年自然の家を囲むように設定されている。要所には道標があり、安心して歩ける。

駐車場は自然の家入り口の手前。炊事場の間を抜けて行くと急に道が狭くなる。立岩(たていわ)への道を右に分け、左の三本松へ。三本松の稜線までは、こ

交通　マイカー 太田市藪塚町地内の県道太田・大間々線の信号「自然の家」を東へ直進、3分で自然の家。50台駐車。
公共交通機関 東武桐生線藪塚駅下車、徒歩30分。

○問い合わせ
県立東毛少年自然の家 ☎0277(78)5666
桐生市役所 ☎0277(46)1111

のコース一番の急登になる。

八王子山からは左折して茶臼山の頂上へ。鞍部に下ってから登り返す。山頂は中継局の建物がなかばを占めているが、三角点、石祠、案内板があり、少し下がれば東屋もある。

八王子山に戻り、稜線を南東へ進む。矢竹群生地、古井戸、庚申塔をすぎ、石尊宮・勝負沼方面の道標により右折して下る。十一面観音は途中で立ち寄って行く。

勝負沼から車道を歩き、下溜から道標に従って右折すると、板敷の道の奥に、西洋の神殿か古代遺跡を思わせるような石切場がある。

石切場から少し戻り木の階段を登ると十字路になる。左は約10分で北山古墳、右は石切場の上に出て危険である。直進すれば、滝の入神社の脇から福寿館に出て駐車場に戻る。

▲松原橋(桐生市)から茶臼山

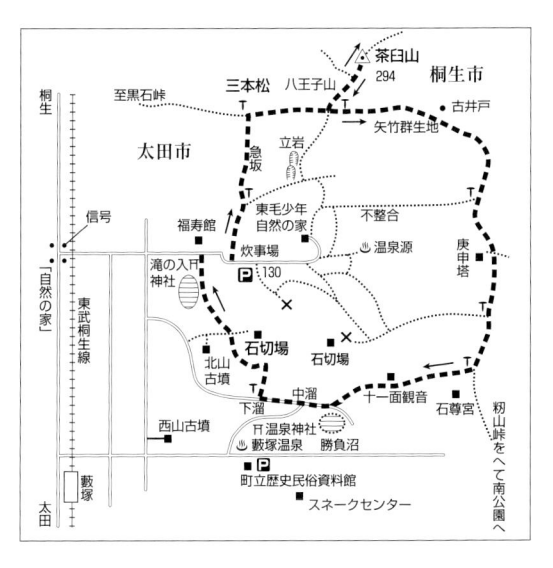

参考 TIME　駐車場 ➡ 三本松 ➡ 茶臼山 ➡ 勝負沼分岐 ➡ 石切場 ➡ 駐車場
　　　　　　　0:20　　　0:25　　　0:35　　　0:30　　　　0:20

●アドバイス
▷藪塚温泉の歴史民俗資料館となりの駐車場(600円)からは、三日月村・スネークセンターへ1分で行ける。歴史民俗資料館(入館料100円)に入る場合は、駐車料金は取らない。

●サブコース
[桐生市側コース] 桐生市側からも4カ所の登山口があるが、一例として、南公園から茶臼山を一周するコースをあげる。南公園駐車場(10分)籾山峠口(35分)庚申塔(20分)茶臼山(20分)八王子神社(10分)宝珠院口(20分)南公園

見どころ 見ごろ

3月上〜中旬は南公園の紅梅400本白梅200本の梅林が美しい。

アカマツ林の下にはヤマツツジが多く、4月下旬から咲き始め、山肌を朱赤色に彩る。

太田市　　　　　　　　　　　　　　　　　　　　　　　　　　　　家族向き

太田金山

おおたかなやま　236m

大光院〜金山コース
2万5千図 上野境・足利南部

適期	1	2	3	4	5	6	7	8	9	10	11	12

▶標準的な総歩行時間　1時間30分
▶標高差　186m
▶眺望　○

●プロフィール

群馬県東部の中心都市・太田の市街地北に連なる金山は、標高200mほどの小丘陵ながら、赤松の明るい森の中にハイキングコースや東屋などが整備され、野鳥のさえずりに包まれた静かなハイキングを手近に楽しむことができる。

△大欅奥の新田神社が頂上（本丸跡）

山頂部一帯には戦国時代東上州の中心的な城であった国の史跡「金山城址」が広がる。史跡としての整備も進み、巨大な山城の姿をしのぶ歴史散歩も楽しめる。

徳川家康が始祖新田義重を追善するために建立した「子育て呑龍」大光院を起点に山頂に至る西山コースのほか、山麓と親水公園をめぐる東山コース、北麓にあるぐんまこどもの国からの北山コースなどがあり、変化に富んだコース取りも可能。

●コースガイド

大光院本堂と開山堂の間にある弁天堂わきから金山へのハイキングコースが始まる。道標に従って行くとすぐに分岐となり、右へ金竜寺経由の道に入る、左は尾根伝いに山頂に通じる道。金竜寺は金山城主横瀬（後の由良）氏が新田義貞を追善して開山したという歴史ある寺院だ。

交通　マイカー　登山口の大光院・呑龍公園の北（富士重工工場向い側）に市営駐車場。また金竜寺付近にも駐車場がある。
公共交通機関　東武太田駅が起点となる。駅北口を北に向かい、東本町を左折。そのまま本町通りを西に向かい大門入口を右折。駅から大光院までは2kmほど。

○問い合わせ
太田市役所商業観光課　☎0276（47）1833

金竜寺から山道を登り、左の尾根上の鞍部に出ると、大光院から直接登ってきた道と合流する。ここからさらにほぼ尾根伝いに登っていくとモータープール上に出る。右手下の駐車場端に展望台（1階がトイレ）があり、市街地から車でここまで来れば山頂へはわずかな歩きですむ。

モータープールから山頂へは東に向かう尾根沿いにしばらく車道と並行する。東屋のある分岐で左に入る。途中、松の切れ間から南の市街地や北のこどもの国方面が見下ろせるが、展望はさらに進んだ物見台からがその名の通り素晴らしい。やがて戦国時代の山城に迷い込んだような風景が広がる。月の池、日の池を過ぎると東屋とトイレがあり、さらに進むと山頂の新田神社となる。

帰路は往路を戻るが、途中で往路から分かれ、大光院へ直接下る道をとっても良い。

△金山城址の石垣

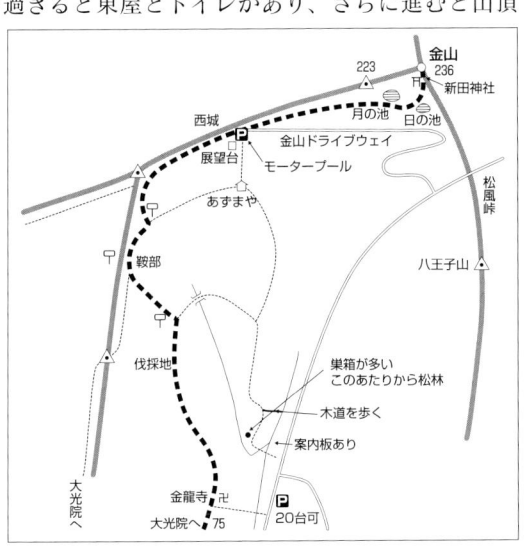

参考 TIME

大光院 ➡ モータープール ➡ 山頂 ➡ 大光院
0:40　　　　　　　0:15　　0:35

●アドバイス
▷コースはよく整備され、特に危険なところや迷いやすいところもないが、分岐が多いので、分岐点では指導標や案内板でコースをよく確認すること。

●サブコース
北山コース 北麓のぐんまこどもの国からモータープールの展望台を経て山頂から金山の森キャンプ場をまわりこどもの国へ戻る。

東コース 金竜寺から万葉の碑、親水公園を経て、東山を散策し南麓の受楽寺へ下るコースのほか、金山東麓の神明宮から山頂に上るコースもある。

見どころ 見ごろ

四季を通して楽しめる。大光院も四季を通じて賑わうが、名物行事の関東菊花大会は例年10月下旬から。

片品村／みなかみ町　一般向き

至仏山

しぶつさん　2228m

| 鳩待峠〜至仏山往復コース |
| 2万5千図 至仏山 |

適期	1	2	3	4	5	6	7	8	9	10	11	12

▶標準的な総歩行時間　4時間40分
▶標高差　637m
▶眺望　◎

●プロフィール

　燧ヶ岳(ひうちがたけ)とともに日本百名山に名を連ねる尾瀬の名山。蛇紋岩の岩塊におおわれた頂に立つと、東面眼下に広がる尾瀬ヶ原ごしに燧ヶ岳が大きく見える。この素晴らしい展望と麓から望む優美な山容に加え、高山植物に恵まれた花の名山としても人気が高い。ミズバショウ咲く尾瀬ヶ原のバックに残雪を抱いた至仏山がたおやかに横たわる構図は、尾瀬を代表するアングルの一つでもある。

△小至仏山から至仏山へ

　そのような優美な印象の至仏山だが、西面は利根川支流の楢俣川の源流が荒々しく山肌を刻み、山頂部も、それほど急峻ではないものの岩の露出する尾根となっている。コースは鳩待峠からと山の鼻からの2つがあり、山頂を往復するだけなら標高差の少ない鳩待峠から登るのが一般的。

交通

[マイカー] 関越自動車道沼田インターから国道120号、401号で戸倉へ。戸倉から主要地方道みなかみ片品線に入り、津奈木で右折、鳩待峠へ。駐車場は鳩待峠手前右手。有料。＊例年5月中旬から10月中旬までマイカーでの入山が規制される（例年8、9月の日曜日午後から金曜日午前までを除いた5月中旬から10月中旬までの117日間前後）。その場合は手前の戸倉または戸倉スキー場に駐車（有料）し有料のシャトルバスに乗り換える。

[公共交通機関] JR沼田駅・上越新幹線上毛高原駅から関越交通バス大清水行き・富士見下行き・戸倉行きで戸倉下車（沼田駅から1時間30分、上毛高原から1時間50分）。戸倉でシャトルバスに乗り換え鳩待峠まで20分ほど。

○問い合わせ

　片品村役場　☎0278（58）2111
　尾瀬林業㈱尾瀬戸倉支社　☎0278（58）7311
　関越交通（戸倉）　☎0278（58）7002

※至仏山については、植生の荒廃が著しいため、一部コースの変更が検討されている。

●コースガイド

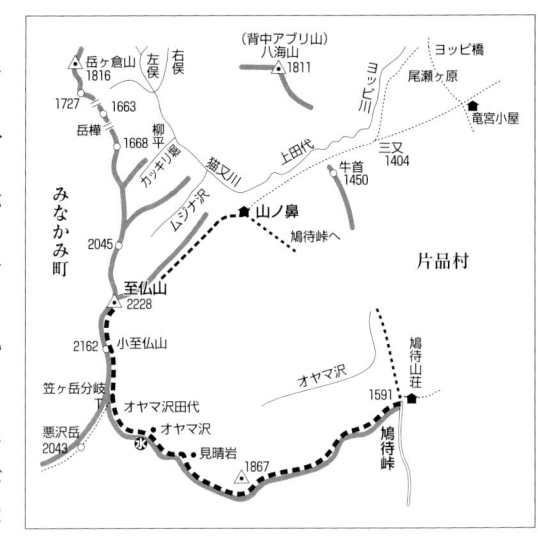

鳩待峠の尾瀬ヶ原入山口に向かって左手、車だまり奥に至仏山への指導標が立つ。ここからブナやダケカンバの樹林を緩やかに登っていく。やがて針葉樹が多く混じるようになり、尾根を右に巻き気味に進むと尾瀬ヶ原と燧ケ岳を望む傾斜した湿原の中の見晴岩に着く。ここからふたたび樹林に入り、水場を過

参 考 TIME	鳩待峠 ➡ オヤマ沢田代 ➡ 至仏山 ➡ オヤマ沢田代 ➡ 鳩待峠
	1:30 　　　　　1:10　　　1:00　　　　　　1:00

●アドバイス

▷ 残雪期（5月11日から6月30日まで）は、鳩待峠から至仏山を経て山の鼻までの区間が植生保護のため閉鎖されるので、至仏山への登山はできなくなる。閉鎖前のゴールデンウィークころは、積雪期の登山経験者なら快適な春山登山が楽しめるが、ピッケル、アイゼンほか冬山装備必携で、一般登山者には無理。

▷ 閉鎖期間以外でも午前9時以降の入山は自粛を求められている。午後には雷雨や霧が発生しやすくなるので登山の基本「早出」を守りたい。

▷ 10月に入ると寒波の影響で降雪を見ることもある。天気予報に注意し、防寒、積雪対策を怠ることのないように。

●サブコース

[山の鼻~至仏山] 尾瀬ヶ原の西端、山の鼻から至仏山頂へ標高差800mを直線的に登りつめるコース。鳩待コースと同じく残雪期は閉鎖される。山の鼻から樹林帯をしばらく登り、森林限界を抜け、蛇紋岩の斜面につけられた道を登り続けると開けた感じの高天原に出る。このあたりは高山植物が多い。ここから山頂へはひとがんばりだ。

このコースを下りにとる場合は急降が続くので、スリップやひざを痛めたりしないよう慎重に下りたい。山の鼻から山頂まで登り2時間30分、下りは2時間ほどかかる。

見どころ 見ごろ

見どころの第一は燧ケ岳とともに周辺山域の中でもひときわ抜きん出た標高を誇る至仏山頂からの展望。そして山頂一帯に咲く高山植物の数々（コラム参照）。また鳩待峠からの登路となる尾根筋のブナの巨木も見事。オヤマ沢田代のワタスゲの綿毛は6月中旬から7月中旬ころまでが見ごろとなる。

ぎると山上の湿原、オヤマ沢田代が目の前に広がる。夏にはワタスゲの綿毛が美しい景観を見せてくれる。

オヤマ沢田代を過ぎ、笠ヶ岳への分岐を左に分けると、小至仏への登りとなる。展望の良い岩混じりの尾根筋を足下に注意しながら進もう。

小至仏を過ぎ、少し下った鞍部からいよいよ至仏山への登りにかかる。山頂に近づくにつれ傾斜も急になるが、小至仏周辺から至仏山頂までの間は高山植物の種類が特に多いところ。ゆっくりと植物観察をしながら登って行く。

山頂から東を望むと、眼下の尾瀬ヶ原の奥に燧ヶ岳が、さらに会津の山々から鬼怒沼山、日光白根山へと続く山並み。西には利根川の源流を取り囲むように谷川岳、越後沢山、平ヶ岳などの名峰が連なっている。

至仏山の花

蛇紋岩質の至仏山は、貴重な高山植物の宝庫。蛇紋岩はマグネシウムや鉄分を多く含み、根の給水力を妨げるため、そこには特有の植物が分布する。また、至仏山は蛇紋岩地であるとともに標高2000mを越える寒冷な気候のため、氷河時代からの生き残り植物や珍しい蛇紋岩変形植物なども見られ、全国でも有数な高山植物の宝庫となっている。

おもな植物としてはエーデルワイスの仲間のホソバヒナウスユキソウのほかカトウハコベ、コバノツメクサ、タカネナデシコ、オゼソウ、シブツアサツキ、イブキジャコウソウ、タカネシオガマ、ジョウシュウアズマギク、アオチャセンシダ、チシマアマナなど。

▲ホソバヒナウスユキソウ

山名の話 ①

　至仏山という山名を見ると、なにやら仏教に縁のある山で、宗教登山の歴史でもあるのかと考えるかもしれない。しかし山頂に立ってあたりを見渡しても、それらしきものは見当たらない。そして、一帯には地下深くから２千ｍ以上の高さにまで隆起してきたと言われる蛇紋岩の岩礫斜面が広がっている。

　実は「至仏山」の由来はシブが語源と言われ、山頂部を構成するこの蛇紋岩地を浸食する沢状のガレ場の色（柿渋色のシブッツァワ）から名づけられたという説がある。また同じ尾瀬の景鶴山は「ヘエ（這）ヅルつまり山頂部を横這う（トラバースする）山」からつけられたと言われている。いずれも呼称に漢字の山名を後からつけたため、本来の意味が分からなくなってしまった例だ。このほかにも山名やそれにまつわる話を探ってみるとなかなか興味深いものがある。

　下仁田町の軽井沢境に近い日暮山は、漢字だけ見るとロマンチックな印象だが、ひぐらし山ではなく、にっくら山と読む。これもおそらく山の形からついた山名に漢字を後で当てたものと思われる。つまり、「にくら＝荷鞍・馬に荷を積むための鞍」からつけられたもので、尾瀬の南方には漢字もその通りの「荷鞍山」がある。下仁田の日暮山も尾瀬の荷鞍山も、見る角度によってはたしかにそのような形に見えるので、日暮山も本来意味の上では荷鞍山だったものが、このような漢字をあてられたものと考えられる。

　山名にはこのように山の形や色からつけられたものが多い。ぐんま百名山の中でも、烏帽子岳、笠ヶ岳（尾瀬・谷川）、三峰山、四ツ又山などが挙げられる。さらに平標山、鼻曲山なども地形由来だろう。形を素直に漢字表記すればよいのだが、まったく違う意味の漢字が当てられると、意味が分からなくなってしまう。

片品村　一般向き

皿伏山

さらぶせやま　1917m

富士見下～皿伏山～尾瀬沼～大清水
2万5千図 至仏山・三平峠・燧ケ岳

| 適期 | 1 | 2 | 3 | 4 | 5 | 6 | 7 | 8 | 9 | 10 | 11 | 12 |

▶標準的な総歩行時間
7時間50分
▶標高差　607m
▶眺望　△

●プロフィール

富士見峠から白尾山(2003m)、皿伏山を経て尾瀬沼へ抜けるこのコースは、途中に原生林や小湿原があり、変化に富んだコースで、登山者でにぎわう尾瀬の中でも、特に静かな山行を楽しむことができる。

皿伏山はその名の通り皿を伏せた姿をしており、このような形を

△秋の大清水平

した火山は楯状火山と呼ばれる。特に山頂から大清水平までの間は広い尾根となる。

皿伏山の東にある大清水平は、原生林に囲まれた美しい湿原で、遅咲きの水芭蕉やワタスゲなどが咲く。

●コースガイド

富士見下のゲート前の広い駐車場から林道を行く。約1時間で右下に馬洗渕という池が見える。ここで富士見小屋へ3km、富士見下バス停からは3.3kmである。

富士見小屋から数分の富士見峠で、左に尾瀬ケ原見晴十字路への道を見送る。マイクロウェーブまでは車道のような道が続く。振り返ると富士見

交通　マイカー 関越道沼田ICから国道120号～401号で大清水の駐車場に止める。一ノ瀬休憩所まで無料バスが出ている。

公共交通機関 沼田駅から関越交通バス1時間30分で戸倉の「鳩待峠バス連絡所」下車。富士見下まではタクシー。戸倉から富士見下行きのバスは、5月中旬から10月下旬まで運行。

○問い合わせ
　富士見小屋（完全予約制）　☎0278(58)7441
　鳩待山荘（尾瀬林業KK尾瀬案内センター）
　　　　　☎0278(58)7311
　関越交通　☎0278(23)1111
　片品村役場　☎0278(58)2111

小屋や、アヤメ平、至仏山、遠く平ケ岳も見える。

　白尾山は山頂直下にベンチがある。ここからしばらく下り続けて、セン沢田代上部の湿地の鞍部に出る。ブナの森をジグザグに登ると皿伏山に着く。ベンチがあるが、樹林の中で展望は無い。３等三角点はベンチより10mほど手前の道端にある。

　皿伏山の下りは広い尾根で、最初は道が分かれて迷いやすいが、すぐに合う。20分ほど下ると小湿原があり、すぐ先にまた小湿原とベンチがある。まもなく広々として気分の良い大清水平に着く。

　大清水平の東端から森に入り、下り10分ほどで尾瀬沼畔に出ると、急ににぎやかになる。尾瀬沼山荘前のベンチで休憩の後、三平峠を越えて大清水へ下る。

　このコースは富士見小屋に一泊するのが良い。

参考 TIME

富士見下 ➡ 富士見小屋 ➡ 白尾山 ➡ セン沢鞍部 ➡ 皿伏山
　　　　2:30　　　　　0:45　　　　0:45　　　　0:30

➡ 大清水平 ➡ 尾瀬沼山荘 ➡ 大清水
　0:45　　　　0:35　　　　2:00

●アドバイス
▷尾瀬の他のコースと異なり、歩いている人はまれである。
▷大清水平の先は尾根は広く、道が幾筋もついている。登山道は良く見て歩こう。

●サブコース
　鳩待峠から富士見小屋のコースは、距離的には富士見下からとほぼ同じだが、登りが楽で短時間になる。鳩待峠（１時間15分）横田代（35分）アヤメ平（15分）富士見小屋。ただし、歩く人は少ない。

見どころ 見ごろ

紅葉の見ごろは10月20日前後、富士見下からの歩きは、数ある紅葉の名所と比べても抜群の色彩である。

片品村／新潟県　**熟達向き**

景鶴山
けいづるやま　2004m

県境尾根コース（参考）
2万五千図 尾瀬ケ原・至仏山

適期	1	2	3	4	5	6	7	8	9	10	11	12
					●							

※5月前半のみの約半月（4月末5月連休〜5月15日ころまで）

▶標準的な総歩行時間
　6時間（参考）
▶標高差　594m
▶眺望　◎

●プロフィール

　尾瀬ヶ原の北にそびえる景鶴山は尾瀬の風景に欠かすことのできない存在である。山名の由来について、景鶴山の頂上南面はヌウ岩（農岩）の崖になっているが、中腹以下は緩斜面であり、このあたりを横切る（へえずる）ことができた。陸地測量部の役人に山名を聞かれた土地の人が、「へえずる」と答えたので景鶴山と記入されてしまったという。

▲尾瀬ケ原から景鶴山と与作岳（右端）

　40年ほど前までは、ヨッピ橋からケイズル沢と上ヨサク沢の間の尾根を登る道があり、往復4時間ほどのコースであった。その後、自然保護のため立ち入り禁止となり、残雪期に県境尾根をたどる以外は登ることのできない山となっている。

　残雪期登山は、鳩待峠への道が除雪される4月下旬ころから5月中旬ころまでの限られた期間のみ可能となるが、一泊二日が前提となる。龍宮小屋は4月末から、東電小屋は5月の第2土曜ころから営業を始める。

　景鶴山の登降のほかに小屋までの往復がある。雪が多かった18年5月前半の例を記すと、鳩待峠から尾瀬ケ原は、木道が現れた所はほんのわずかで、雪の上の先行者の足跡をたどることになる。

交通

マイカー　沼田ICから国道120号で鎌田まで約50分、鎌田から国道401号で戸倉まで約20分。戸倉からシャトルバスで鳩待峠まで20分ほど。

公共交通機関　JR沼田駅から関越交通バス約1時間30分（上毛高原駅からは2時間）で戸倉下車、戸倉からマイクロバスまたはタクシー25分で鳩待峠（至仏山や尾瀬ケ原と同じ）。

○問い合わせ
　龍宮小屋　☎0278（58）7301
　東電小屋　☎0278（58）7311
　片品観光タクシー　☎0278（58）2041
　尾瀬観光タクシー　☎0278（58）3152
　関越交通鎌田営業所　☎0278（58）3311

●コースガイド（参考記録）

　東電小屋の前から登りになり、約30分で笹山の先の広い鞍部となる。さらに30分弱で、ゴヨウマツの大木があり、露岩が一つ立っているコブ（1653m）に着く。すぐ先の小鞍部をすぎると黒木（針葉樹）がはじまり、ひと登りで緩傾斜で広い黒木の森に出る。以後しばらく緩登が続く。

　与作岳からは13分ほどで、景鶴山との間の鞍部に下る。頂上は正面の岩のある所を避け、遠回りになるが、三角形の頭峰の中ほどから、北へ回って樹林帯を登るのが良いだろう。コース中、最後の詰めだけが悪い。負傷者も出ているので注意を要する。なお、雪が消えると深いやぶになり登行困難になる。

△景鶴山山頂はすぐ近くだ

参考TIME

東電小屋 ➡ 1653m峰 ➡ 与作岳 ➡ 景鶴山 ➡ 与作岳 ➡ 1653m峰
　1:00　　　1:10　　　1:20　　1:00　　0:50

➡ 東電小屋
　0:40

●アドバイス
▷与作岳の東南尾根の緩傾斜で広い黒木の森は、下降の際、誤って枝尾根に入りやすい。自分の足跡も、雪が解けて消えることが多いので要注意。

見どころ見ごろ
コース中の随所から尾瀬ヶ原や至仏山、燧ヶ岳などが、変わった角度から眺められる。

片品村／みなかみ町　　　　　　　　　　　　　　　　　　　一般向き

笠ケ岳（尾瀬）

かさがたけ　2058m

鳩待峠～笠ケ岳
2万5千図 至仏山

適期	1	2	3	4	5	6	7	8	9	10	11	12

▶標準的な総歩行時間
　6時間50分
▶標高差　467m
▶眺望　◎

●プロフィール

　「笠ケ岳」は群馬県内に笠ケ岳が三つあるため、区別上、尾瀬笠ケ岳と呼ばれている。尾瀬エリアの最西端に位置し、日本百名山の燧ケ岳・至仏山の陰に隠れて、登山者はそれほど多くはない。しかし笠ケ岳東斜面のお花畑では豊富な高山植物を見ることができ、山頂の展望もすばらしい。

▲笠ケ岳（中央）と小笠

　足下に光っている片藤沼は、片品村とみなかみ町藤原の境界にあるのでこの名が付けられた。昔はヒバ沼だったらしい。周囲70m、水深1m。水面に映る「さかさ笠」が美しい。

　また、眼下のならまた湖をはじめ、奥利根の山々など360度の展望が楽しめる。

●コースガイド

　鳩待峠から至仏山と同じコースに入る。1867m峰の南側を回ると、樹海の彼方に笠ケ岳の三角錐が見えてくる。しばらく森の中をたどると、尾瀬ケ原を一望する見晴岩に出る。休憩に良い。

　さらに30分で、オヤマ沢の水場や、オヤマ沢田代を経て、笠ケ岳分岐に

交通

マイカー　戸倉から鳩待峠まではシーズン中交通規制があり、マイカーの乗り入れは禁止となる。出かける前に照会すること。（至仏山の項参照）

公共交通機関　JR沼田駅から関越交通バス大清水行きで戸倉の「鳩待峠バス連絡所」下車。戸倉から鳩待峠はシャトルバスが運行されている。なお、交通機関利用の場合、鳩待山荘一泊が無難。

○問い合わせ
　片品村役場　☎0278（58）2111
　関越交通鎌田営業所　☎0278（58）3311
　片品観光タクシー　☎0278（58）2041
　尾瀬観光タクシー　☎0278（58）3152

着く。湯ノ小屋へ12kmの道標がある。ここから先は木道がない。悪沢岳（2043m）は、気づかぬうちに通りすぎてしまう。針葉樹林の緩やかな道を下ると、小笠、笠ケ岳へ続く美しい草原状の尾根が現れる。

また樹林帯に入り、小笠手前の約1910mの最低鞍部に下る。「笠ケ岳方面」の板が樹幹に付けられている。笠ケ岳中腹の花の多い道を横切って末端まで行くと、ようやく湯ノ小屋方面との分岐に着く。道標が立ち、岩にペンキ書きがある。

分岐から目の前の岩山へ、岩間の高山植物を見ながら20分たらずで笠ケ岳の頂上に着く。頂上は岩ばかりで狭い。

分岐に下り往路を戻るが、余裕のある人は片藤沼を往復すると良い。下り15分、上り25分ほどである。

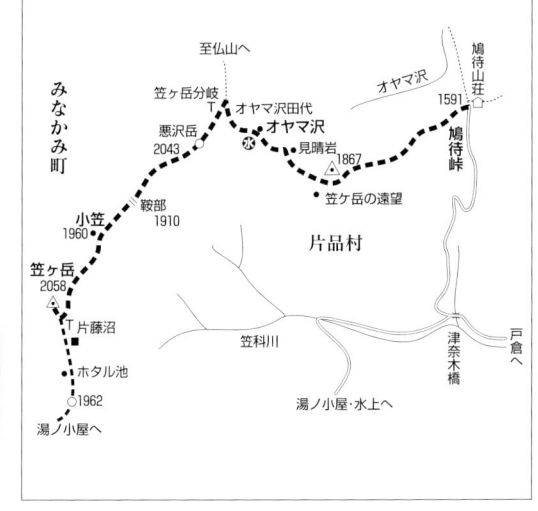

▲笠ケ岳から見おろす片藤沼

参考TIME

鳩待峠 ➡ オヤマ沢分岐 ➡ 最低鞍部 ➡ 小笠 ➡ 笠ケ岳
　1:40　　　　0:45　　　　0:25　　0:55

➡ オヤマ沢分岐 ➡ 鳩待峠
　1:50　　　　1:15

●アドバイス
▷残雪は6月上旬まである。植生保護のため、例年6月末まで入山禁止になっている。
▷10月中旬には積雪を見ることもある。防寒対策が必要。

●サブコース
湯ノ小屋コース　笠ケ岳直下の分岐から片藤沼を経て湯ノ小屋温泉へは、約9.5km4時間の健脚向きコース。鳩待峠からは約16km7時間30分。鳩待峠を早目に出発する。

見どころ 見ごろ

7月上旬から中旬、1日に約50種類もの花を観賞することができる。紅葉は山頂付近で9月下旬から、中腹は10月中旬ころとなる。

片品村／栃木県　　　　　　　　　　　　　　　　　　　上級向き

日光白根山

にっこうしらねさん　2578m

丸沼高原コース
2万5千図 丸沼・男体山

| 適期 | 1 | 2 | 3 | 4 | 5 | 6 | 7 | 8 | 9 | 10 | 11 | 12 |

▶標準的な総歩行時間
　5時間
▶標高差　578m
▶眺望　◎

●プロフィール

　片品村と栃木県日光市の境にそびえる活火山。関東以北の最高峰で、主峰奥白根の標高2578mは南北アルプスの主脈にも迫る高さを誇る。関東平野からは赤城山などの前山の陰になってしまいがちだが、周辺のおもな山の頂からはその堂々とし

▲山頂駅から日光白根山

たドーム状の山容を指差すことができる。頂からは会津、尾瀬、日光、足尾、奥利根、上越など素晴らしい眺望が楽しめる。

　山頂部は荒々しい火山地形をあらわにし、爆裂火口や崩壊壁、山上の火山湖など、目を見張る独特な景観を見せている。

　山頂へは丸沼高原コースのほか、群馬県側の菅沼から弥陀ヶ池を経由するコース、栃木県側の湯元から登るコース、そして県境の金精峠から金精山、五色山を縦走して山頂に至るコースなどがある。

●コースガイド

　標高1400mのスキー場ベースからロープウェー15分で標高2000mの山頂駅へ。ここにはトイレやレストランなどもある。水はここで補給しておく。山頂駅から鹿よけのゲートを通過するとすぐに六地蔵分岐となる。ここを左に入り、下りきったT字路を左へわずか行くと六地蔵。登山コースはここを逆に右折し、針葉樹林の中を緩やかに登っていく。途中、散策コースを右に分けながら山頂駅から1時間ほどで弥陀ヶ池と七色平の分岐に至る。

　この分岐を道標に従い左に進むと、急な登り40分ほどで座禅山の山頂を経て鞍部に着く。そのまま下れば弥陀ヶ池は近いが、奥白根の山頂を目指

し右手の急な登りに取り付く。登るにつれて傾斜は急になる。ガレ場から岩場へと変わる急斜面を右寄りにつめて山頂稜線の北端に立つ。稜線に出る手前は特に急傾斜なので、落石やスリップに注意したい。稜線をたどり、再び登りかえしたピークが日光白根山の最高点で360度の大展望が広がっている。

▲日光白根山頂上

下山は南峰の奥宮から、くぼ地状を経て南西斜面に下り、樹林帯を西から北西方向へと向きを変えながら高度を下げ、地獄ナギの下を横断して七色平分岐に下る。ここからは散策コースを40分ほどで山頂駅に戻る。

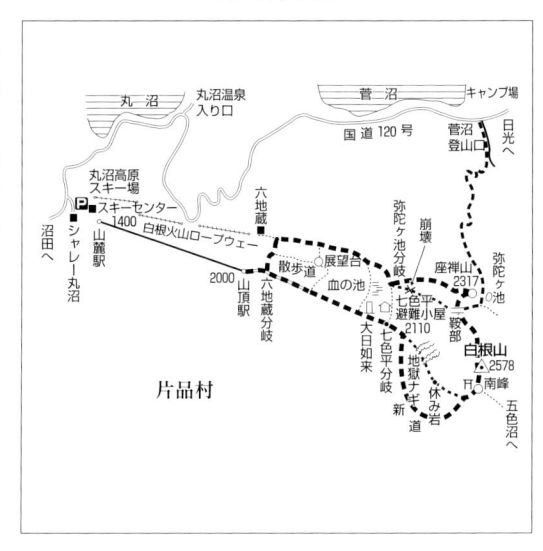

参考 TIME

ロープウェー山頂駅 ➡ 弥陀ヶ池分岐 ➡ 座禅山鞍部 ➡ 山頂 ➡ 七色平分岐
　　　　　　　　　0:55　　　　　0:55　　　　　1:15　　1:15

➡ 山頂駅
0:40

交通

マイカー 関越自動車道沼田インターチェンジから国道120号を追貝、鎌田を経て丸沼高原まで約60分。

公共交通機関 関越交通バスで、上毛高原駅・沼田駅から鎌田乗換え、丸沼高原スキー場行きで終点下車。1日4往復。

○**問い合わせ**
　片品村役場　☎0278 (58) 2111
　丸沼高原総合案内　☎0278 (58) 2211
　関越交通沼田営業所　☎0278 (23) 1111

● アドバイス
▷ ロープウェーは休業日がある。運行期間・時間等についての問い合わせは「丸沼高原総合案内」。
▷ 樹林帯には6月に入っても場所によっては雪が残る。雪解け後もぬかるんでいることが多いのでスパッツを用意していくと良い。
▷ 逆コースは山頂北直下の急なガレ場が下りとなるので、すすめられない。
▷ 山頂北のガレ場を避けるには上記下山コースを登路にとり、同じコースを下山する。
▷ コース中に水場はない。また弥陀ヶ池や五色沼の水は飲用とはならない。

● サブコース
菅沼コース 丸沼高原のロープウェーができるまでは菅沼湖畔から弥陀ヶ池を経て山頂に登るこのコースがメインルートだった。登山口は丸沼高原からさらに金精トンネル寄り7㌔の菅沼湖畔のドライブイン東端で、広い道が南に伸びている。マイカーの場合はこの登山口の広い道の脇の有料駐車場に止める。登山口からしばらく進むと針葉樹林帯の急な登りが始まる。ジグザグ道がゆるやかな巻き道になると弥陀ヶ池も近い。菅沼から弥陀ヶ池までは2時間ほどの登り。

弥陀ヶ池から、日光白根山と座禅山の鞍部に登り、ここから前述のガイドの通りに急な斜面を登り山頂を目指す。

山頂からは往路を戻っても良いが（菅沼から山頂往復5時間10分ほど）、時間に余裕があれば、南東斜面を避難小屋へと下り、五色沼の畔から弥陀ヶ池へ登り返し、その後往路に合流するコースをとると変化があって面白い。特に五色沼から望む日光白根山の雄姿は見事。総所要時間は5時間30分ほど。また五色沼から弥陀ヶ池へ戻らず、五色山に登り金精山を経て、金精峠から菅沼へ下るコースも興味深いが、金精山の下りが悪いので要注意。総歩行時間も長く6時間40分ほどかかる。

見どころ見ごろ

山頂からの大展望。男体山や太郎山など日光の山々が迫り、眼下の中禅寺湖が大きく広がる。さらに尾瀬、上越、武尊、赤城へと続く大パノラマは関東以北最高峰ならではのスケール。

また、日光白根山一帯は高山植物の宝庫。シラネアオイ、シラネアザミ、ゴゼンタチバナ、ハクサンシャクナゲ、コイワカガミ、ショウジョウバカマ、トウヤクリンドウなど数々の花が6月から8月いっぱい咲き競う。シラネアオイは6月中旬ころが見ごろだが、7月から8月上旬ころにかけての時期が花の種類も多い。

▲日光白根山（座禅山鞍部から）

群馬の火山

　日光白根山の山頂部は、激しい崩壊やドーム状のピーク、火口跡や火口湖など、火山地形がはっきりと残っている。記録によれば、明治5年に南西斜面の中腹に直径2百数十mの火口が出来、噴煙を上げたほか、明治6年、明治22年、明治23年と相次いで噴火しており、明治期は比較的火山活動が活発であったようだ。昭和になると27年に噴煙や鳴動などの活動があり、平成5年から7年にかけては微小地震活動が活発化している。このように日光白根山は今なお活動中の火山なのである。

　県内ではこのほか、浅間山、草津白根山が活火山として知られるが、気象庁の「関東・中部の活火山」の中には赤城山・榛名山も入っている。浅間山、草津白根山が活火山であることは誰もが疑う余地はないが、赤城・榛名が活火山となると、少し意外な感じを持つかもしれない。

　気象庁のホームページによれば、赤城山については、記録に残る火山活動として「1251(建長 3年)年5月18日　噴火？」とあるが、「噴出物等からは古記録にある噴火の証拠は発見されていない」ともある。一方の榛名山は、同じホームページで「噴火記録はないが、噴出物と考古遺跡との関係から3回の噴火が知られている」とあり、「5世紀：噴火」「6世紀初頭：現在の二ツ岳付近からマグマ水蒸気爆発、水蒸気爆発、火砕流など」そして「6世紀中頃：プリニー型噴火による降下軽石・火砕流と二ツ岳溶岩ドームの生成」と記され、二ツ岳が地質の時間としてはつい最近出来た山であることがわかる。

　これら五つの活火山のほか、ぐんま百名山の中では小野子山、十二ヶ岳、子持山、武尊山、金精山などが火山であるが、日光白根山や浅間山などの火山と比べると、古い火山で、すでに活動を終えていると思われる。

片品村／栃木県　　　　　　　　　　　　　　　上級向き

金精山

こんせいざん　2244m

菅沼〜金精峠〜金精山コース
2万5千図 男体山

適期	1	2	3	4	5	6	7	8	9	10	11	12

▶標準的な総歩行時間
3時間
▶標高差　395m
▶眺望　□

●プロフィール

　金精山は日光白根火山の北の端、群馬県片品村と栃木県日光市にまたがる溶岩円頂丘。北の温泉ヶ岳との鞍部には金精峠があり、金精神社が祀られている。片品村と日光を結ぶ観光路線の金精峠トンネルはこの峠の下を通っている。

▲金精神社と金精山

　栃木県側から見上げると、山頂直下の笈吊岩(おいづる)が迫力ある姿で迫ってくるが、群馬県側は樹林に覆われ、あまり目立つ山ではない。菅沼の南東にそびえ、登山コースは菅沼から金精峠を経由して山頂に至る。金精峠へは湯元側から登ることもできる。群馬・栃木の県境主脈上にあり、南は五色山に続き、前白根、白根山への縦走路上のピークでもある。

●コースガイド

　駐車地から金精峠トンネルに通じる道路をトンネル方向に進み、右側の針葉樹林帯につけられた山道に入る。登り始めは比較的平坦な道だが、倒

交通　マイカー　関越自動車道沼田インターチェンジから国道120号を追貝、鎌田を経て菅沼湖畔まで50㌔。トンネルを湯元側に抜けてすぐ右側に駐車場がある。
公共交通機関　群馬県側の菅沼から登る場合はバスの便はない。栃木県側湯元から登る場合は、JR日光駅から東武バス日光湯元行きで1時間20分ほど。

○問い合わせ
　片品村役場　☎0278(58)2111
　東武バス日光　☎0288(54)1138

木で歩きにくい箇所もある。やがて沢状から左上し、金精峠へと登り上げる。峠に立つと東の日光側の展望が開け、眼下に湯ノ湖と金精道路を間近に見下ろす。峠には赤い屋根の金精神社が鎮座している。

南にはゆるやかな尾根の行く手に、これから登る金精山が鋭い山容を見せてそびえている。特に栃木県側の東面は笈吊岩の断崖絶壁となって荒々しく切れ落ちている。西面の群馬県側は、樹林におおわれた急斜面で、登山道は山頂への斜面に取り付くと、右へ尾根を離れ、その群馬側を巻いて登っていく。急斜面を木の根につかまったり、ロープやハシゴに頼って登ると、狭い山頂に着く。

帰路は往路を戻るが、山頂から南へ延びる稜線をたどり、五色山から日光白根山へと足を伸ばすこともできる。

▲金精山頂。日光側の見晴らしが良い

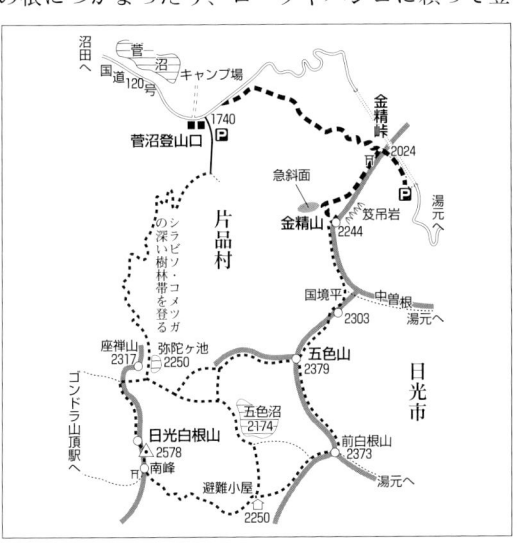

参考TIME	菅沼 ➡ 金精峠 ➡ 金精山 ➡ 金精峠 ➡ 菅沼
	1:00　　0:45　　0:30　　0:45

●アドバイス
▷山頂部には平成13年3月の地震の時にできたと考えられる地割れ状の割れ目がある。急斜面の登下降とあわせて足下に注意。

●サブコース
五色山から日光白根山・菅沼
金精山から五色山へは1時間ほど。最初はやや急な下りだが鞍部付近からおだやかな尾根道となる。国境平で湯元へ下る中曽根コースを左に分け、ササと疎林の尾根を2379mの五色山へ。

ここから日光白根山へは何通りかのコース取りが考えられる。一つは前白根山から五色沼南の避難小屋へ下り、東南面から日光白根山南峰へ登るコース（日光白根山まで2時間10分ほど）。ほかに五色山から五色沼へ下り、途中から同前のコースで山頂に至るコース（日光白根山まで2時間ほど）、さらに五色山から弥陀ヶ池を経由して北面から日光白根山にいたるコース（日光白根山まで1時間40分ほど）など。日光白根山の項参照。

見どころ見ごろ

笈吊岩は金精峠トンネルの湯元側から見上げる姿が迫力がある。

片品村／栃木県　　　　　　　　　　　　　　　　　　　　　一般向き

温泉ケ岳

ゆせんがたけ　2333m

菅沼〜金精峠〜温泉ケ岳
2万5千図・男体山

適期	1	2	3	4	5	6	7	8	9	10	11	12
						●	●	●	●			

▶ 標準的な総歩行時間
　3時間40分
▶ 標高差　593m
▶ 眺望　□

●プロフィール

　温泉ケ岳は金精峠の北東約1.7kmにある。日光の戦場ケ原方面からは、ドーム形の山頂がよく分かるが、群馬側からはほとんど見ることができない。

　古文書には、絶頂に如意輪観音を勧請し、南の山麓には、夏峰山伏の宿（参籠修行の地）の旧跡があるとされているが、周辺にはそれらしきものは見当たらない。

▲丸沼林道から温泉ヶ岳

　頂上は広くないが、東側が太郎山、女峰山、切込湖・刈込湖などの展望が良く、北から西にかけて会津駒ケ岳、燧ケ岳、平ケ岳、至仏山を望む。

●コースガイド

　菅沼駐車場から国道を約200m歩いて、金精峠越えの旧道に入る。歩道に入ると数十mの間、笹がやや深い。すぐに広い道になり、しばらく進むと沢窪に入る。数カ所の倒木と、笹がかぶった所があるが、その後は峠まで広い山道で、深い針葉樹林の中を登る。

　金精峠に出ると、日光側の展望がぱっと開ける。湯ノ湖を眼下に男体山と向かい合う。絵葉書のようだが飽きない風景である。

交通　マイカー　関越道沼田ICから約50kmで菅沼登山口。日光白根山と同じ駐車場で、広い地面だが混んでいることが多い。あるいはトンネルを湯元側に出ると、10台ほどの駐車場がある。ここからは急登降ではあるが、往復で約40分の歩行短縮になる
公共交通機関　適当なものが無く、マイカー利用を前提とする。

○問い合わせ
　片品村役場　☎0278（58）2111
　日光市役所　☎0288（54）1111

峠から北東へコメツガやシャクナゲの間の歩きやすい道を、約35分登ると見晴地点に出る。四郎岳の裾の樹海に包まれた丸沼・菅沼の紺青の水面。遠く武尊、谷川連峰など、ゆっくり時間をとって眺めたい所である。紅葉のころが最もすばらしいだろう。

　緩やかな登りが続くが、山道が少しえぐれてくる。登り坂の途中で左側に頂上への道が分かれる。明瞭な踏み跡で、テープもある。頂上の周辺は針葉樹が低いので展望が良い。

▲温泉ヶ岳頂上

参考 TIME
菅沼駐車場 ➡ 金精峠 ➡ 頂上入り口 ➡ 温泉ケ岳 ➡ 金精峠
　　1:00　　　0:55　　　0:15　　　0:45
➡ 菅沼駐車場
　0:45

●アドバイス
▷頂上入り口は登り坂の途中にあるため、足元ばかりに気を取られてつい通過しやすい。坂を登り切ると、温泉ケ岳の東側を水平に巻く道が始まる、肩の地点に出る。展望は良いが、少し戻って下ると入り口を見出す。
▷金精トンネル湯元側に駐車場（標高1849m）がある。ここからだと35分で金精峠に着く。

見どころ 見ごろ

金精峠付近からの日光側の湯ノ湖と男体山の眺め。見晴地点からの丸沼・菅沼とそれを囲む山々の紅葉がすばらしい。

片品村／沼田市／栃木県　　**熟達・健脚向き**

錫ケ岳

すずがたけ　2388m

菅沼登山口〜五色沼避難小屋〜錫ケ岳
2万5千図 男体山・丸沼

適期	1	2	3	4	5	6	7	8	9	10	11	12

▶ 標準的な総歩行時間 約12時間
▶ 標高差　539m
▶ 眺望　□

●プロフィール

　錫ケ岳は群馬・栃木県境上に位置し、北には関東以北最高峰の日光白根山（2578m）がそびえ、南に続く稜線は宿堂坊山（しゅくどうぼう）（1968m）を経て、皇海山（2144m）へ延びている。

　前白根山から錫ケ岳に続く尾根は白錫尾根（しらすず）と呼ばれ、錫ケ岳までに白根隠北峰（しらねかくし）（2385m）、白根隠

▲錫ヶ岳（日光白根山南峰から）

本峰（2410m）、白檜岳（しろび）（白根隠西峰2394m）と2296m峰の、四つの峰がある。

　錫ケ岳へ直接登る道はなく、県境縦走のひとつのピークとして登られることが多い。菅沼登山口から五色沼避難小屋に1泊して、往復するのが最も良い。それでもかなりの歩行時間になる。日帰りで往復するのは、相当な健脚者向きとなる。

●コースガイド

　菅沼登山口から日光白根山と同じ道を弥陀ケ池まで登る。ここから少し登ってから五色沼へ下り、登り返して五色沼避難小屋に着き1泊する。小屋は2階建てで収容約20名無人無料。標高は弥陀ケ池と同じ2250m。水場は無いので、五色沼の水を沸かして使用する。余裕のある人は、白根山を往復してくると良い。

交通　マイカー　関越道沼田ICから国道120号50kmで菅沼登山口。有料駐車場は約20台だが休日は混み合う。
公共交通機関　マイカー利用を前提とする。

○問い合わせ
　片品村役場　☎0278（58）2111
　日光市役所　☎0288（54）1111

翌朝、小屋から約15分で白錫尾根の稜線に出る。白根隠山頂はこのコースには珍しい草地。尾根の先が崖になる手前で、左へジグザグに下る良い道があり、鞍部に近づくと細くなる。鞍部からカニノハサミ状の岩の間を通過すると、少し先から丈の低い笹原が広がる。笹原から黒木の森に入ると県境の白檜岳（白根隠西峰）に着く。

　白檜岳から下り始めると、水のない小池が2、3あり、動物のヌタ場になっているらしい。2296m峰をすぎて下り続けると、鞍部に「錫の水場」入り口1分と青トタン板の表示がある。錫ケ岳頂上からは男体山や中禅寺湖の眺望が良い。復路は往路を戻る。

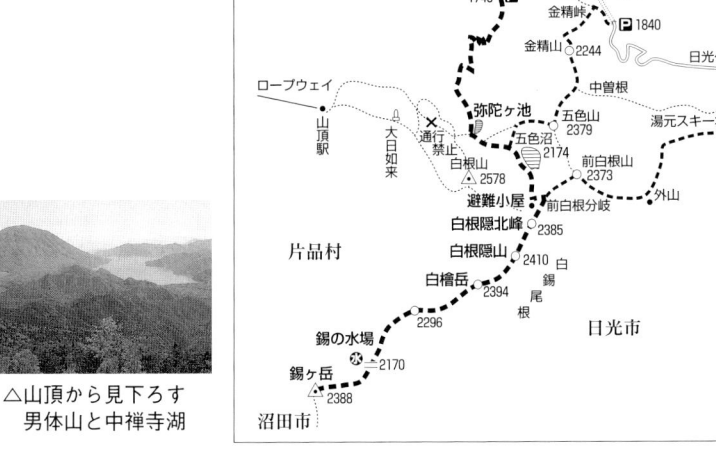

△山頂から見下ろす
男体山と中禅寺湖

参考 TIME	
1泊2日	菅沼登山口 ➡ 弥陀ケ池 ➡ 五色沼避難小屋 ➡ 白根隠山 ➡ 白檜岳 　　　　　1:50　　　　0:40　　　（泊）　　　1:15　　　0:50 ➡ 錫の水場 ➡ 錫ケ岳 ➡ 錫の水場 ➡ 白檜岳 ➡ 白根隠山 1:00　　　1:00　　　0:40　　　1:15　　　0:30 ➡ 五色沼避難小屋 ➡ 弥陀ケ池 ➡ 菅沼登山口 0:50　　　　　　0:40　　　1:30

●アドバイス
▷技術的に難しい所はないが、歩行時間が長いのでそれなりの用意を。
▷残雪は5月まで、新雪は11月はじめに降る。

●サブコース
　参考として、金精峠トンネル湯元側駐車場から五色沼避難小屋までは6.1km、2時間40分。湯元からは最も遠く6.3km、3時間30分である。

見どころ
見ごろ

コース上部は針葉樹林だが、途中の新緑と紅葉の季節が登山に良い。

沼田市／栃木県

一般向き

皇海山

すかいさん　2144m

| 不動沢皇海橋〜皇海山 |
| 2万5千図 皇海山 |

| 適期 | 1 | 2 | 3 | 4 | 5 | 6 | 7 | 8 | 9 | 10 | 11 | 12 |

▶標準的な総歩行時間　4時間40分
▶標高差　790m
▶眺望　△

●プロフィール

　皇海山は日本百名山の一峰として名高い。北は日光白根山、南は袈裟丸山へと延びる県境稜線上、足尾山塊のほぼ中心にそびえ、まさに渡良瀬源流の山々の盟主と呼ぶにふさわしい山である。

　現在の不動沢コースができる以前は、足尾町営の庚申山荘1泊で、庚申山から鋸山まで、鋸十一峰といわれる嶮しい尾根を縦走して皇海山を目指すのが普通であった。

▲鋸山から皇海山

●コースガイド

　駐車地から皇海橋を渡って左の林道に入り、数分で道標によりカラマツ林に入る。約150mで不動沢を飛び石で渡り、右岸の小笹の道をたどる。皇海橋から約55分で、カラマツの木立の小平地に、中間道標（頂上へも登山口へも1.8km）がある。実感ではまだ序の口で、これから先の方が急登で長い。

　中間道標から10分余りで、大きな岩石を押し出している沢が合う。ゴーロ状の堆積の先に道標が見えるが、そちらへは行かず、右を巻く道の方が近い。

交通

マイカー　関越道沼田ICから国道120号で沼田市利根町の追貝（おっかい）まで20km。追貝旧道の利根町振興局前から、栗原川林道で皇海橋まで23km。または沼田ICから県道沼田・大間々線で、沼田市利根町の根利（ねり）地区まで21km。根利地区から栗原川林道で皇海橋まで約22km。皇海橋の駐車場は約30台。

公共交通機関　追貝までは関越交通バスの便がある。皇海橋まではタクシー利用。なお民宿等に泊まり、マイクロバスで送迎してもらうと良い。

○問い合わせ
　老神観光タクシー　☎0278（56）3311
　沼田市利根町振興局（栗原川林道）☎0278（56）2111

狭くなってきた沢を登り続けると、小沢の分岐でブナの木にプレートがあり、その下に水と赤で書いてある。左沢が最上部の水場になる。湿っている右沢の先にはロープが見える。この岩場を登り小尾根を急登すると、不動沢のコルに出る。

コルからすぐ先の1901mのコブを巻いて、少しの間、日あたりのよい笹原をすぎると、原生林の急登が続く。頂上の少し手前には青銅の剣が立っている。南面中央に「庚申二柱大神奉納当山開祖木林惟一」とある。剣の長さは156cm、柄の部分が44cmという。

皇海山頂上には2等三角点と、渡良瀬川源流地の丸太造りの碑がある。頂上からは不動沢のコルに下り、往路を忠実に戻る。

余裕のある人は不動沢のコルから鋸山を往復すると良い。上り50分、下り40分ほどプラスになるが、皇海山にはない展望がある。

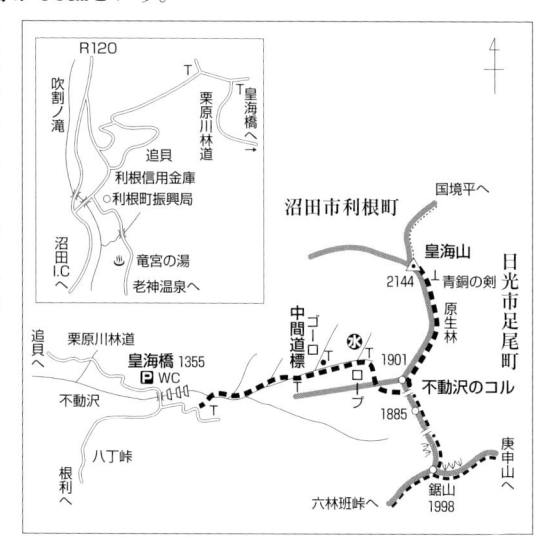

参考TIME

皇海橋 ➡ 中間道標 ➡ 最上部の水場 ➡ 不動沢のコル ➡ 皇海山
0:55　　　　0:30　　　　　0:15　　　　　　0:55

➡ 不動沢のコル ➡ 中間道標 ➡ 皇海橋
0:45　　　　　　0:30　　　　0:50

●アドバイス
▷林道は狭く、崖崩れや落石が多発する。出かける前に照会を要する。また、対向車がくると退避に苦労する。雨天中止が賢明。

●サブコース
庚申山コース 庚申山荘泊、早朝出発となる。
○1日目＝銀山平(1時間10分)一の鳥居（1時間20分）庚申山荘（泊）○2日目＝庚申山荘（1時間10分）庚申山（2時間50分）鋸山（1時間40分）皇海山（1時間30分）鋸山（50分）六林班峠（2時間）庚申山荘（2時間）銀山平。総歩行時間約14時間半になる。

見どころ見ごろ

10月中・下旬の紅葉が最高で、登山口への林道周辺は、尾根から谷まで紅葉に染まる。

片品村 　上級向き

四郎岳

しろうだけ　2156m

丸沼～四郎岳
2万5千図 三平峠・丸沼

| 適期 | 1 | 2 | 3 | 4 | 5 | 6 | 7 | 8 | 9 | 10 | 11 | 12 |

▶標準的な総歩行時間
　4時間30分
▶標高差　724m
▶眺望　□

●プロフィール

　国道120号の丸沼付近から北を見ると、深い針葉樹林に包まれた、二つの目立つ峰が対岸にそびえている。左側の片流れ屋根状の峰が四郎岳で、右の、頂上が丸みのある三角形が燕巣山（2222m）である。

▲四郎岳（左）と燕巣山（日光白根山から）

　十数年前までは、四郎沢を遡り四郎峠から根羽沢金山を経て大清水へ、3時間40分ほどで抜ける峠道があったが、今は跡形もない。

　現在は、東京電力による刈り払い道が、四郎岳と燕巣山を結んでおり、標石も一定間隔で埋設されていて、歩きやすくなった。

●コースガイド

　登山口の駐車場から堰堤工事用の車道を行き、車道終点から堰堤を3回越える。最奥の堰堤から先、沢はナメ状になり約20分で二俣に着く。2万5千図では右俣に水線の表示がある。二俣から右へ2、3分で岩に赤い矢印があり、ケルンやテープもある。ロープが付けられた踏み跡を右岸に上がり、北からくる支尾根に出る。明瞭な踏み跡があり、左右に沢を見ながら数十m進み行き止まりになると左の沢に下る。

　以前は尾根には入らず、右俣から上がるとすぐ目の前の左俣に入ったが、

交通
　マイカー　関越道沼田ICから約1時間。丸沼温泉ホテル先の釣り・ボート用駐車場が登山口。
　公共交通機関　JR沼田駅から関越交通バスで鎌田営業所下車。同所のタクシー約20分で丸沼登山口。

○問い合わせ
　片品村役場　☎0278（58）2111
　関越交通鎌田営業所　☎0278（58）3311

現在は沢身を歩かず、沢の左岸沿いの道を行く。まもなく右岸からスダレ状の滝が合流するのが見える。

さらに左岸の道を行くと、道は左に曲がり小沢をまたいで、四郎峠方向へ続く。四郎沢右俣と峠との中間点には、コース中最大のブナの大木があり、赤い目印もある。

四郎峠は峠らしくないヤセ尾根の鞍部で、四郎岳・燕巣山と書かれた白トタン板の道標がある。峠の東寄りには朽ちた道標がわずかに残っている。「大清水を経て尾瀬にいたる」とあったそうである。

四郎岳へは急登になる。頂上への中間点は道が曲がる所で、少しゴーロ状になっている。頂上には２等三角点と山名板がある。下山は往路を忠実に戻る。

▲湯沢峠から四郎岳

参考 TIME
登山口 ➡ 右俣分岐点 ➡ 四郎峠 ➡ 四郎岳 ➡ 四郎峠 ➡ 右俣分岐点
　1:00　　　0:50　　　1:00　　0:30　　　0:30
➡ 登山口
0:40

●アドバイス
▷四郎沢右俣から支尾根に上がる所のロープを見過ごした場合、そのままナメを進むと行き止まりとなり、左手に同じような支尾根に登る所がある。ナメが滑るので要注意。ロープへ戻るのが良い。

●サブコース
四郎峠から燕巣山を往復する場合、上り１時間15分、下り55分ほどプラスになる。また、四郎岳から南尾根の道を約40分下ると林道の標識に出る。この先、丸沼ペンション村までは、林道を約12km３時間の下りとなる。

見どころ 見ごろ

山頂の三角点付近は明るく開けており、雄大な日光白根山や眼下に光る丸沼など、南面の展望が良い。

片品村／栃木県　　　　　　　　　　　　　　　　　　　　上級向き

鬼怒沼山

きぬぬまやま　2141m

大清水〜鬼怒沼山
2万5千図 三平峠

| 適期 | 1 | 2 | 3 | 4 | 5 | 6 | 7 | 8 | 9 | 10 | 11 | 12 |

▶標準的な総歩行時間
　7時間50分
▶標高差　950m
▶眺望　△

●プロフィール

　鬼怒沼山は片品村と日光市（旧栗山村）の境にある。原生林に包まれ展望がないためか登る人は少ない。鬼怒沼林道と呼ばれる山道をたどって、黒岩山、赤安山などを巻き、尾瀬沼に至るロングコースの途中で立ち寄られている。

▲鬼怒沼山

　鬼怒沼山の東南、県境の南側には鬼怒沼湿原がある。東西410m、南北720m、標高2020mで、尾瀬ケ原より600m高く、高層湿原では日本一の高所にある。大小48の池塘からなり、高山植物の宝庫といわれる。栃木県の代表的な河川、鬼怒川の源流でもある。

●コースガイド

　大清水から東へ、片品川にかかる大清水橋を渡ると、今までの賑わいがうそのように静かになる。林道を30分弱で物見橋を渡る。行く手には物見山が高い。右側には廃鉱の根羽沢金山がある。

　湯沢を渡ると木の根が出ている急登になる。40分余りの急登で大きな露岩の上に出ると、四郎岳が三角定規の形に見える。さらに20分ほど登ると展望台の小広場に出る。ここから20分ほど登ると、この尾根では最も目立

交通
マイカー 関越道沼田ICから国道120号〜401号を大清水まで47km。
公共交通機関 JR沼田駅から関越交通バス大清水行き1時間50分終点下車。

〇問い合わせ
関越交通　☎0278（23）1111
片品村役場　☎0278（58）2111
日光市役所　☎0288（54）1111

つ腰かけ岩があり、休憩に良い。

腰かけ岩から20分で、この尾根で最大の露岩が数塊あるヤセ尾根となる。最上部は丸太に足場が刻んである。この先、原生林中の急登がなお50分ほど続いて物見山（毘沙門山2113m）に着く。展望はないが、下りにかかると樹間に鬼怒沼湿原が見えてくる。

湿原の南端まで10分余りを往復してくる。湿原の北端には、10人以上雨宿りできるしっかりした避難小屋がある。小屋から県境縦走路に合流し、鬼怒沼山へ向かう。山頂には2基の三角点と山名板がある。頂上から湿原北端に戻り、往路を下山する。

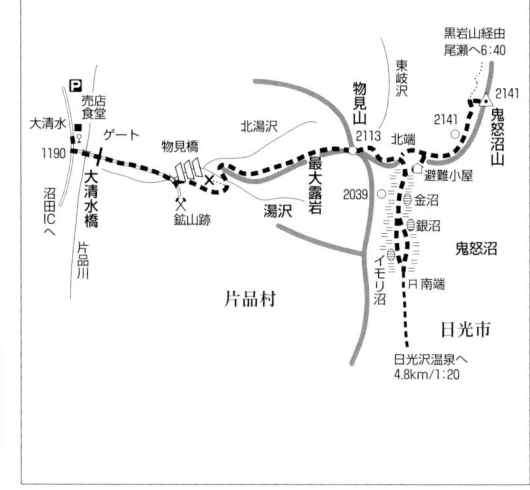

▲物見山（群馬側）

参考 TIME

大清水 ⇒ 湯沢 ⇒ 展望台 ⇒ 最大露岩 ⇒ 物見山 ⇒ 鬼怒沼湿原
　　0:45　　1:00　　0:40　　0:50　　0:20

⇒ 鬼怒沼山 ⇒ 湿原北端 ⇒ 最大露岩 ⇒ 湯沢 ⇒ 大清水
　0:45　　0:35　　1:00　　1:15　　0:35

●アドバイス
▷鬼怒沼山の西側山腹で、県境縦走路から右へ分かれて細道を山頂へ登るが、分岐点を見過ごしやすいので注意。

●サブコース

奥鬼怒温泉郷コース

日光市側の山麓には、登山ルートに沿って、奥鬼怒四湯として知られる秘湯があり、山と温泉の味わい深い旅ができる。登山者に利用される日光沢温泉から鬼怒沼湿原は4.8km、上り1時間50分、下り1時間20分である。

なお、丸沼湖畔から湯沢峠越え日光沢温泉は8.3km、3時間40分ほどである。

見どころ 見ごろ

秋の草紅葉。寂光に満ちた池塘に映る鬼怒沼山。7月、ヒメシャクナゲやタテヤマリンドウなどの花々を静かに観賞できる。

みなかみ町／新潟県

一般向き

谷川岳

たにがわだけ　1963m

天神尾根コース
2万5千図 茂倉岳・水上

| 適期 | 1 | 2 | 3 | 4 | 5 | 6 | 7 | 8 | 9 | 10 | 11 | 12 |

▶標準的な総歩行時間
　5時間
▶標高差　644m
▶眺望　◎

●プロフィール

群馬・新潟県境に連なる谷川連峰。そのほぼ中央にそびえる谷川岳（1963m）は、標高こそ仙ノ倉山（2026m）や茂倉岳（1978m）などに劣るものの、一ノ倉沢、マチガ沢が刻んだ岩と雪のアルペン的山容はまさに主峰の貫禄。

▲マチガ沢出合から谷川岳

谷川連峰から奥利根にかけての一帯は高山植物の種類が多いところだが、特に谷川岳山頂周辺は蛇紋岩地のためホソバヒナウスユキソウ、オゼソウなど珍しい植物も多く見られる。雪と岩、そして花に彩られたアルペン的な魅力あふれる山、それが谷川岳だ。

登山コースは最も一般的な天神尾根コースのほか、西黒尾根、そして南面から天神尾根に合流するいわお新道などがあり、白毛門から平標山まで連続する谷川連峰全山縦走路も本格的な登山コースとして健脚・上級者に歩かれている。

●コースガイド

ロープウェイ土合口駅から天神平へ一気に上る。ロープウェイを降り、天神尾根下部の西黒沢側を巻く整備された道に入る。リフトで天神峠まで登り、尾根通しに行っても良い。巻き道を行くと、熊穴沢避難小屋まではほぼ平らな道だが、木道は濡れていると滑りやすい。また雪が残っていると雪上歩行に慣れていない初心者には悪く感じるトラバースがある。

熊穴沢の避難小屋から、急登が始まる。登りはじめるとすぐ森林限界となり、ガレた斜面から尾根状を行くと天狗の泊まり場と呼ばれる小さな岩場に登りつく。右手に西黒沢の源頭部、左手にはヒツゴー沢と中ゴー尾根そして幕岩、俎嵓（まなたぐら）などを望みながら尾根道を行き、天神ザンゲ岩を過ぎる

とやがて山頂南面、肩の広場の大斜面下に達する。このあたりからは岩混じりの大斜面で霧にまかれると踏み跡も見失いやすい。特に下山時はコンパスワークが求められる。

肩の広場を登り上げて左に向かうと肩の小屋。右手には西黒尾根の上部が近づき、山頂（トマの耳）へは右手のトレールをたどる。山頂は狭く、マチガ沢側は鋭く切れ落ちている。足下にはマチガ沢が出合の駐車場まで、一気に落ち込むさまが一望のもとに見渡せる。

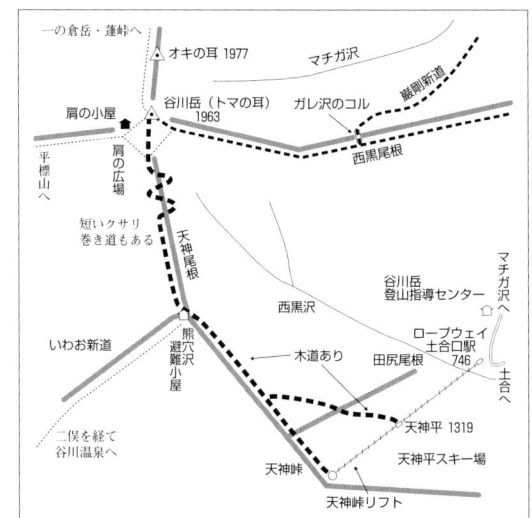

山頂からは360度の大パノラマが満喫できる。近くは白毛門、笠ヶ岳、朝日岳から清水峠。遠くは榛名山、赤城山、武尊山、巻機山から越後三山。西には苗場山、そして谷川連峰縦走路の山々が連なる。

トマの耳頂上で展望を楽しんだら、オキの耳まで足をのばすと良い。7月から8月、双耳峰を結ぶ稜線上は、高山植物が多く見られ、谷川岳は花の山でもあることを知るだろう。

参考TIME

天神峠 ➡ 熊穴沢避難小屋 ➡ 谷川岳（トマの耳） ➡ 熊穴沢避難小屋
　　　1:00　　　　　　1:50　　　　　　　　1:20
➡ 天神平
0:50

交通

マイカー 関越自動車道水上インターチェンジから国道291号を北進。水上温泉街の西から湯檜曽温泉、土合駅前を経て16㌔。駐車場はロープウェイ駅に隣接（立体駐車場・有料）。

公共交通機関 ＪＲ上越線土合駅からロープウェイ土合口駅まで車道を徒歩20分。上越新幹線上毛高原駅・ＪＲ上越線水上駅からは関越交通バス谷川岳ロープウェイ駅行きで、上毛高原から45分、水上駅からは20分。

〇**問い合わせ**
谷川岳登山指導センター　☎0278（72）3688　　みなかみ町役場　☎0278（62）2111
谷川岳ロープウェイ　☎0278（72）3575　　関越交通　☎0278（72）3135
谷川岳肩の小屋　☎090-3347-0802（午後4時まで）

●アドバイス
▷残雪のころは熊穴沢避難小屋までの間で雪の斜面のトラバースが何カ所かある。雪上歩行に慣れていないとスリップの危険もある。なお、肩の広場の残雪は例年7月中頃まで残る。
▷森林限界を過ぎると日差しをさえぎるものがない。夏季は気温も上がるので日射病、熱射病にも注意し、帽子の着用、水分の補給を心がける。
▷下山時、肩の小屋から肩の広場にかけては、濃霧時など道を迷いやすい。地図とコンパスで位置と進む方角を確認すること。
▷時間があれば、トマの耳からさらに足を伸ばしてオキの耳まで行ってみよう。ただし、マチガ沢・一ノ倉沢側は急崖になっているので足下には十分に注意を。

●サブコース
西黒尾根 トマの耳から東に伸び、マチガ沢と西黒沢を分ける西黒尾根は、取り付きから山頂までの標高差が1200mあり、しかも急登の連続で、ぐんま百名山の中でも特に厳しいコースの一つとなる。ロープウェイ駅前から登山指導センター前を過ぎ、5分ほど車道を歩くと登山口。ここからいきなり急な登りが始まる。ラクダのコブと呼ばれる岩峰で森林限界を抜け、山頂部やマチガ沢源頭部のアルペン的景色が眼前に広がる。

ラクダのコブからガレ沢のコルへ下ると、右手から巌剛新道が合流する。コルからは後半の急登となり、岩混じりの岩礫の尾根をひたすらに登る。氷河の跡と呼ばれる一枚岩を過ぎるとザンゲ岩が近い。傾斜が緩むと肩の広場の一角で尾根を忠実にたどれば山頂は近い。ロープウェイ駅からトマの耳まで4時間30分ほど。

同コースの下山も3時間以上はかかる。登りで体力をだいぶ消耗しているはずなので、天神尾根を下山することをすすめる。

巌剛新道 西黒尾根登り口を左に見て、さらにマチガ沢出合まで車道を歩く。マチガ沢出合から沢右岸(向かって左手、西黒尾根側)につけられた巌剛新道に入る。途中第一展望台と呼ばれる地点からはマチガ沢上部の見晴らしが素晴らしい。ガレ沢のコルへは鉄バシゴなどもあるかなりきつい登りだが、西黒尾根下部の単調な樹林帯の登りをエスケープできるので人気がある。ガレ沢のコルからは西黒尾根に合流し、急な尾根道をたどってトマの耳を目指す。西黒尾根同様体力的にも厳しいコースで、ロープウェイ駅から山頂まで5時間20分ほどかかる。

いわお新道 南面から谷川岳山頂へ登る代表的コース。アプローチは土合起点の各コースと異なり、関越自動車道水上インターチェンジから水上温泉街北の「谷川」信号を左折した先の谷川温泉が登山口となる。駐車は登山口付近に可能。バスの便はないので、JR上越線水上駅、上越新幹線上毛高原駅からはタクシー利用が一般的。

谷川温泉から東大谷川寮前を通り、谷川に沿って二俣を目指す。二俣まで川原や樹林の中を2時間ほど歩く。途中両岸が迫った牛首を通る。

二俣はヒツゴー沢と谷川本流との分岐点。かつては幕営地でもあったが、今はヤブに覆われている。ここから右手の尾根に取り付き、岩や木の根の混じる急な登りを2時間ほどで天神尾根上の熊穴沢避難小屋。ここからは天神尾根を登って山頂へ。谷川温泉から山頂までは実歩行で6時間近くは見ておきたい。

見どころ見ごろ

谷川岳の魅力はなんといってもそのアルペン的山容にあり、特に初夏のころは沢筋などにはまだ豊富な残雪があり、岩と雪のコントラストが素晴らしい。夏にはさまざまな高山植物が咲き競う。花の見ごろは7月から8月。紅葉の見ごろは10月中旬だが、このころ、早い年には初雪が降ることもあるので衣類や装備は万全に。

谷川連峰概説

　谷川連峰は東、南、西、北、四つの面から形成されている。

　まず東面は、湯檜曽川とその支流の流域からなり、白毛門、笠ヶ岳、朝日岳に始まり、清水峠から七ツ小屋山、蓬峠、武能岳、茂倉岳、一ノ倉岳、オキの耳、トマの耳を経て天神尾根に至る1900ｍ級の山々に囲まれた山域である。もちろん、ここには一ノ倉沢、幽ノ沢、マチが沢など日本有数の岩場がある。登山者はこの東面が最も多い。

　南面は天神尾根から見て西側にあたる。県境稜線上を西へ延びるオジカ沢ノ頭から、南西に分かれて連なる俎嵓、川棚ノ頭、小出俣山、さらに東へ曲がって阿能川岳などに囲まれた谷川の流域である。東面ほど派手ではないが、幕岩や俎嵓の岩場は、その規模と大きさで登山者を圧倒する。

　西面は三国山まで続く谷川連峰縦走コースの山々と、赤谷川の流域。北面は越後側を指す。

▲天神尾根から谷川岳

みなかみ町／新潟県　　　　　　　　　　　　　　　　　　　　一般向き

仙ノ倉山

せんのくらやま　2026m

元橋〜平標山の家〜平標山〜仙ノ倉山コース
2万5千図 三国峠

| 適期 | 1 | 2 | 3 | 4 | 5 | 6 | 7 | 8 | 9 | 10 | 11 | 12 |

▶標準的な総歩行時間
　7時間40分
▶標高差　1046m
▶眺望　◎

●プロフィール

谷川連峰の最高峰で、唯一の2000m峰。堂々としたその山容は連峰の盟主の名にふさわしい。

東は万太郎山との最低鞍部へ標高差500mの大下りとなり、その南面は赤谷川支流の金山沢やエビス大黒沢などに浸食され、険しい岩肌をあらわにしている。一方、西の平標山にかけては展望に恵まれたなだらかな尾根が続いている。このあたり一帯は高山植物の種類も多く、初夏から盛夏にかけてはお花畑が広がる雲表の散歩道となる。

△右）仙ノ倉山　左）平標山

湯沢町元橋から平元新道で平標山の家、さらに平標山を経て仙ノ倉山頂を往復するコースが最も一般的だが、万太郎山の項で紹介した連峰縦走でこの頂を踏む登山者も多い。こちらは健脚・熟達向き。

●コースガイド

元橋の平標山登山口から平標山の家を経て平標山へ登り、雲表の散歩道のような美しい尾根道をたどって仙ノ倉山を往復するコース（山の家までのコースガイドは平標山の項を参照）。

平標山から仙ノ倉山にかけては展望の良い草原状のなだらかな尾根が続

交通　マイカー　国道17号で群馬新潟県境の三国トンネル新潟側出口から苗場スキー場を経て6㌔ほどの平標登山口先右側に町営駐車場。駐車場奥が登山口。
公共交通機関　ＪＲ上越新幹線・上越線越後湯沢駅から南越後観光バス苗場プリンスホテル行きバス40分「平標登山口」下車。

○問い合わせ
　みなかみ町役場　☎0278（62）2111
　　湯沢町役場　☎025（784）3451
　南越後観光バス六日町営業所　☎025（773）2573

くが、幅の広い尾根は残雪期や悪天時、さらに濃霧にまかれると迷いやすい。視界が悪い時は、無理をせず平標山から往路を下山することをすすめる。なお、かつてあった平標山南面を巻いて、仙ノ倉山との鞍部に出る平標山の家、仙ノ倉山間のショートカットルートは現在通行できない。

下山は往路の通り、山の家を経て平元新道を元橋へと戻るが、平標山から西へ伸びる尾根を下り、松手山を経て登山口に戻っても良い。なお、平標山から土樽駅へ下る平標新道は下山に正味5時間半はかかるロングコースとなるが、尾根上部には美しい池塘があり、また仙ノ倉谷上流の西ゼンの大スラブなどが見事な景観を見せてくれる(健脚向き)。

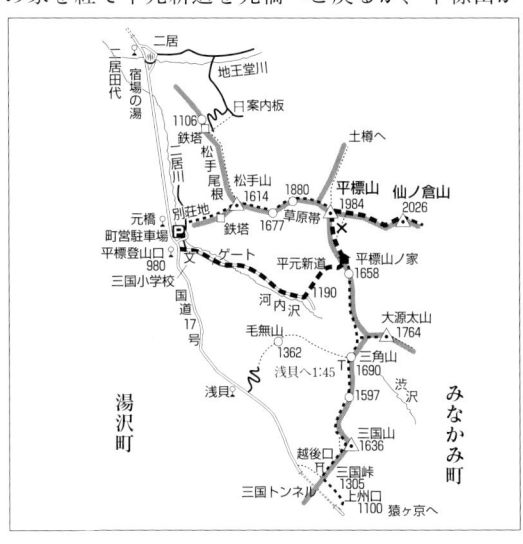

参考TIME

元橋 ➡ 平標山の家 ➡ 平標山 ➡ 仙ノ倉山 ➡ 平標山
 2:30   1:00   0:50   0:50

➡ 平標山の家 ➡ 元橋
 0:40   1:50

●アドバイス
▷稜線上は森林限界を抜け、夏季は気温も上がるので日射病、熱射病に注意し、帽子の着用、水分の補給を心がける。

●サブコース
[谷川連峰縦走] 仙ノ倉山から万太郎山、オジカ沢の頭を経て谷川岳へと国境稜線を縦走する熟達・健脚向きコース(詳細は逆コースとなるが万太郎山の項参照)。1日目は平標山の家まで。

2日目は早朝に小屋を出発する。仙ノ倉山から万太郎山へはエビス大黒ノ頭の岩の多い尾根道を500m下り、最低鞍部の毛渡乗越から400mを登り返す。ここが最大の難所。万太郎山からは大障子ノ頭を経てオジカ沢の頭へ登り返す。オジカ沢の頭の下りではやせ尾根の通過に気をつけたい。

見どころ 見ごろ

初夏から夏にかけてさまざまな高山植物が咲き競う。花の見ごろは6月から8月。紅葉の見ごろは10月中旬。

みなかみ町／新潟県　　　　　　　　　　　　　　　　　　一般向き

平標山

たいらっぴょうやま　1984m

元橋〜平標山の家〜平標山コース
2万5千図 三国峠

適期	1	2	3	4	5	6	7	8	9	10	11	12

▶ 標準的な総歩行時間　6時間
▶ 標高差　1004m
▶ 眺望　◎

●プロフィール

　谷川連峰にある標高1900m以上のピークとしては最西端に位置する。仙ノ倉山の西に連なり、二つのピークはなだらかな緑の草原状の尾根で結ばれている。おもな登路としては三国峠から三国山、大源太山を経て山頂に至るもの、湯沢町元橋からの平元新道と松手山コース、さらに土樽から登るロングコースの平標新道などがある。

▲平標山（旧平標山ノ家付近から）

　山頂部は女性的な山容で、岩と雪の谷川連峰にあっては異色の存在。頂上周辺には高山植物咲くお花畑が広がり、美しい池塘も見られる。連峰東端の朝日岳と並び称される花の名山でもある。山頂南の主稜線上、標高1660m地点には有人の平標山の家があり、谷川連峰全山縦走の西の起点ともなっている。この小屋は平成18年に建て替えられた。

●コースガイド

　湯沢町元橋の国道17号沿いにある三国小学校北が登山口。国道から東へ林道を入るとゲートとなり、その先一般車は通行できない。駐車場は林道

交通

マイカー　国道17号で群馬新潟県境の三国トンネル新潟側出口から苗場スキー場を経て6㌔ほどの平標登山口先の右側に町営駐車場。

公共交通機関　JR上越新幹線・上越線越後湯沢駅から南越後観光バス苗場プリンスホテル行きバス40分「平標登山口」下車。

○問い合わせ
　みなかみ町役場　☎0278（62）2111
　湯沢町役場　☎025（784）3451
　南越後観光バス　☎025（773）2573
　平標山ノ家　☎090-7832-0316（予約専用受付時間8時30分〜15時30分）
　　　　　　　4月末〜10月末まで管理人常駐

入口北の国道沿いにあり、マイカーで入山する場合はここから歩き始める。駐車場奥の登山口から林道に出る。また湯沢駅からバスで入山する場合は南越後観光バスの「平標登山口」が最寄りバス停となる。

　１時間ほど林道を歩くと、左手に登山道入口があり、水場もある。ここから急な山道に入り、樹林帯を登っていく。登り始めて１時間強で平標山の家。ここは有人小屋で水場、トイレもある。山の家からは展望が開け、目の前に笹穴沢源頭のおだやかに波打つ緑の斜面、そして見上げれば平標山から仙ノ倉山へとのびやかに続く稜線が美しい。

　山の家からなだらかな笹の斜面につけられた木道と階段の道を平標山へと向かう。それほど急な登りではないが、山頂までの標高差は300ｍ強あり、登り１時間ほどかかる。

　帰路は往路を戻るが、山頂から西へ苗場山を望みながら、松手山コースを下山しても良い。松手山を経て平標登山口まで２時間30分ほど。

参考TIME

元橋 ➡ 平標山の家 ➡ 平標山 ➡ 平標山の家 ➡ 元橋
2:30　　　　1:00　　　0:40　　　1:50

●アドバイス
▷森林限界を過ぎると日差しをさえぎるものがない。夏季は気温も上がるので日射病、熱射病にも注意し、帽子の着用、水分の補給を心がける。
▷山頂一帯は尾根の幅が広く、残雪期や悪天・濃霧時は特に注意。

●サブコース
三国山～大源太山～平標山

三国峠から三国山に登り、大源太山から平標山の家に至り、平元新道からのルートに合流する。三国峠群馬側登り口から山の家までは３時間ほどの歩程。大源太山までのコース詳細は三国山・大源太山の項を参照。大源太山は西山腹を巻き、稜線に戻ると平標山の家までは稜線通しに特に問題となる箇所もない。

見どころ見ごろ
初夏から夏にかけてさまざまな高山植物が咲き競う。花の見ごろは６月から８月。紅葉の見ごろは10月中旬だが、このころ、早い年には初雪が降ることもあるので衣類や装備は万全に。

みなかみ町／新潟県　　　　　　　　　　　　　　　　　　　　　　　一般向き

大源太山

だいげんたさん　1764m

三国峠〜大源太山
2万5千図 三国峠

| 適期 | 1 | 2 | 3 | 4 | 5 | 6 | 7 | 8 | 9 | 10 | 11 | 12 |

▶ 標準的な総歩行時間 6時間
▶ 標高差　688m
▶ 眺望　◎

●プロフィール

　大源太山は群馬・新潟県境の平標山と三国山のほぼ中間にあり、みなかみ町側へ少し張り出している。この山単独で登られることは少なく、三国山から平標山への縦走または逆コースの縦走の途中で登られることが多い。しかし、三国峠から往復するこのコースは、常に両県側の展望に恵まれ、また花が多くて楽しめるコースである。

▲縦走路から大源太山

　山名について、昔の三国村（湯沢町三国）では、平標山から仙ノ倉山にかけての一連の山の総称を大源太山と言った。すなわち松手山（1614m）から東に登りつめた1880m付近が大源太一ノ岳で、平標山は三ノ岳、仙ノ倉山が五ノ岳だったという。地図に大源太山とあるのは、本来、河内沢ノ頭あるいは渋沢ノ頭であった。

●コースガイド

　三国峠へは、三国トンネルを挟んで両側に登山口がある。時間的にはどちらもほぼ同じだが、上州側の方がやや急になる。ここでは越後側から登る。
　三国峠に立つと、5月下旬ならば、残雪の多い苗場山が迎えてくれる。

交通　マイカー　関越道月夜野ICから三国峠方面へ。国道17号を約27kmで三国トンネル越後側駐車場。
公共交通機関　JR後閑駅または上毛高原駅から関越交通バス猿ケ京行き終点下車。タクシーで駐車場まで。
○問い合わせ
　新治タクシー猿ヶ京営業所　☎0120-660631
　関越交通タクシー（上毛高原）☎0278（62）1511
　みなかみ町役場　☎0278（62）2111

峠の道標によれば、ここから谷川岳肩ノ小屋まで18.2km、大障子小屋14.5km、毛渡乗越12km、平標小屋は5.4kmである。峠から30分ほどでお花畑をすぎ、三国山頂への分岐から巻き道をとる。三国山を回って北へ尾根をたどれば、一層展望が良くなる。1597m峰を越えて行くと花が多い。道標が立つ三角山で、浅貝への道を分けると大源太山は近い。

大源太山へは、地形図にある県境尾根通しの破線路はなく、西側の巻き道を行き、道標により東の山頂へ向かう。台地に上がり、平坦な道を少しで3等三角点のある山頂に着く。ミネザクラの花を前景に対する平標、仙ノ倉をはじめとする谷川連峰は迫力がある。振り返れば、三国山から稲包山方面まで美しい展望が広がる。復路は往路を戻る。

▲大源太山（左端）と三国山（右端）

参考 TIME

登山口 ➡ 三国峠 ➡ 三国山下分岐 ➡ 三角山 ➡ 大源太山 ➡ 三角山
0:40　　　0:40　　　　1:30　　　　0:30　　　0:25

➡ 三国山下分岐 ➡ 三国峠 ➡ 登山口
1:20　　　　　0:30　　　0:25

●アドバイス
▷三国峠から30分ほど先のお花畑で、簡単な仕切りのある花園の中に入って休憩しないこと。

●サブコース
[川古温泉コース]　川古温泉から赤谷川、渋沢の林道を経て、黒金（くろがね）山（1684m）の東南尾根に取り付き、大源太山にいたるコースは、往復約17km、10時間50分かかるため、歩かれていない。

見どころ 見ごろ

5月下旬、三国山から大源太山の尾根では、シャクナゲやシラネアオイなどの花が各所で見られる。

みなかみ町／新潟県

一般向き

三国山

みくにやま　1636m

三国峠～三国山～旧三国街道コース
2万5千図 三国峠・四万

| 適期 | 1 | 2 | 3 | 4 | 5 | 6 | 7 | 8 | 9 | 10 | 11 | 12 |

▶標準的な総歩行時間
　6時間10分
▶標高差　560m
▶眺望　◎

●プロフィール

　三国街道は上州と越後を結ぶ交通の要衝であり、三国峠は旅人にとっては最大の難所であった。慶長14年（1609年）には、正式に道中奉行の支配下に入り、五街道に準じた宿駅が整えられた。

　峠の御阪(みさか)三社神社は、上野(かみつけ)赤城明神、信濃諏訪(すわ)明神、越後弥彦(やひこ)明神を祭り、上野・信濃・越後の国境とした神社である。

▲三国峠西方から三国山

　この峠を越えた60人の人々が石碑に刻まれている。平安時代の坂上田村麿(さかのうえのたむらまろ)の伝説に始まり、上杉謙信、参勤交代の北国大名、佐渡と新潟奉行、伊能忠敬、良寛禅師、小栗上野介、河合継之助から与謝野晶子、川端康成と続いている。

●コースガイド

　駐車場から上越大橋の狭い歩道を行き、トンネル直前で道標により登山道に入る。三国峠に出ると越後側の展望が開ける。

　峠から約30分で、お花畑と呼ばれる草原台地に着く。7月中旬には、左側斜面がニッコウキスゲの花で埋まる。この先数分で左へ平標山への道を分け、右へ木の階段を主とする急登20分余りで三国山頂に着く。広くはな

交通　マイカー 関越道月夜野ICから国道17号を新潟方面に向かう。26kmで三国トンネル入口の上越大橋手前のトンネル管理事務所の駐車場。約10台。
公共交通機関 JR後閑駅か上毛高原駅から関越交通バス猿ケ京行き終点下車。タクシーで上記駐車場へ。

○問い合わせ
　みなかみ町役場　☎0278（62）2111
　新治タクシー猿ヶ京営業所　☎0120-660631
　関越交通タクシー（上毛高原）☎0278（62）1511
　法師温泉長寿館　☎0278（66）0005

いが展望は良い。

　同じ道を三国峠に戻って、来た道を３、４分下り、左の旧三国街道に入る。小さな沢を２回横切って行くと、長岡藩士雪崩遭難跡の墓が残る。すぐ先に休憩舎がある。ここから下ると20分ほどで国道17号の下山口に出る。右へ数分で駐車場に着く。

　休憩舎から下らずに進むと、少し下の晶子清水を経て、数分で三坂茶屋跡に着く。５分ほど先で左上へ、川古への大白歩道を分ける。まもなく広い平坦な道となり、大般若塚に着く。東屋があり休憩に良い所。ここから法師温泉へは国道を横切って九十九曲がりの急坂を下る。法師温泉からは送電線の下を行く。木橋を４回渡って駐車場に登り着く。法師温泉からタクシーを呼んで戻ることもできる。

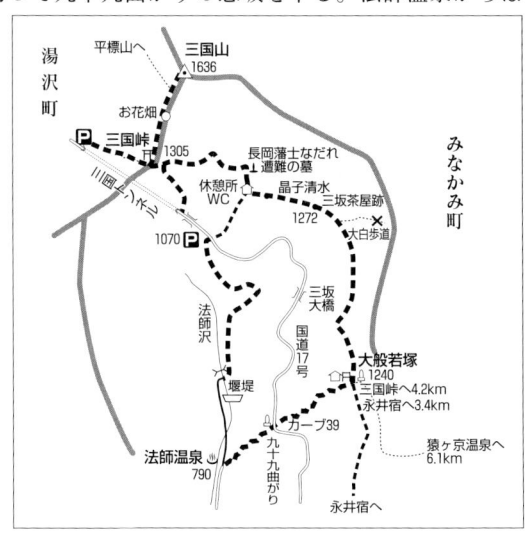

▲三国峠の御阪三社神社

参考 TIME

駐車場 ➡ 三国峠 ➡ 三国山 ➡ 三国峠 ➡ 休憩舎 ➡ 大般若塚
　　　0:40　　　1:00　　　0:40　　　0:30　　　0:50

➡ 法師温泉 ➡ 駐車場
　1:00　　　　1:30

●アドバイス
▷三足(みあし)富士・大白歩道入口から約10m三坂茶屋寄りへ戻った所で、秋晴れの日には、三足歩く間だけ、南方の山並の間に折紙をたたんだような富士山を見ることができる。

●サブコース
永井宿コース　大般若塚から法師温泉へ下らず南下すると約１時間10分で永井宿に下り着く。昔の宿場の面影を残した家並である。本陣跡には与謝野晶子、分校跡には若山牧水の歌碑がある。永井宿郷土館入口バス停から町営バス（午後２便）６分で法師に戻るか、または10分弱で猿ケ京の関越バス終点へ。

見どころ　見ごろ

三国山は春の新緑、夏の豊富な高山植物の花々、秋の紅葉と楽しめ、人気のある山である。

中之条町／みなかみ町／新潟県　　　　　　　　　　　一般向き

稲包山

いなつつみやま　1598m

奥四万湖〜赤沢峠〜稲包山コース
2万五千図　四万

| 適期 | 1 | 2 | 3 | 4 | 5 | 6 | 7 | 8 | 9 | 10 | 11 | 12 |

▶標準的な総歩行時間
　5時間
▶標高差　456m
▶眺望　◎

●プロフィール

　稲包山は四万温泉と法師温泉をつなぐ赤沢林道最高点の赤沢峠から北に伸びる稜線上、新潟県境に間近い峰で、古くから信仰の山として崇められてきた。山頂には稲包神社奥社の石宮と3等三角点、山開き20回の記念碑がある。山開きは毎年6月の第1日曜日。登頂5回で累計の標高が8000mになることにちなんで、5回登頂の子供には記念メダルなどが贈られる。

▲東方から稲包山

　なお、山頂西方にはかつて上州と越後の交易に重要な役割を果たしてきた旧三坂峠があり、上杉謙信の時代以前は信濃の勢力が及び、このあたりが上信越の国境とされていたという。

　三国峠から三坂峠にいたる稜線も、平成12年に慶応大学ワンゲル部が刈り払いし、その後を湯沢町で整備して歩きやすくなった。この縦走の途中で稲包山に立ち寄る向きもある。

●コースガイド

　登山口からやや急登になり、尾根筋に出ると緩やかな登りになる。右下に林道のカーブ地点を見ると10分ほどでベンチに着く。ベンチから赤沢峠

交通

マイカー　国道353号の中之条町「伊勢町上」信号右折17kmで四万温泉。さらに約4kmでゲート前。

公共交通機関　JR吾妻線中之条駅下車。関越交通バス40分で終点の四万温泉下車。登山口まで徒歩50分。またはタクシーで登山口へ。

○問い合わせ
　関越交通吾妻営業所　☎0279（75）3811
　関越交通タクシー　　☎0279（75）2270
　中之条町役場　　　　☎0279（75）2111

までは、おおむね緩やかな登りとなる。

　峠には東屋があって休憩に良い。峠から稲包山までは尾根が広く、凹凸の少ない歩き良い道で、距離の割にはかどる。1479m峰を登り、1440m圏の頭を二つ通って、1400m近くまで下る。途中３カ所ほど、東電の新・新潟幹線への巡視道標識が右側にある。

　まもなく、右へ明瞭な巡視道（183・184）を分ける。ムタコ沢コースとはここで合う。頂上への中間点の左側、笹の平地はロボット雨量計があった場所。ここから右前方にオニギリ形の山頂が間近に見える。短い急登で、360度の展望が待つ頂上に着く。

▲近づく稲包山頂

参考 TIME

登山口 ➡ ベンチ ➡ 赤沢峠 ➡ 巡視路分岐 ➡ 稲包山 ➡ 巡視路分岐
　　　0:50　　0:50　　1:00　　　0:30　　　0:20

➡ 赤沢峠 ➡ 登山口
　0:50　　1:10

●アドバイス
▷赤沢峠付近で季節によっては山ヒルがいることもあるので要注意。

●サブコース
ムタコ沢コース　猿ケ京温泉から10分余りで赤沢入口バス停をすぎ、法師温泉への道と分かれる。ムタコ沢沿いに数分で、小さな秋小屋沢橋先が登山口。駐車数台程度。登山口（50分）下の鉄塔（40分）上の鉄塔（45分）稲包山。下山は１時間40分で往復約４時間のコース。

見どころ 見ごろ

広葉樹林におおわれているので、５月の新緑と10月上旬からの紅葉がすばらしい。

みなかみ町／新潟県　　　　　　　　　　　　　　　　　上級向き

万太郎山

まんたろうやま　1954m

谷川連峰縦走コース
2万5千図 三国峠・水上・茂倉岳

| 適期 | 1 | 2 | 3 | 4 | 5 | 6 | 7 | 8 | 9 | 10 | 11 | 12 |

▶標準的な総歩行時間
12時間50分（谷川岳〜元橋）2泊3日
▶標高差　1150m
▶眺望　◎

●プロフィール

谷川連峰の中央部西寄り、谷川岳から平標山への縦走路のほぼ中ほどに位置している。群馬県側の川古温泉から毛渡乗越経由で登るルート、新潟県側の土樽からは吾策新道があるが、いずれも往復10時間以上に及ぶ標高差1300mの登降に加え、近年コースも荒れ気味で一般的とはいえない。

▲小出俣山から万太郎山

ここでは最低1泊の縦走コースとなるが、谷川岳山頂から万太郎山を経て、仙ノ倉、平標山へいたる国境稜線縦走コースとして紹介する。

●コースガイド

1日目は肩の小屋泊。翌日の縦走に備え体力を温存しておくため、谷川岳への登路は天神尾根をすすめる。

2日目、肩の小屋から西へ国境稜線をオジカ沢ノ頭に向かう。中ゴー尾根を左に分け、鞍部からやせ尾根を経て登り返す。オジカ沢ノ頭で南に俎嵓への尾根を分けるが、この踏み跡に迷い込まないよう注意。オジカ沢ノ頭には避難小屋がある。

オジカ沢ノ頭から下りとなり、鞍部の先、大障子の頭の手前に避難小屋。この小屋から赤谷川側へ15分ほど下ったところに水場もある。1日目ここ

交通　公共交通機関　縦走となるので公共交通利用となる。登山口となるロープウェイ土合口駅までは谷川岳の項を参照。
下山地点の平標登山口からは南越後観光バスで越後湯沢駅へ。越後湯沢駅から水上乗換の上越線上りは17時55分が最終となる。その後は上越新幹線利用。

○問い合わせ
　みなかみ町役場　☎0278（62）2111（肩の小屋・平標山の家）
　湯沢町役場　☎025（784）3451
　関越交通　☎0278（72）3135
　南越後観光バス　☎025（773）2573

で泊まると2日目に平標山を経て下山することもできるが、寝具、食糧、炊事道具等を持参する必要がある。大障子ノ頭から万太郎山へは1時間ほど。山頂直前で右に土樽へ下る吾策新道を分ける。

万太郎山頂から南西に下り、東俣ノ頭の北を過ぎ、仙ノ倉山との最低鞍部へと標高差400mを下る。越路避難小屋を過ぎると毛渡乗越。ここが最低鞍部で、左手の群馬側、赤谷川の谷からの道が登ってくる。

ここから仙ノ倉山までは500m近い登り。まずはエビス大黒ノ頭へと険しい尾根道をたどる。エビス大黒ノ頭を過ぎた鞍部にも避難小屋がある。避難小屋から急登を続けると連峰の最高峰、仙ノ倉山に登り着く。平標山を経て、2日目の宿、平標山ノ家へ。3日目は平標山ノ家から平標登山口へと下山する（平標山・仙ノ倉山の項参照）。

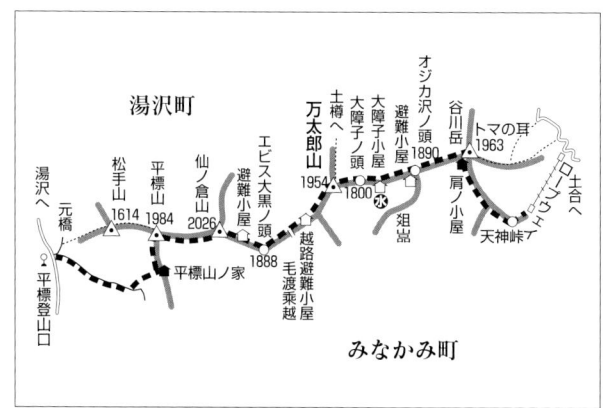

参考TIME

天神峠 ➡ 谷川岳(泊) ➡ オジカ沢ノ頭 ➡ 万太郎山 ➡ 仙ノ倉山
　　　2:50　　　　1:20　　　　2:10　　　　3:10

➡ 平標山 ➡ 平標山の家(泊) ➡ 元橋
　0:50　　0:40　　　　　1:50

●アドバイス
▷水場は限られているので十分な量を持参すること。
▷稜線上は日射しをさえぎるものがない。夏季は気温も上がるので日射病、熱射病にも注意し、帽子の着用、水分の補給を心がける。
▷オジカ沢ノ頭の東、エビス大黒ノ頭付近はやせ尾根、岩場の通過となるので歩行注意。

●サブコース
|吾策新道| 土樽から万太郎谷に沿って進み、廃道となった谷川新道との分岐で右に分かれる。尾根に出て、北尾根をつめ万太郎山頂に立つ。登山口から山頂まで標高差1300mに達する長い登りで、登り6時間、下り4時間、上級者向き。

見どころ見ごろ

国境稜線上からのダイナミックな展望。夏にはさまざまな高山植物が咲き競う。紅葉の見ごろは10月中旬だが、このころ、早い年には初雪が降ることもあるので衣類や装備は万全に。

みなかみ町／新潟県　　　　　　　　　　　　　　　　上級向き

茂倉岳

しげくらだけ　1978m

馬蹄形縦走コース
2万5千図 土樽・茂倉岳・水上

| 適期 | 1 | 2 | 3 | 4 | 5 | 6 | 7 | 8 | 9 | 10 | 11 | 12 |

▶標準的な総歩行時間
16時間50分（1泊2日）
▶標高差　1315m
▶眺望　◎

●プロフィール

谷川連峰中央部やや北寄りの国境稜線上、一ノ倉岳の北西に隣り合うようにそびえている。標高1978mは谷川岳オキの耳よりも高く、連峰中でも仙ノ倉山、平標山に次ぐ高さ。国境稜線が新潟県側に張り出した場所に位置するため、群馬県側の山麓からその全容を望める場所はないが、新潟県側

▲茂倉岳（一ノ倉岳との鞍部から）

の湯沢町側からは仙ノ倉山、万太郎山と並び立つその雄姿を仰ぎ見ることができる。特に積雪期や残雪期、青空をバックに連なるその姿は日本アルプスにも匹敵する第一級の山岳景観と言っても過言ではないだろう。

直接山頂に立つルートとしては新潟県側の土樽から最短コースの茂倉新道が矢場尾根につけられているが、ここでは馬蹄形縦走で茂倉岳山頂を踏むプランを紹介する。

●コースガイド

土合から谷川岳を経て茂倉岳山頂に立ち、1日目は蓬峠泊。翌日、朝日岳山頂を踏み白毛門から土合に下山する。長い行程なので負荷の一番少ない天神尾根を登ろう。

谷川岳トマの耳からオキの耳へは15分ほど。オキの耳を下り始めると浅

交通

マイカー　関越自動車道水上インターチェンジから国道291号を北進。水上温泉街の西から湯檜曽温泉、土合駅前を経て16㌔。駐車場はロープウェイ駅に隣接（立体駐車場・有料）。

公共交通機関　ＪＲ上越線土合駅からロープウェイ土合口駅まで車道を徒歩20分。上越新幹線上毛高原駅・ＪＲ上越線水上駅からは関越交通バス谷川岳ロープウェイ駅行きで、上毛高原から45分、水上駅からは20分。

○問い合わせ
　みなかみ町役場　☎0278（62）2111
　蓬ヒュッテ　☎025（787）3268
　関越交通　☎0278（72）3135

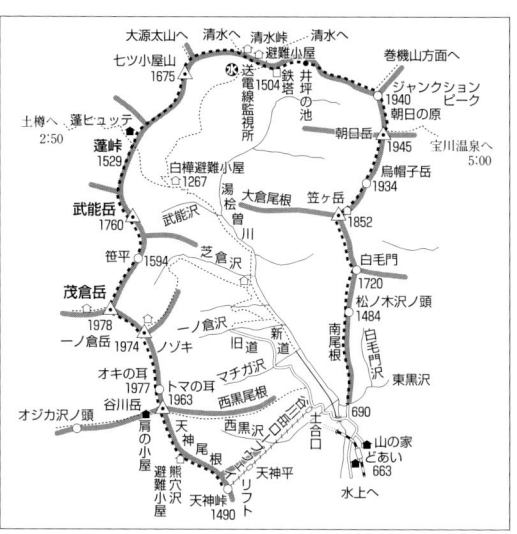

間神社の奥の院を左側の岩に見る。右手に一ノ倉沢の岩壁を見下ろしながら花の多い岩尾根を下るとノゾキと呼ばれる鞍部。ここから一ノ倉岳への登り返しはややきつい。オキの耳から一ノ倉岳までの間、右手一ノ倉沢側は断崖となっているので足下に注意し慎重に歩く。また壁を登るクライマーに危険が及ぶので落石には特に気をつけること。登りついた一ノ倉岳は意外なほど穏やかで、茂倉岳へ幅広い草原状の尾根が続いている。

　茂倉岳山頂からは谷川連峰を中心に越後の山並みなど、360度の大展望が広がる。笹平へは長い下り。武能岳への登り返しも思いのほか時間がかかる。武能岳から大斜面を下るとようやく蓬ヒュッテの立つ蓬峠に着く。

　2日目は早朝蓬峠を出発し、清水峠を経て、朝日岳から笠ヶ岳、白毛門と縦走し土合に下山する。(詳細は朝日岳、笠ヶ岳、白毛門の項参照)。

参考 TIME

(1日目) 天神平 ➡ 谷川岳 ➡ 茂倉岳 ➡ 武能岳 ➡ 蓬峠
　　　　　　　3:10　　1:30　　2:00　　0:40

(2日目) 蓬峠 ➡ 清水峠 ➡ 朝日岳 ➡ 笠ヶ岳 ➡ 白毛門 ➡ 土合
　　　　　1:40　　3:10　　1:20　　0:40　　2:40

●アドバイス
▷逆コースは白毛門の登りが厳しく、また蓬峠までの行程も長い。出だしで消耗すると最後まで響いてしまう。
▷茂倉岳のみを目標とし、2日目に蓬峠から土合、土樽へ下山しても良い。土合駅まで3時間30分、土樽駅で4時間ほど。
▷コース中の水場は蓬峠と清水峠、朝日岳直下の朝日の原にある。

●サブコース
[茂倉新道] 土樽から矢場尾根につけられた茂倉新道は標高差1300mを越えるハードルート。右手に万太郎谷の深い切れ込みと万太郎山からオジカ沢の頭、谷川岳へと続く国境稜線を眺めながらひたすら登り続ける。土樽から山頂まで登り4時間40分、下り3時間10分。

見どころ 見ごろ

ダイナミックな縦走の醍醐味が満喫できる。紅葉の見ごろは10月中旬だが、このころ、早い年には初雪が降ることもあるので衣類や装備は万全に。

みなかみ町／新潟県　　　　　　　　　　　　　　　　　上級向き

武能岳

ぶのうだけ　1760m

土合～蓬峠～武能岳往復コース
2万5千図 土樽・茂倉岳・水上

適期	1	2	3	4	5	6	7	8	9	10	11	12

▶標準的な総歩行時間 9時間
▶標高差　1097m
▶眺望　◎

●プロフィール

　谷川連峰北部、茂倉岳北の国境稜線上にそびえる。茂倉岳同様に群馬県側の山麓から遠望することは難しいが、土合付近から湯檜曽川上流を望むと、一ノ倉岳右手にやや小ぶりながら鋭いピークをのぞかせている。

　連峰の主要なピークに比べ200mも低いが、登山口からの距離が

▲白樺避難小屋から武能岳

長く、土合、土樽どちらからでも蓬峠経由で山頂を往復するのに丸一日は十分にかかる。山頂からは上越のマッターホルンと呼ばれる大源太山の鋭い岩峰や越後の山々、湯檜曽川対岸の朝日岳、笠ヶ岳などのパノラマが広がる。

●コースガイド

　JR上越線土合駅から国道291号をロープウェイ駅方面に向かう。人工の滝を右に見ながら湯檜曽川にかかる土合橋を渡ったら、右手の湯檜曽川右岸沿いの道に入る。西黒沢、マチガ沢、一ノ倉、幽ノ沢と連峰東面の各沢の出合を過ぎ、ブナ林の中の道をさかのぼるが、幽ノ沢の先の芝倉沢出合まではほとんど高低差のない道が続いている。

交通　マイカー　関越自動車道水上インターチェンジから国道291号を北進。水上温泉街の西から湯檜曽温泉、土合駅前を経て土合橋まで15㌔。駐車場は土合橋手前白毛門登山口右手にある。

公共交通機関　JR上越線土合駅下車。下り線は地下ホームから486段の階段を登って地上に出る。上り下りとも電車の本数は少ない。朝の土合着は、8時台、9時台の2本。午後の上りは12時台、15時台、18時台の3本。上越新幹線上毛高原駅・JR上越線水上駅からバス利用の場合は関越交通バス谷川岳ロープウェイ駅行き、土合橋下車。上毛高原から40分、水上駅からは15分ほど。

○問い合わせ

　みなかみ町役場　☎0278（62）2111
　蓬ヒュッテ　☎025（787）3268
　関越交通　☎0278（72）3135

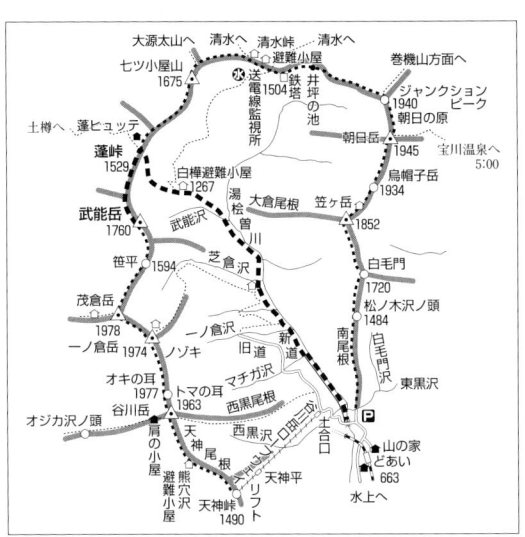

芝倉沢出合を過ぎ、尾根を回り込むと武能沢で、この沢を渡るといよいよ蓬峠への登りが始まる。ジグザグを切って尾根を登り、二本連続する送電線下を過ぎると旧国道跡の道に出る。ここを右に尾根を回りこむように進むと、白樺避難小屋がある。清水峠への旧国道を右に分け、さらに尾根を登っていく。やがて道は尾根を右に離れ、武能岳北東面を横切るように蓬峠へと斜上していく。武能岳から流れ下る沢を横切るところでは水の補給もできるが、残雪期はスリップに注意したいところでもある。

　たおやかにササ原が広がる蓬峠は心和む別天地で、蓬ヒュッテが立っている。峠から武能岳へは夏にはニッコウキスゲ咲く小ササの斜面を1時間ほどかけて登る。山頂の展望を満喫したら峠に戻り往路を下る。

参考TIME
土合 ➡ 芝倉沢出合 ➡ 武能沢出合 ➡ 白樺小屋 ➡ 蓬峠 ➡ 武能岳
1:40　　　　0:30　　　　1:00　　　　1:00　　1:00

➡ 蓬峠 ➡ 芝倉沢出合 ➡ 土合
0:40　　1:50　　　　1:20

●アドバイス
▷健脚者なら土合を早朝出発し日帰りも可能だが、歩行時間が長くなるので、一般には蓬峠に1泊しての登山をすすめる。
▷特に危険な箇所はないが、残雪期、蓬峠手前の斜面では、雪上歩行に慣れていない登山者はスリップに注意を。例年6月ころまでは残雪があるので7月以降の登山をすすめる。また降雨時、降雨後は湯檜曽川や支流の増水にも注意したい。

●サブコース
馬蹄形縦走コース 馬蹄形縦走コースの途中で武能岳の頂を踏むが、ここで紹介したコースを登り蓬峠に1泊、2日目に茂倉岳から馬蹄形縦走の西南を歩いて谷川岳から下山するコースも、草原から岩稜へと変化に富んでいる。詳細は茂倉岳の項を参照。

土樽へ下山 蓬ヒュッテから国境稜線西面を巻きながら高度を下げていく。やがて蓬沢へ下る支尾根に出て、蓬沢に降り立ち、沢沿いに土樽へと下山する。蓬峠から土樽駅まで3時間40分ほど。

見どころ 見ごろ

蓬峠から武能岳への斜面は、7月下旬にニッコウキスゲが見ごろとなる。紅葉の見ごろは10月中旬。

▲ みなかみ町 熟達・健脚向き

阿能川岳

あのうがわだけ　1611m

| 仏岩トンネル〜阿能川岳 |
| 2万5千図 水上 |

| 適期 | 1 | 2 | 3 | 4 | 5 | 6 | 7 | 8 | 9 | 10 | 11 | 12 |

▶標準的な総歩行時間
8時間
▶標高差　770m
▶眺望　◎

●プロフィール

　阿能川岳は関越道の谷川岳パーキングエリアから、直線で北西3kmほどの所にある。谷川岳南面の岩場の展望台として一部の人に知られている。

　登山には残雪期の4月中がよく、せいぜい5月連休までで、それ以降は深いブッシュにおおわれてしまう。阿能川岳は南尾根（仏岩尾根）と、東南尾根（水上尾根）のそれぞれ約1130m地点に送電鉄塔があり、この鉄塔から先が本格的雪道でないと好適ではない。

▲三岩山から阿能川岳（5月末）

　雪上歩行に加え岩場の通過もあり、ルートファインディングの技術も求められるコース。

●コースガイド

　仏岩駐車場から、25分たらずで仏岩峠に出る。歩きよい山道を30分ほどで、ススキの円形台地状のヨシガ沢山を越え、少し下って登り返すと送電鉄塔がある。この先15分たらずの1230m地点で、明瞭な巡視道は右へ下ってしまうので、正面の、テープもある笹やぶのかすかな踏み跡に入る。

　笹の平頂を二つほど越えた先の鍋クウシ山は通過地点でどこか不明。天

交通

マイカー 関越道水上ICから10分で仏岩トンネル入口手前の駐車場。
公共交通機関 JR水上駅からタクシーで上記駐車場。

○問い合わせ
関越交通タクシー水上営業所　☎0278（72）3131
みなかみ町役場　　　　　　　☎0278（62）2111

子山に近づくと、数十mの間、笹の丈が高い所を通る。

　天子山からは最初の岩峰が見えてくる。この先、岩の上に黒檜の原生の木立をのせた岩峰が四つほど連続し、おおむね西側を巻いて登り降りするが、この通過には往復とも時間を食う。

　この辺からシャクナゲのやぶが出てくる。三岩山から阿能川岳は、雪庇の名残りの雪が辛ろうじてつながっていれば楽に登頂できるだろう。このコースガイドと参考TIMEには、平成18年5月末のやぶこぎの例で往復9時間40分。他の3月下旬の例では上り4時間30分、下り3時間であった。

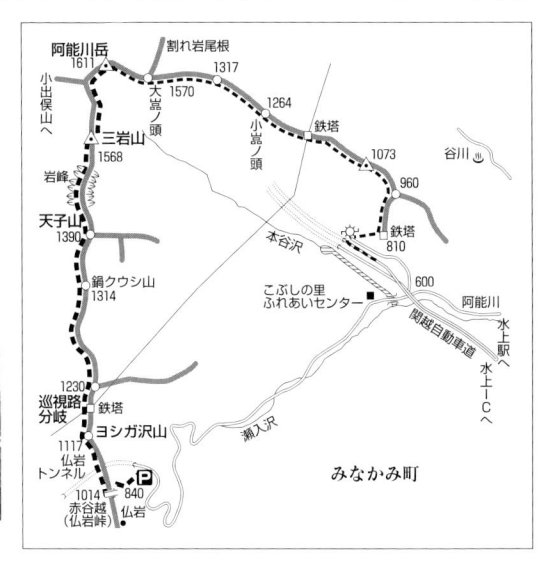

▲阿能川岳から靭崑

参　考 TIME	仏岩駐車場 ➡ 仏岩峠 ➡ ヨシガ沢山 ➡ 巡視路分岐 ➡ 天子山
	0:25　　　　0:30　　　　　0:25　　　　　1:00

➡ 三岩山 ➡ 阿能川岳 ➡ 天子山 ➡ 巡視道 ➡ 駐車場
2:20　　　0:30　　　　2:30　　　1:00　　　1:00

● アドバイス
▷岩峰が連続する所で、1カ所急な岩場がある。凍結時は危険なので、念のため補助ロープがあれば安心。

● サブコース
水上尾根 谷川岳パーキングエリア脇の車道から、つづら折りの巡視道を登り、関越トンネル線の鉄塔に出る。境界見出標のある刈り払い道を登って、約960m地点で主稜線と合う。1073m三角点から送電鉄塔まではシャクナゲが多く、5月中旬は花どきとなる。谷川連峰の眺めも良い。雪が続いているときは、この尾根から頂上を往復する方が岩場が少なくて良いが、雪が消えると、仏岩尾根と違って踏み跡が無く、上部は足を踏み入れ難いやぶとなる。

見どころ見ごろ

谷川岳南面の展望。特に靭崑の偉容。

みなかみ町　　　　　　　　　　　　　　　　　　　　　　一般向き

吾妻耶山

あづまやさん　1341m

| 大峰沼〜大峰山〜吾妻耶山 |
| 2万5千図 猿ケ京 |

| 適期 | 1 | 2 | 3 | 4 | 5 | 6 | 7 | 8 | 9 | 10 | 11 | 12 |

▶標準的な総歩行時間
　4時間40分
▶標高差　470m
▶眺望　○

●プロフィール

　上越の展望台吾妻耶山は、周囲のどこから望見しても、独特の台形でそれと分かる。吾妻耶山へは本コースのほかに、寺間からノルン水上スキー場を経るもの、西側の赤谷(あかや)からのコース、北面の仏岩峠からのコースがあるが、いずれも大峰沼を見ることがないもので変化に乏しい。なお、本コースは一部が大峰山コースと重複する。

▲吾妻耶山（ノルン水上スキー場から）

●コースガイド

　月夜野側の登山口から大峰沼までは、杉林やカラマツ林の静かな道。キャンプ場から大峰沼の東岸を回り、大沼峠に出る。稜線を行き、鉄の階段で狭い鞍部を越える。尾根が広くなるとNHKテレビ中継所が建っている。

　すぐ先の広い鞍部で、西から車道が来ており、東側に大峰沼入口からの山道が来ている。この先、群馬テレビ、民放などの中継所が続き、まもなく鉄骨の展望台が建つ。電波塔の横を緩やかに登って大峰山頂に着く。

　大峰山から長い下りであきてくる頃、西側に弁財天の石塔や旗竿(はたざお)が立っている。ここから2分ほどで赤谷越峠に降りる。峠から約30分の急登で頂

交通

マイカー　関越道月夜野ICから国道291号に入り、約5kmの上毛高原駅前を通り、500m先の「大峰山・見晴荘」の看板を左折、見晴荘の看板に従って林道を約15分で登山口。駐車10台程度。

公共交通機関　JR上毛高原駅からタクシー。

○問い合わせ
　新治タクシー（後閑）　　☎0278（62）3111
　関越交通タクシー（後閑）☎0278（62）2121
　みなかみ町役場　　　　　☎0278（62）2111

上台地に出る。やぶの踏み跡から西峰の3等三角点に立ち寄る。二重山稜の間から東へ10分ほどで吾妻耶山頂（東峰）に着く。村の鎮守様の境内のような広場で、3基の大きな石宮が鎮座し、古来の信仰の山をしのばせる。

山頂から15分下るとスキー場の第1リフトの上に出る。また林に入って下り、赤谷越峠への道を見送って左へ下るとすぐ鳥居平。ここからゲレンデの草原に出るまで十数分の間、岩石が多くて歩きづらい。草原に出てすぐ下の砂利道に移り、10分も行けば第3リフトの上で、すぐ先が寺間への分岐である。

分岐から約15分で林道はロープで止められ、左下の山道に移る。ここからは約10分で上牧への道を見送り、まもなく大峰沼に着く。

▲吾妻耶山頂の石宮

参考 TIME

月夜野登山口 ➡ 大峰沼 ➡ 大沼峠 ➡ 鉄階段先 ➡ 大峰山 ➡ 赤谷越峠
　　　　　　0:35　　　0:20　　　0:25　　　0:30　　　0:30

➡ 吾妻耶山東峰 ➡ 寺間分岐 ➡ 大峰沼 ➡ 登山口
　0:40　　　　　0:50　　　　0:25　　　0:25

●アドバイス
▷大峰山頂上から、東北側直下の林道へ下る山道が、略図等に出ているが危険。

●サブコース
[仏岩コース] 仏岩駐車場から25分たらずで仏岩峠に出る。地元高校山岳部の道標に従って進む。峠から5分で仏岩の奇岩がある。1090m峰は巻き道をとる。第一分岐では必ず右手に入る。まもなくT字路となり尾根上に出る。頂稜部の一角に出たら、岩石の多い窪地をつめ、左手に岩壁とヤセ尾根の旧ルートを見ながら登って行くと、東峰と西峰との間の平坦地に出る。仏岩駐車場（25分）仏岩峠（40分）T字路（55分）吾妻耶山（10分）西峰（30分）T字路（30分）仏岩峠（20分）駐車場

見どころ　見ごろ

稜線は広葉樹林に包まれているので、新緑と紅葉が美しい。頂上から北側のコースは積雪が多いため、シャクナゲなどが見られる。

みなかみ町　　　　　　　　　　　　　　　　　　　　　　　一般向き

大峰山

おおみねやま　1255m

上牧〜大峰沼〜大峰山
2万5千図 猿ヶ京

| 適期 | 1 | 2 | 3 | 4 | 5 | 6 | 7 | 8 | 9 | 10 | 11 | 12 |

▶標準的な総歩行時間
　5時間30分
▶標高差　815m
▶眺望　□

●プロフィール

　大峰山は関越道水上ICから直線で約4km西方にあり、台地状でどこが頂上か分かりにくい山容をしている。登山コースとしては、JR上牧駅からの道が古くから知られている。

　大峰沼は標高1000mの山腹にあり、南北300m、東西150mの沼。群馬県指定天然記念物の浮島

▲石尊山から大峰山（右は吾妻耶山）

は、沼の面積の5分の2を占める広さで、厚さ8.6mの泥炭層からなり、わが国で見られる浮島の中でも最も大きく、貴重な存在と言われている。夏の沼辺では、バンガローやテントでキャンプ生活が楽しめる。大峰沼の700m南方にある古沼(こぬま)は、全国的にもまれな、日本固有種のモリアオガエルの繁殖地で、6月下旬の樹上産卵で有名。

●コースガイド

　上牧駅前の車道を北へ向かい、吾妻橋で利根川を渡る。左折して南へ向かい、道標に従って川から離れ、竹ノ上集落の間の小道を登り、国道から20分たらずで小和知集落に入る。

　ここから農道に入って畑の中を行くと、浄水施設で舗装路は終わって山道になる。ここまで車を乗りつけることはできるが、上牧駅にタクシーは

交 通　マイカー　関越道月夜野ICから国道291号13km、みなかみ町下石倉公民館を左折。路上駐車になるので注意。
公共交通機関　JR上牧駅下車。
○問い合わせ
　みなかみ町役場　☎0278(62)2111

常駐していない。

　しばらく登ると、道の両側に松の古木が立つ二本松で、ここから約15分で林道の終点に出る。少し登ると、水分不動（みくばり）の質素なお堂があり、小沢からパイプで水が引かれている。

　木道や杉林を過ぎ、カラマツ林に入ると平坦になって大峰沼入口に着く。数分で沼辺に出る。

　沼の東岸から大沼峠に登る。尾根がやせてくると鉄製の階段がある。尾根が広くなるとNHKテレビ中継局が建つ。少し先で西側から車道が来ており、民放テレビなどの中継局がある。大峰山頂に近づくと、鉄骨の展望台が設置され、広い展望が得られる。この先7分ほどで、2等三角点のある山頂に着く。展望はない。

　下山はNHK中継局の手前まで戻り、大峰沼入口へ下る。あとは往路を戻る。

▲大峰沼

参考TIME

上牧駅 ➡ 小和知 ➡ 二本松 ➡ 水分不動 ➡ 大峰沼 ➡ 大沼峠
　　　0:45　　0:30　　0:30　　0:25　　0:20

➡ 鉄階段先 ➡ 大峰山 ➡ 大峰沼入口 ➡ 小和知 ➡ 上牧
0:25　　　　0:30　　　0:35　　　　0:50　　0:40

●アドバイス
▷上牧駅から小和知までの間、数回の曲折があるが、角ごとに道標があり、よく見て行けば迷うことはない。

●サブコース
月夜野コース　車利用。関越道月夜野ICから国道291号に入り、約5kmの上毛高原駅の前を通り、0.5km先の分岐を左折、約5kmで登山口。小駐車場あり。登山口から大峰沼までは登り35分、下り25分初級向き。吾妻耶山の項を参照。

見どころ 見ごろ

大峰沼の周辺は6月にはレンゲツツジやノハナショウブ。夏の沼はヒツジグサの白い花。9月に入ると南岸寄りではサワギキョウの紫の群落が美しい。

みなかみ町 上級向き

朝日岳

あさひだけ　1945m

馬蹄形縦走コース											
2万5千図 茂倉岳・水上											
適期	1	2	3	4	5	6	7	8	9	10	11	12

▶標準的な総歩行時間
　16時間50分（1泊2日）
▶標高差　1282m
▶眺望　◎

●プロフィール

　谷川連峰の東の端にそびえ、国境稜線から朝日岳を経て笠ヶ岳、白毛門へと南下する山列の最高峰。連峰東部の盟主的存在でもある。山頂北のジャンクションピークから北に伸びる国境稜線は大烏帽子山、柄沢山を経て上越の名山・巻機山からさらに奥利根の山並みへと続いている。

▲朝日岳（南東の幕岩岳付近から）

　山頂周辺は蛇紋岩地のため、ホソバヒナウスユキソウなどのめずらしい植物が多く、山頂北側に広がる朝日の原の湿原はまさに高山植物の宝庫で、夏には雲表の花園が広がる。

　山頂からは、谷川連峰、奥利根、尾瀬、武尊などの2000m級の高山が織りなす雄大な眺望が楽しめる。連峰東部の最深部にあたり、日帰りでの往復は困難。ここで紹介する谷川本峰からの1泊での縦走をすすめる。

●コースガイド

　1日目は天神尾根を登り谷川岳から北に向かい、一ノ倉岳、茂倉岳、武能岳と上越国境稜線を縦走し、蓬峠の蓬ヒュッテに泊まる（コース詳細は茂倉岳、武能岳の項参照）。

交通

マイカー　関越自動車道水上インターチェンジから国道291号を北進。水上温泉街の西から湯檜曽温泉、土合駅前を経て16㌔。駐車場はロープウェイ駅に隣接（立体駐車場・有料）。

公共交通機関　JR上越線土合駅からロープウェイ土合口駅まで車道を徒歩20分。上越新幹線上毛高原駅・JR上越線水上駅からは関越交通バス谷川岳ロープウェイ駅行きで、上毛高原から45分、水上駅からは20分。

○問い合わせ
　みなかみ町役場　☎0278（62）2111
　蓬ヒュッテ　☎025（787）3268
　関越交通　☎0278（72）3135

2日目はなだらかな尾根道を七ツ小屋山を経て清水峠へと向かう。七ツ小屋山で左に大源太山への道が分かれる。上越のマッターホルンと呼ばれる大源太山の岩峰が鋭い。清水峠には避難小屋があり、近くには水場もある。ここが馬蹄形の屈曲部で、いよいよ朝日岳への登りとなる。鉄塔下からいったん下ると池塘があり、雨でえぐれた足場の悪い道を登るようになる。登るにつれて縦走路は東から南寄りに向きを変える。展望の良い尾根からジャンクションピーク、朝日の原を経て朝日岳山頂に立つ。

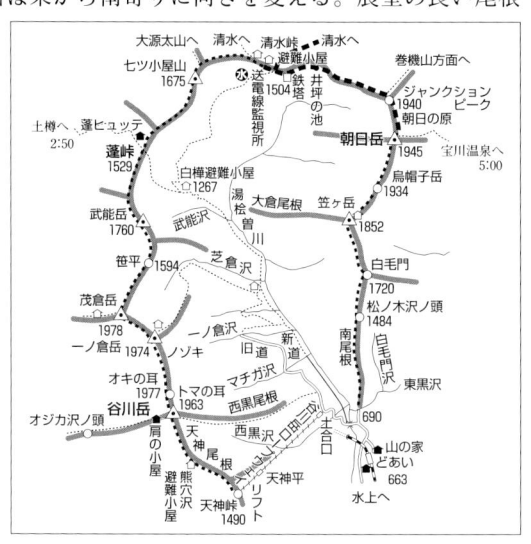

朝日岳から南へ顕著な二つのピークを越え、広い草地の鞍部に下る。鞍部から10分ほどの登り返しで笠ヶ岳。山頂手前に避難小屋がある。笠ヶ岳から白毛門を経て土合へ下山（この間のコース詳細は笠ヶ岳、白毛門の項参照）。

参考 TIME

（1日目）天神平 ➡ 谷川岳 ➡ 茂倉岳 ➡ 武能岳 ➡ 蓬峠（泊）
　　　　　　　3:10　　　1:30　　　2:00　　　0:40

（2日目）蓬峠 ➡ 清水峠 ➡ 朝日岳 ➡ 笠ヶ岳 ➡ 白毛門 ➡ 土合
　　　　　1:40　　3:10　　1:20　　0:40　　2:40

●アドバイス
▷逆コースは白毛門の登りが厳しく、また蓬峠までの行程も長い。出だしで消耗すると最後まで響いてしまう。
▷コース中の水場は蓬峠と清水峠、朝日岳直下の朝日の原にある。
▷コース中の山小屋は有人小屋が肩の小屋、蓬峠に。稜線上の無人・避難小屋は一ノ倉岳、茂倉岳（山頂西方直下）、清水峠、笠ヶ岳にある。

●サブコース
宝川温泉から朝日岳　奥利根の一軒宿の名湯・宝川温泉からの朝日岳往復は10時間以上の行程。途中テント泊か宝川温泉に泊まり早朝出発の予定とするのが良いだろう。

見どころ 見ごろ

谷川岳から一ノ倉岳、茂倉岳、武能岳を経て朝日岳、そして白毛門へと続くダイナミックな縦走の醍醐味が満喫できる。

▲▲ みなかみ町　　　　　　　　　　　　　　　　　　　　上級向き

笠ヶ岳(谷川)

かさがたけ　1852m

土合～笠ヶ岳往復コース
2万5千図 茂倉岳・水上

適期	1	2	3	4	5	6	7	8	9	10	11	12

▶標準的な総歩行時間
　8時間10分
▶標高差　1189m
▶眺望　◎

●プロフィール

　白毛門の北、朝日岳の南にそびえる。山名が示す通り、きりっと引き締まった三角形状の秀麗なピーク。かつては山頂から西に下る大倉尾根を湯檜曽川に下る道もあったが、現在、その山頂に立つには白毛門と朝日岳を結ぶ縦走路をたどるしかない。

▲笠ヶ岳（出合めぐりコースから）

　白毛門より北に位置しているため、谷川岳東面の大展望もやや北に寄り、幽ノ沢、堅炭岩あたりがその中心となる。また湯檜曽川源流を取り囲む武能岳、清水峠などの山並みも近づいてくる。白毛門から先は訪れる登山者も少なくなり、谷川連峰最深部から奥利根へと続く山並みに囲まれた静かな山行が味わえる。

●コースガイド

　土合から白毛門を経て笠ヶ岳までの往復コースを紹介する（途中までは白毛門の項参照）。白毛門から笠ヶ岳を往復するだけでも2時間はかかる。白毛門で体力をチェックし、余裕を持って笠ヶ岳を目指したい。長丁場と

交通　マイカー 関越自動車道水上インターチェンジから国道291号を北進。水上温泉街の西から湯檜曽温泉、土合駅前を経て土合橋手前まで15㌔。駐車場は登山口右手にある。

公共交通機関 ＪＲ上越線土合駅下車。下り線は地下ホームから486段の階段を登って地上に出る。上り下りとも電車の本数は少ない。上越新幹線上毛高原駅・ＪＲ上越線水上駅からバス利用の場合は関越交通バス谷川岳ロープウェイ駅行き、土合橋下車。上毛高原から40分、水上駅からは15分ほど。

○問い合わせ
　みなかみ町役場　☎0278（62）2111
　関越交通　☎0278（72）3135

なるのでけっして無理はしないように。いずれにしても体力と経験に自信のある上級者向きのコースといえる。

　白毛門の山頂から低木帯の尾根を下り、小さなアップダウンを繰り返し、ササの斜面を登り返す。中間峰を越え、さらに草原状の斜面を登ると山頂に着く。湯檜曽川の対岸に武能岳、一ノ倉岳など谷川連峰主脈を望み、谷川岳東面の岩壁群が幽ノ沢から一ノ倉沢へと続いている。山頂北東稜線上にはかまぼこ型の避難小屋がある。

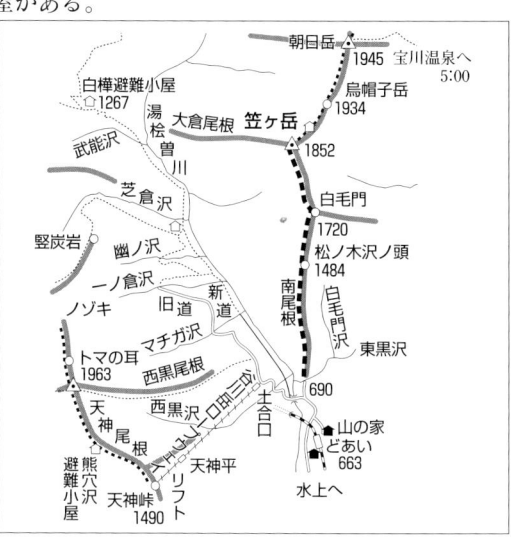

　笠ヶ岳山頂からさらに朝日岳へ向かうには、日帰りでは厳しい。直接土樽または土合に下山するか、途中一泊で、さらに「馬蹄形」の後半部を縦走し、谷川岳山頂から天神尾根などを経由して下山することになる（朝日岳の項参照）。

参考 TIME	土合 ➡ 松ノ木沢の頭 ➡ 白毛門 ➡ 笠ヶ岳 ➡ 白毛門 ➡ 土合
	3:00　　　0:50　　　1:10　　　0:45　　　2:25

●アドバイス
▷白毛門手前の森林限界を過ぎると日差しをさえぎるものがない。日射病、熱射病にも注意し、帽子の着用、水分の補給を心がけること。
▷コース中に水場はない。事前に十分用意しておくこと。
▷山頂北東の稜線上にかまぼこ型の避難小屋がある。非常時の避難用。

●サブコース
朝日岳コース 詳細は朝日岳の項を参照。

見どころ見ごろ

谷川岳東面の大展望。マチガ沢から一ノ倉沢、幽ノ沢、堅炭岩と迫力ある岩壁が続く。午後になるとこの眺望が逆光になるので早立ちが鉄則。紅葉の見ごろは10月中旬だが、このころ、早い年には初雪が降ることもあるので衣類や装備は万全に。

みなかみ町　　　　　　　　　　　　　　　　　　　　　上級向き

白毛門

しらがもん　1720m

| 土合～白毛門往復コース |
| 2万5千図 茂倉岳・水上 |

| 適期 | 1 | 2 | 3 | 4 | 5 | 6 | 7 | 8 | 9 | 10 | 11 | 12 |

▶標準的な総歩行時間　6時間15分
▶標高差　1057m
▶眺望　△

●プロフィール

　谷川連峰の表玄関・土合駅の北にそびえる。清水峠東の国境稜線上のジャンクションピークから南に分岐し、朝日岳、笠ヶ岳と連なる支脈の南端に位置し、湯檜曽川を隔てて谷川岳、一ノ倉岳と向き合う。湯檜曽川沿いから山頂までの比高は1000m以上。西黒尾根にも匹敵する急登が続く。

▲白毛門（左奥は笠ヶ岳）

　一ノ倉沢を正面に望む山頂は谷川岳東面の岩壁群を一望する絶好の展望台で、眺望にさえ恵まれれば登りの苦労は十二分に癒やされることだろう。北へ伸びる尾根は笠ヶ岳、朝日岳へと標高を上げ、さらに清水峠から蓬峠を経て、茂倉岳、一ノ倉岳、谷川岳へと「馬蹄形」縦走コースが続く。

　ユニークな山名の由来は、土合からの登路右手、白毛門沢源頭のスラブに門のように立つジジ岩、ババ岩からと言われている。

●コースガイド

　JR上越線土合駅から国道291号をロープウェイ駅方面に向かい、その途中の湯檜曽川にかかる土合橋手前の登山口へ。マイカーの場合は登山口手前に駐車可能。ここから右へ車道を離れ、東黒沢を渡る。橋を渡るとす

交通

マイカー　関越自動車道水上インターチェンジから国道291号を北進。水上温泉街の西から湯檜曽温泉、土合駅前を経て土合橋手前まで15㌔。駐車場は登山口右手。

公共交通機関　JR上越線土合駅下車。下り線は地下ホームから486段の階段を登って地上に出る。上り下りとも電車の本数は少ない。上越新幹線上毛高原駅・JR上越線水上駅からバス利用の場合は関越交通バス谷川岳ロープウェイ駅行き、土合橋下車。上毛高原から40分、水上駅からは15分ほど。

○問い合わせ
　みなかみ町役場　☎0278（62）2111
　関越交通　☎0278（72）3135

ぐ白毛門の取り付きとなり、いきなり急な登りが始まる。

　木の根や岩角をつかむような樹林帯の急斜面から尾根に出、なおも急登を続ける。やがてブナなどの樹林帯が低木帯に変わると小ピークの松ノ木沢の頭（1484m）。土合駅からここまで3時間ほどかかる。松ノ木沢の頭に立つと行く手には目指す白毛門の頂が望め、湯檜曽川の深い谷を隔てて谷川岳東面の眺望も開けてくる。

　ここから右に白毛門沢上部のスラブを眺めながら山頂への尾根を登っていく。ジジ岩、ババ岩も間近に望まれる。低木帯から草付き、そして小岩峰を越えて狭い山頂に登りつく。

　帰路は往路を戻る。笠ヶ岳から朝日岳を越えて清水峠、さらに馬蹄形の縦走へと続けるには、最低1泊の日程と幕営、小屋泊まりの準備を整えておく必要がある。

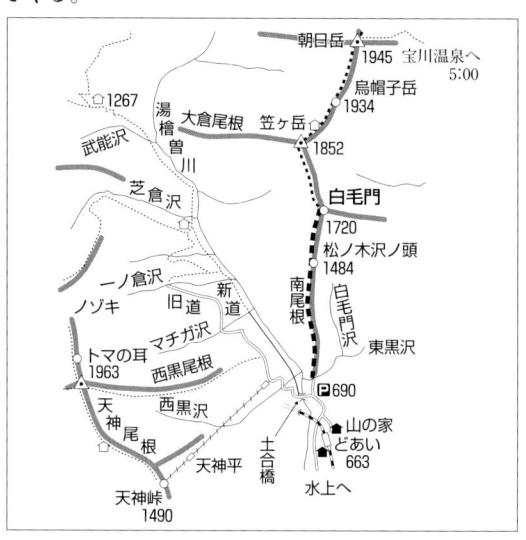

参考TIME	土合 ➡ 松ノ木沢の頭 ➡ 白毛門 ➡ 土合
	3:00　　　　　0:50　　　2:25

●アドバイス
▷急登が始まる取り付き付近の標高が低く、夏季は気温が上がるため、特に盛夏の登山はすすめられない。
▷また、森林限界を過ぎると日差しをさえぎるものがない。日射病、熱射病にも注意し、帽子の着用、水分の補給を心がける。
▷途中水場はないので事前に十分な用意を。
●サブコース
　笠ヶ岳・朝日岳コース。詳細はそれぞれの項を参照。

見どころ見ごろ

谷川岳東面の大展望が素晴らしい。マチガ沢から一ノ倉沢、幽ノ沢、堅炭岩と迫力ある岩壁が続く。午後になるとこの眺望が逆光になるので早立ちが鉄則。

みなかみ町／新潟県　　　　　　　　　　　　　　　　　　　上級向き

巻機山

まきはたやま　1967m

清水～巻機山コース
2万5千図 巻機山

| 適期 | 1 | 2 | 3 | 4 | 5 | 6 | 7 | 8 | 9 | 10 | 11 | 12 |

▶標準的な総歩行時間
　8時間20分
▶標高差　1232m
▶眺望　◎

●プロフィール

巻機山は日本百名山の一つにも数えられている名峰であるが、巻機山という峰はなく、御機屋を中心に牛ヶ岳、割引岳などこの付近一帯の総称である。山頂の周辺は、小笹や高山植物におおわれた緩斜面で、巻機山の自然を代表する美しい雪田草原が広がり、所々に池塘が光っている。登降のきびしさとは対照的である。

△右上の尾根が山頂、左は割引岳
　（前巻機山から）

1977年以来、ボランティアによる保全活動が行われ、登山道整備や、池塘、植生の復元に努力されている。

巻機山は本来一泊して登るのが良く、清水には6軒の民宿がある。

●コースガイド

清水から歩く場合は桜坂まで30分。桜坂駐車場左奥の道標で、割引沢コースと分かれて右の尾根コースに入る。この道は巻機山のメインルートで古くから利用されてきた。

井戸の壁の急坂をつづら折りで越えると、5合目焼松で、滝の多い米子沢が眺められる。ブナの森を斜めに登って6合目展望台に出る。

交通

マイカー 関越道塩沢石打ICから最初の信号を左折し約6kmで「早川」T字路。ここを右折し約10kmで清水。清水バス停から林道を約2kmで桜坂。駐車場50台有料。
公共交通機関 JR上越線六日町駅下車。清水行きの南越後観光バス約45分で終点の清水下車。（1日3便）タクシーは清水まで塩沢駅から20分。六日町駅から25分。

○問い合わせ
　南越後観光バス　☎025（773）2573
　南魚沼市役所　　☎025（782）0255

森林限界を出た所が7合目物見平で、視界が開けてくる。急坂を登ると8合目から、登山者の踏みつけで拡大したガレ場をすぎ、9合目ニセ巻機の下端から左折し、本峰を見ながら歩く。霧の深いときは頂上と間違えるのでこの名がある。

　少し下った鞍部には避難小屋がある。2階建てだが5月頃まで雪で埋まる。竜王の池を巻いて最後の登りになる。御機屋の山頂は、左へ割引岳、右へ牛ヶ岳方面の分岐点である。群馬県境に最も近い牛ヶ岳へは、往復約2.4km1時間で、奥利根方面などのすばらしい展望がある。下山は往路を戻る。

△五合目から米子沢を望む

参考 TIME

桜坂駐車場 ➡ 5合目 ➡ 7合目 ➡ ニセ巻機 ➡ 御機屋 ➡ 牛ヶ岳
　　　　1:20　　　1:20　　　1:00　　　0:35　　　0:35
➡ 御機屋 ➡ 7合目 ➡ 5合目 ➡ 駐車場
　0:25　　　1:10　　　1:00　　　0:50

●アドバイス
▷巻機山の最高点1967m周辺は、植生保護のため立入禁止となっている。機織信仰の聖地で歴史上の山頂である御機屋に、山頂標識が立っている。

●サブコース
ヌクビ沢コース 沢歩きになるが、古くから登られている。途中、吹上（ふきあげ）ノ滝、夏まで雪渓が残るアイガメの滝や80mの一枚岩の布干（ぬのほし）岩などあり変化に富む。沢コースは残雪の状況によっては入山規制することがある。また、ヌクビ沢、天狗尾根両コースとも下降は禁止されている。桜坂駐車場（30分）割引沢（20分）吹上ノ滝（25分）アイガメの滝（25分）布干岩（20分）行者ノ滝（1時間10分）尾根取付（20分）主稜線（15分）割引岳（30分）御機屋

見どころ 見ごろ

頂上の御機屋は富士山から北アルプスまで望める大展望が魅力。6月の残雪に映える新緑と、10月の紅葉がすばらしい。

みなかみ町／新潟県　**上級向き**

大水上山
丹後山

おおみなかみやま　1840m

たんごやま　1809m

十字峡～丹後山～大水上山コース
2万5千図　兎岳

適期	1	2	3	4	5	6	7	8	9	10	11	12

▶標準的な総歩行時間　11時間30分
▶標高差　1390m
▶眺望　◎

●プロフィール

　大水上山はみなかみ町と新潟県南魚沼市（旧六日町）、魚沼市（旧湯之谷村）との境にある。その南峰には、群馬県が昭和63年に建てた「利根川水源」の碑がある。南峰の東斜面に残る三角雪田からしたたり落ちる一滴一滴が、総延長322km、関東平野を潤す大利根の流れになる。

▲利根水源

　丹後山には大水上山登山に欠かせない丹後山避難小屋がある。昭和51年に建設、平成16年に改修された。周辺は環境庁の利根川源流部自然環境保全地域に指定されている。

●コースガイド

　新潟県南魚沼市の十字峡から登り始める。十字峡は、三国川に黒又沢と下津川が左右から注ぎ、十字を成している。登山センターは素泊まりの山小屋も兼ねている。

　登山センターから三国川渓谷沿いの道を行き、栃の木橋で右岸に渡れば

交通　マイカー　関越道六日町ICから約17.5kmで十字峡登山センター。ダム周回道路のトンネル三国川側に駐車場、10台。

公共交通機関　JR六日町駅から南越後観光バス野中行き25分終点野中下車（1日11便）。十字峡まで徒歩1時間10分。またはタクシーで登山センターへ。

○問い合わせ
　六日町タクシー　☎025（772）2550
　南越後観光バス　☎025（773）2573
　南魚沼市役所　☎025（782）0255
　しゃくなげ観光センター（十字峡登山センター）☎025（774）2200

少し先が登山口。これから先には水場がない。

　ブナ林の急登で汗をかき、1合目鉄砲平で小休、さらに急登を続けると、カモエダズンネ付近で尾根は緩やかになる。4合目に出れば、大水上山から中ノ岳への展望が広がる。ジャコ平付近で森林限界をぬけると草原になり、シシ岩を越えれば県境稜線は間近い。丹後山避難小屋に泊まる。

　翌朝避難小屋発、5分で丹後山頂上。丹後山から水源碑まで約30分、さらに15分で大水上山頂に立つ。下山は往路を戻る。

△丹後山側から大水上山を望む

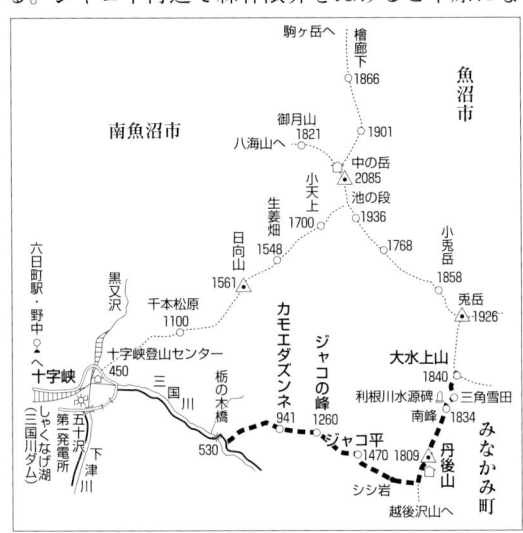

参考 TIME
1泊2日

1日目　十字峡 ⇒ 登山口 ⇒ カモエダズンネ ⇒ ジャコの峰 ⇒ ジャコ平
　　　　　　 1:00　　　1:30　　　　 1:00　　　　　0:40

　　　⇒ 丹後山避難小屋（泊）
　　　1:20

2日目　丹後山避難小屋 ⇒ 大水上山 ⇒ 避難小屋 ⇒ ジャコ平
　　　　　　　　　　　0:50　　　0:40　　　 1:00

　　　⇒ ジャコの峰 ⇒ 登山口 ⇒ 十字峡
　　　0:30　　　　2:10　　　0:50

●アドバイス
▷丹後山避難小屋は2階建てで40人収容。水場は丹後沢源頭だがあてにできず、天水も天候によって左右される。1泊分の水くらいは背負って登りたい。

見どころ 見ごろ

利根水源はぜひ訪れて見たい。

みなかみ町／新潟県　　　　　　　　　　上級・健脚向き

平ヶ岳

ひらがたけ　2141m

| 鷹ノ巣〜平ヶ岳 |
| 2万5千図 平ヶ岳・会津駒ケ岳・尾瀬ヶ原 |

| 適期 | 1 | 2 | 3 | 4 | 5 | 6 | 7 | 8 | 9 | 10 | 11 | 12 |

▶標準的な総歩行時間
11時間
▶標高差　1300m
▶眺望　◎

●プロフィール

深田久弥は『日本百名山』に「至仏から、武尊から、この平らな頂上を眺めて、いつかはその上に立ちたいと願っていた。しかし、それはあまりに遠すぎた。」と書いている。

平ヶ岳には長い間登山道が無かったが、昭和40年8月に当時の湯之谷村が、銀山平の奥の鷹ノ巣から、台倉尾根の登山道を伐開したので、登山者から知られるようになった。

▲姫ノ池から平ヶ岳

アプローチが便利になった今でも、登山口への通路は1年のうち7ヵ月雪で閉ざされる。

●コースガイド

登山口は「平ヶ岳入口」バス停に始まる。暗いうちに出発。登山者カードに記入し、少し林道を歩き、下台倉沢を渡り200mほど進むと右手に登山道の取り付き点がある。

この鷹ノ巣尾根は、下台倉沢と上台倉沢に挟まれた急峻な尾根で、前坂と呼ばれる。荷重によって、時間の差が出る所。下台倉山から台倉山まで

交通　マイカー　小出ICから64kmの登山口駐車場に約30台。国道352号は、銀山平から先は6月にならないと開通しない。年によって違うので魚沼市に照会のこと。10月に入ると初雪が来る時がありチェーンは必携。車の運転は経験者向きの道で、特に夜間は注意。また、給油してから入山する

公共交通機関　浦佐駅―奥只見ダム（南越後観光バス1時間20分・1日2便）・奥只見ダム―尾瀬口（奥只見観光渡船40分）・尾瀬口―鷹ノ巣（会津乗合バス5分）

〇問い合わせ

清四郎小屋　☎090（2558）0028
魚沼市役所湯之谷総合事務所　☎025（792）1122
南越後観光バス小出営業所　☎025（792）8114
奥只見観光（渡船）　☎025（795）2750
魚沼市観光協会（会津乗合自動車）☎025（792）7300

は小さな上下のある尾根道を行く。

　台倉山は気付かずに通りすぎてしまいそうな峰で、鞍部に下ると台倉清水の表示がある。右手に２、３分下れば水場がある。ここから先は展望がなく、ぬかるみや木道の多い樹林帯が続く。白沢清水は、林の中の広場の左側の湿地から湧き出ている小さな清水。

　森林限界から、根曲がり竹の急斜面を登りきると、山頂台地の一角、池ノ岳に着く。姫ノ池から憧れの平ヶ岳を仰ぐ。頂上へはツガの廊下を通り、広い草原を登りつめると２等三角点に着く。山頂から先の広大な湿原を歩けば、遥かな遠い山を実感できる。

　下山は、玉子石を回ると約30分プラスになる。姫ノ池からは往路を戻るが、まだまだ遠い道のりを頑張らなければならない。

参考TIME

1泊2日

鷹ノ巣 ➡ 下台倉山 ➡ 台倉山 ➡ 白沢清水 ➡ 姫ノ池 ➡ 平ヶ岳
　　　2:20　　　0:50　　　1:00　　　1:20　　　0:30
➡ 玉子石 ➡ 姫ノ池 ➡ 台倉山 ➡ 下台倉山 ➡ 鷹ノ巣登山口
　0:35　　　0:20　　　1:45　　　0:40　　　1:40

●アドバイス
▷参考タイムは、平ヶ岳山頂湿原の散歩時間を含まない。鷹ノ巣に泊まるか、山頂直下のテント場に幕営するかして、ゆっくりと楽しみたい。

●サブコース
中ノ岐林道コース　このコースは中ノ岐林道が一般車通行禁止のため、銀山平の民宿に泊まり、マイクロバスで送迎してもらう。浦佐駅（バス1時間）銀山平（泊）・マイクロバス（1時間10分）平ヶ岳登山口・徒歩（30分）五葉尾根（2時間）玉子石（20分）水場（25分）平ヶ岳（25分）姫ノ池（20分）玉子石分岐（1時間30分）登山口。

見どころ見ごろ

天然の彫刻玉子石と周辺の地塘。山頂湿原の植物と尾瀬・奥利根の山々の展望。

みなかみ町／川場村／片品村　　　　　　　　　　　　上級向き

武尊山

ほたかさん　2158m

武尊牧場〜武尊山
2万5千図 鎌田・藤原湖

適期	1	2	3	4	5	6	7	8	9	10	11	12

▶標準的な総歩行時間
　6時間30分
▶標高差　700m
▶眺望　◎

●プロフィール

　武尊山は日本百名山の一峰として、誰しも一度はめざす名山である。爆裂火口の跡といわれる川場谷を回り、馬蹄形に前武尊、剣ヶ峰、家ノ串山、中ノ岳、主峰沖武尊、剣ヶ峰山（西武尊）と、2000mを超える6座の峰頭を連ねている。

▲西武尊から沖武尊

　山名は日本武尊（やまとたけるのみこと）の長征伝説にちなみ、沖武尊と前武尊の山頂には日本武尊の立像が安置されている。古くから霊場として登拝され、山麓のみなかみ町藤原、片品村花咲（はなさく）に武尊神社が祭られている。そのため数コースの登山道がある。

●コースガイド

　武尊山は天気が変わり易い山だ。武尊牧場下の駐車場を使う。夏山リフトの始発は8時。リフトを一度乗り継いで三合平下部まで上がり、歩き始める。リフトの運転開始は例年6月第1土曜頃。また駐車場手前の逢瀬橋から東俣沢林道に入り、牧場の北に回り込んで草倉沢沿いの駐車場まで入ることもできるが、5月はまだ雪が残る。

　三合平には武尊山、東俣駐車場、キャンプ場を示す道標がある。幅1m半ほどの舗装道路はすぐ終わり、林に入る。武尊山7km、牧場スキー場0.6km、東俣駐車場1kmの道標が立つ。

　ブナ林の間の泥道を行き、針葉樹と笹の山道を登ると三角屋根の小さな避難小屋がある。ここから南西に向きを変えて尾根道を登る。小屋から30分で、木製のテーブル、ベンチが置かれているセビオス岳に着く。

　ここから20分ほどで笹の伐り開きを登ると、次は鎖とロープが付けられた岩溝を登る。この上からハイマツ地帯に変わる。7月上旬まで残るとい

う西俣沢源流の雪田の上を巻く。

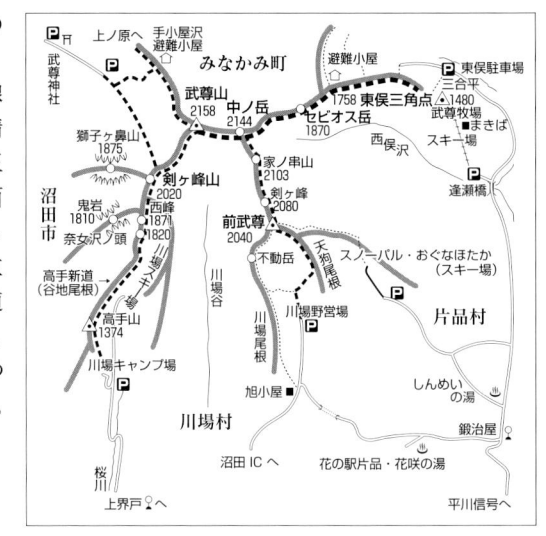

中ノ岳の下で主稜線に出る。すぐ先に笹清水がある。初夏には三ツ池も出ていない雪面を歩いて尾根に上がると日本武尊の銅像が立つ。剣ヶ峰山からの道が左から合うとすぐ、360度の大展望が待つ武尊山の頂上に着く。下山は往路を戻る。

参 考 TIME				
リフト終点 ➡	東岐三角点 ➡	避難小屋 ➡	セビオス岳 ➡	中ノ岳分岐点
0:25	1:10	0:35	0:55	
➡ 武尊山頂上 ➡	中ノ岳分岐点 ➡	避難小屋 ➡	リフト終点	
0:40	0:30	1:10	1:05	

▲武尊山頂に近い剣ヶ峰山

▲武尊牧場から武尊連峰

▲中の岳（武尊牧場コースから）

交通

マイカー 沼田ICから国道120号に入り約25kmの「平川（ひらかわ）」信号左折、約4km先の鍛冶屋で右折、さらに6kmで武尊牧場駐車場。600台。東俣沢沿いの林道を上がると東俣駐車場。50台。

公共交通機関 バス等不便なため車利用がよい。民宿等に一泊する場合は、武尊口バス停（平川信号先）まで出迎えてもらう。武尊牧場の夏山リフトは6月～10月中旬運転（10月は土・休日運行）。始発8：30～終発（下り）16：30。

○問い合わせ
　片品村役場　☎0278（58）2111
　川場村役場　☎0278（52）2111
　みなかみ町役場　☎0278（62）2111

● アドバイス
▷ 冬季と残雪期は経験者以外は避けたい。5月〜6月初旬は残雪があるので軽アイゼンを用意するとよい。

● サブコース

高手山〜剣ヶ峰山 剣ヶ峰山（2020m）は西武尊とも呼ばれ、沖武尊に次ぐ展望台である。

車利用で沼田ICから川場村に入り、ふじやまビレッジを経て、武尊高原川場キャンプ場入口まで約15km、入口ゲート手前に大駐車場がある。標高1200mのキャンプ場上部広場には、頂上へ5.8kmの道標がある。昭和58年（1983年）のあかぎ国体の際に開かれた登山道は歩きやすい。途中に水場はない。

西峰（にしみね）に出ると剣ヶ峰山が間近にそびえ、少し先から急登になる。頂上台地に出ても北端の頂上までは10分かかる。沖武尊へは頂上からさらに1.8km、武尊連峰中最も快適な歩道だが長丁場になるため、早朝に出発しなければならない。

駐車場（45分）高手山（2時間10分）西峰（50分）剣ヶ峰山（1時間30分）沖武尊（1時間10分）剣ヶ峰山（40分）西峰（1時間20分）高手山（30分）駐車場

武尊神社〜武尊山

水上ICから湯ノ小屋方面に向かい、藤原ダムを通過、武尊トンネルを出てすぐ武尊橋を渡って右折、宝台樹（ほうだいぎ）キャンプ場をすぎると武尊神社駐車場、20台。小型車ならこの先の未舗装林道終点まで入れる。駐車約15台。

林道終点から武尊川右岸の道を行くと、左へ手小屋沢避難小屋への道を分ける。谷が狭まってくると武尊沢の水場がある。ここから尾根に取り付きブナ林の苦しい急登となる。稜線に出ると右へ7分ほどで剣ヶ峰山に着く。沖武尊までは快適な道。

下山は藤原武尊の岩峰から下り始めると、行者ころげ岩、大日如来、胎内潜（くぐ）り行場など数カ所の岩場に鎖、ロープ、はしごなどがあり緊張させられる。手小屋沢小屋で上ノ原コースを右に分け、急降するともとの林道に出る。

林道終点（15分）分岐点（1時間）武尊沢水場（1時間）剣ヶ峰山（1時間30分）沖武尊（1時間30分）手小屋沢小屋（50分）分岐点（15分）林道終点。

川場野営場〜前武尊〜武尊山

沼田ICから登山口まで約25分で着くので、このコースからの登山者は多い。駐車場は未舗装で約30台。休憩所がある。

駐車場を出て少し先で、右に野営場を見ると山道になる。左へ不動岩コースを分ける。前武尊へ2.5km（天狗尾根）とある。天狗尾根に登り、針葉樹林帯を行く。武尊スキー場分岐点で東側が開ける。オグナほたかスキー場からここまでは約1時間半で来る。

木の根と岩で段差の多い急登で前武尊に着く。崩壊で登山禁止の剣ヶ峰は、東側の巻き道を行く。次のトサカ岩は、鎖か巻き道かを選ぶ。家ノ串をすぎると中ノ岳手前の鞍部で、武尊牧場からの道と合う。

駐車場（30分）不動岩分岐（1時間20分）武尊スキー場分岐（50分）前武尊（1時間30分）武尊牧場分岐（35分）沖武尊（30分）中ノ岳分岐（1時間20分）前武尊（40分）武尊スキー場分岐（55分）不動岩分岐（20分）駐車場

上ノ原〜武尊山 以前は上ノ原から武尊山を縦走して武尊スキー場へ下るのがメインコースであった。

上ノ原登山口（2時間）名倉のオキ（30分）手小屋沢避難小屋（2時間）沖武尊（1時間20分）手小屋沢小屋(2時間)上ノ原登山口

見どころ
見ごろ

武尊牧場のレンゲツツジは6月中旬〜7月上旬、大柄で真っ赤な群落は、見る人を華やかなムードで酔わせる。

▲沖武尊の日本武尊像

沼田市　　　　　　　　　　　　　　　　　　　　　　　一般向き

鹿俣山

かのまたやま　1637m

センターハウス〜鹿俣山コース
2万5千図 藤原湖

適期	1	2	3	4	5	6	7	8	9	10	11	12

▶標準的な総歩行時間
　3時間40分
▶標高差　417m
▶眺望　○

●プロフィール

　武尊山から剣ヶ峰山、獅子ヶ鼻山を経て西に長く伸びる尾根上の小ピーク。尾根はこのピークで西に向かって扇のように広がり、玉原高原、玉原湖へとなだらかな起伏で高度を下げていく。ブナに覆われたこの斜面は、冬はスキー場（たんばらスキーパーク）として親しまれ、5月連休ころまでスキーが楽しめるほどの豪雪地帯。雪解けは5月中旬以降となる。

▲玉原湿原

　玉原湿原は鹿俣山西麓にある小湿原で、ミズバショウをはじめとする湿原植物の宝庫。また一帯のブナ林は探鳥地、自然観察のフィールドとしても人気がある。スキーゲレンデはラベンダーパークとしても整備され、夏場も多くの観光客で賑わう。また同パーク近くのブナ林の中にはペンション村があり、ここをベースに周辺のトレッキングプランを練るのも楽しい。

●コースガイド

　センターハウス右脇の車止めの間を抜け、ゆるやかに車道を下っていく。途中で右手にブナ平、キャンプ場方面へのコースを分け、10分ほどで湿原入口に着く。道路右手の木道から湿原に入る。鹿俣山へは向かって右奥の

交通　マイカー 関越自動車道を沼田インターで降り、案内標識に従って玉原へ。
公共交通機関 JR沼田駅から玉原高原（ラベンダーパーク）へのバスは夏季のみの運行（7月中旬〜8月下旬）。それ以外の季節、路線バスは迦葉山までしか入らない。

○問い合わせ
　沼田市役所　☎0278（23）2111
　たんばらラベンダーパーク　☎0278（23）9311
　玉原センターハウス　☎0278（23）9507

木道から樹林帯に入り、右手に分かれる水源コースに入るのが近い。

　水源コースはしばらく小さな沢に沿って登る。尾根に出たら右へ明るい森の道をブナ平へと向かう。左から来る道は三角点経由の道。なお、センターハウスからブナ平への最短コースは前述のセンターハウスから歩き始めてすぐの分岐を右に入る。30分ほどで着ける。

　ブナ平周辺は明るく広々とした尾根でなだらかな道を気持ちよく歩ける。ここから指導標にしたがって鹿俣山へは1時間30分ほどの森林浴コース。上部はスキーゲレンデに沿っての登りとなる。山頂からは間近に武尊を、そして谷川、赤城、榛名などの山々を望む。

　帰路は往路を戻るが、サブコースで紹介したラベンダーパークへの道を下り、スキー場を横切り、出発点のセンターハウスに戻ることも出来る。

▲ブナ平付近

参考TIME

センターハウス ➡ ブナ平 ➡ 鹿俣山頂
　　　　　　　1:00　　　1:20

➡ センターハウス（ブナ平から銅金沢線を下山）
1:20

●アドバイス
▷道はよく整備されているが、倒木やぬかるみなどもあるので足下に注意。
▷道が残雪に覆われているときは迷いやすいので経験者の同行が必要。

●サブコース
ラベンダーパークから鹿俣山
ラベンダーパーク下の駐車場からゲレンデ南側の道をキャンプ場へ。キャンプ場右奥に指導標があり、ここから遊歩道に入る。まもなく下から登ってくる道に合わさり、山頂へは左へ。なだらかな登りが少し急になると、スキーゲレンデに飛び出る。ここからまた右手の森に入り、鹿俣山から南西に伸びる尾根をつめて山頂へ。登り2時間、下り1時間30分ほど。

見どころ見ごろ

ブナ林は5月の新緑、10月の紅葉が特に見事。野鳥はカッコウ、ウグイスをはじめ、キツツキ類やカラ類、クロジなども。

沼田市／みなかみ町　一般向き

迦葉山

かしょうざん　1322m

弥勒寺〜迦葉山
2万5千図 後閑・藤原湖

| 適期 | 1 | 2 | 3 | 4 | 5 | 6 | 7 | 8 | 9 | 10 | 11 | 12 |

▶ 標準的な総歩行時間　3時間50分
▶ 標高差　672m
▶ 眺望　□

●プロフィール

　迦葉山は沼田市街地の北方約16kmにある。山ふところの弥勒寺は嘉祥元年（848年）に開創、桓武天皇の皇子葛原親王の発願により、天台宗比叡山座主、慈覚大師を招いて第一世とされ、康正2年（1456年）曹洞宗に改宗され、徳川初代将軍の祈願所として御朱印百石、十万石の格式を許された由緒ある寺である。

▲大戸屋山から迦葉山（左）

　迦葉山中峰堂には、昭和14年に作られた顔の丈5.5m、鼻の高さ2.7mの日本一の大天狗面と、同45年に作られた顔の丈4m、鼻の高さ2.5mの「交通安全身代わり天狗」が安置されている。身代わり大天狗は、毎年行われる「沼田まつり」に、女性のみにより担ぎ出される。

　また迦葉山参りは、最初の年に中峰前から天狗面を借りて帰り、次にお参りする時、借りていた面を持って、これに門前の店で新しい面を求め添えて寺に納め、また別の面を借りてくるという習わしになっている。

●コースガイド

　バス終点の「迦葉山」で下車。透門橋を渡ってすぐ左折する。車道約20分で参道に入る。老杉の木立に包まれた高さ20mの立派な山門をくぐる。

交通
マイカー　関越道沼田ICから約12km、案内標識あり。弥勒寺駐車場。
公共交通機関　JR沼田駅から関越交通バス迦葉山行き40分。終点迦葉山下車。1日10便。

○問い合わせ
沼田市役所　☎0278（23）2111
関越交通沼田営業所　☎0278（23）1111

いったん車道に出てすぐに、遊歩道案内板から参道に入る。馬かくれ杉の上で寺の前の車道に出る。車の場合、この脇の駐車場から歩く。駐車場から寺まで約3分。

本堂左の中峰堂で大天狗の面を拝し、本堂右側の渡り廊下をくぐると、正面に迦葉堂への急な石段があり、その手前の道標から右へ行くのが登山口である。尾根がザレて木の根が出た急登になると、まもなく和尚台の岩峰の下に出る。根元に古びた御堂が建っている。一般的には御堂の左側から巻き道をとる。正面の胎内くぐりは、狭いチムニー状の部分に鎖が付いている。10分ほどで空洞を通過して上(裏)に出る。短い梯子を下り、上方に見える道標で一般道と合う。尾根づたいに御嶽山大神の碑まで登れば、7分ほどで迦葉山頂上の木柱に着く。

▲透門橋から迦葉山（後方）

参考 TIME

迦葉山バス停 ➡ 弥勒寺 ➡ 和尚台下 ➡ 和尚台北の道標 ➡ 迦葉山頂上
　　　　　　0:55　　　0:30　　　0:15　　　　　　0:35

➡ 弥勒寺 ➡ 迦葉山バス停
0:50　　　0:40

●アドバイス
▷胎内くぐりの上（裏）から登る和尚台の岩峰は、最初の鎖で右へ行くと、最上部は見えないが3本の鎖が連続する。高度感があり、上級向きである。
●サブコース
　サブコースではないが、迦葉山から玉原湖西の尼ヶ禿山（1466m）を往復する向きもある。新緑や紅葉が良い。また尼ヶ禿山から見る残雪の上越の山々も良い。片道4.8km。
　迦葉山（30分）白樺湿原（1時間25分）玉原ダム分岐（40分）尼ヶ禿山。

見どころ 見ごろ

天狗と言えば迦葉山。自分の身長など、天狗の鼻にもおよばないことにど肝（ぎも）を抜かれる。山門と老杉の参道も歩きたい。

戸神山

沼田市　一般向き
とかみやま　772m

南面コース〜戸神山	▶標準的な総歩行時間 1時間40分
2万5千図 後閑	▶標高差　322m
適期 1 2 3 4 5 6 7 8 9 10 11 12	▶眺望 ●●

●プロフィール

　戸神山は、沼田市街地の北にあるかわいい山で、古くから三角山と呼ばれて、地元の人々に親しまれている。関越自動車道で沼田ICを過ぎるころ、正面から右前方に台地状の三峰山と、対照的な三角形の戸神山が並んで見えてくる。

△戸神山頂上の眺望が良い

　芝草と露岩の頂上には2基の石祠が3基の燈籠とともに祭られている。燈籠には慶応三年（1867年）卯稔十一月吉日とある。朝日子供会の方位盤や4等三角点がある。また、有志の寄贈による双眼鏡が設置されている。足下の沼田盆地から北方の武尊山まで、360度の展望台である。

●コースガイド

　登山口から180段の石段を登り、虚空蔵尊に詣でて行く。沼田では戸神神社と言っている。別名牛寅（うしとら）神社ともいわれ、狛犬が牛と虎なのが面白い。石段を少し戻り、簡易水道施設の脇から林道（田之入線0.6km）に入る。登山口からは20分ほどで南面コースの山道に入る。

　鉱山跡の急な砂礫地を登ると、その先から岩場が続くようになる。危険

交通

マイカー　沼田ICから「玉原」への県道3kmで「歓迎迦葉山玉原高原」の大きな標柱がある。岡谷上（おかやかみ）バス停を左折し約1kmで登山口。駐車スペースは2台ほど。

　なお、北面コース登山口付近は、広い歩道は駐車禁止であり、数百m先の発知ふれあい広場に駐車するのが良い。

公共交通機関　JR沼田駅から関越交通バス迦葉山行き17分の「岡谷上」下車。徒歩20分弱で登山口。

○問い合わせ
　沼田市役所　☎0278（23）2111
　関越交通沼田営業所　☎0278（23）1111

はないが、戸神山の真正面を直登するこのコースは、ミニアルプスとも呼ばれ、ちょっぴりアルペン的気分が味わえる。登るにつれて展望が広がる。1本ある鎖を登った先で岩場が終わる所へ、林道からの道が合う。まもなく左側に小さな石仏が数mの間に2カ所あり、そこから2、3分で頂上に着く。

　下山は来た道を戻り、石仏をすぎるとすぐ先の分岐に道標がある。分岐からは左へ数分で林道終点に出る。あとはのんびりと登山口へ下れる。

　下発知へ下る場合は、道標に従って北面コースを逆に下る。県道に出たら南へ約300mで峠を越え、右の舗装路に入り、途中から山裾を巻く歩道に移って登山口に戻る。戸神山（40分）県道（30分）登山口。

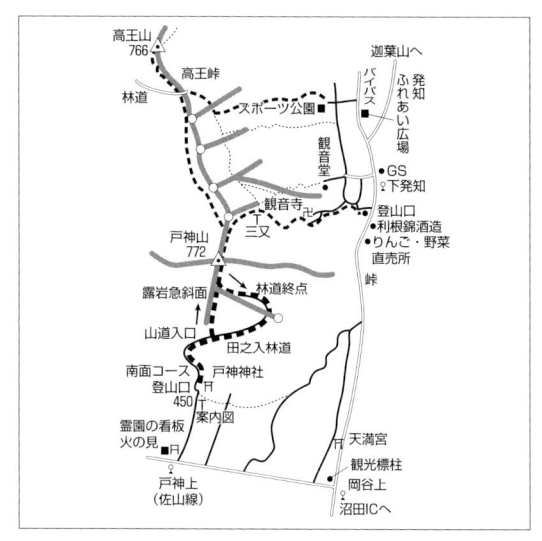

▲南方から戸神山

参考 TIME

南面コース登山口 ➡ 山道入口 ➡ 戸神山 ➡ 林道経由・登山口
　　　　　　　　0:20　　　　0:40　　　0:40

●アドバイス
▷短時間で登れ、冬も容易に取り付けるが、時々積雪を見ることがある。

●サブコース
北面コース（初級向き） 登山口は下発知生涯学習センターの角（裏）から入る。観音寺の脇を登り直角に右折すると、緩やかな登りで、三又を経て頂上に着く。登山口（10分）観音寺上（20分）三又（20分）戸神山（40分）登山口。車が揃う時は1台を発知ふれあい広場に置き、戸神山南面から高王山へ縦走してふれあい広場へ下ると良い。戸神山（40分）高王山（30分）発知ふれあい広場。

見どころ 見ごろ

　4月から5月にかけて、山頂から見る白銀の武尊山の雄大な眺めはすばらしい。紅葉は11月上旬から中旬が良い。

沼田市／みなかみ町　　　　　　　　　　　　　　　　　　一般向き

三峰山

みつみねやま　1123m

後閑～三峰山												
2万5千図 後閑												
適期	1	2	3	4	5	6	7	8	9	10	11	12

▶標準的な総歩行時間　6時間
▶標高差　753m
▶眺望　△

●プロフィール

　三峰山はJR上越線後閑駅の北東、みなかみ町と沼田市の境にある。南北4kmにおよぶ平坦な頂上台地を持つ独特な姿が人目を引く。

　同名の山が多いことから上州三峰山とも呼ばれ、北から後閑峰、吹返し峰、追母峰と並んでいる。最高点は頂上台地北端の1122.5m峰だが、一般的には河内神社か

▲月夜野大橋から三峰山

ら、頂稜南端の台地（3等点三峰949.4m）や、三峰沼周辺の散策コースが多く歩かれている。

●コースガイド

　後閑駅をあとにして約22分、赤い大鳥居で左折し、数分で関越道をくぐる。臨済宗の金鳳山竜谷禅寺に立ち寄る。十六羅漢が勢揃いしていて面白い。寺から10分余りで山道入口となる。小石祠2基、石仏3体があり、信仰の跡を残している。すぐ先で左側（旧道跡）に石鳥居がある。少し先の分岐は道標により左へ行く。十数分登るとS字状カーブを繰り返して水場に着く。古い石の水槽がある。さらに十数分急登して表参道に出る。

　10分行くと両側に小祠があり、さらに10分、約65段の石段を登ると河

交通　マイカー　関越道月夜野ICから、側道を少し戻る形で宇楚井町の河内神社表参道（三峰林道）に入り、ICから約6kmで河内神社下の沼田市営駐車場がある。20台。
公共交通機関　JR上越線後閑駅下車。

○問い合わせ
　みなかみ町役場　☎0278（62）2111
　関越交通タクシー（後閑）☎0278（62）2121
　新治タクシー（後閑）☎0278（62）3111

内神社に着く。稜線から三峰沼への分岐は3カ所あり、最も北の3番目には、頂上へ3.1km、神社へ1.8km、沼へ0.8kmの道標が立つ。ここから500m先で、後閑林道へ1.9kmの道標がある。1088m峰をすぎるとすぐ、小鞍部に後閑林道へ2.5kmの道標がある。頂上は1.6kmと近づく。3分先で直角に折れ曲がって下り、登り返すと3番目の後閑林道分岐がある。このあと30分で三峰山頂上に着く。頂上は北西だけ開けて谷川岳が見える。

同じ道を三峰沼への道標に戻り、沼の北端から南端の鞍部を過ぎて下りにかかる。展望台からは、頂上を取り囲む断崖が目の前に迫る。ジグザグの急下降で林道終点に出て石切場に着く。この先、簡易水道施設から舗道になる。善上橋で関越道を渡ると20分ほどで後閑駅に着く。

▲三峰山東面

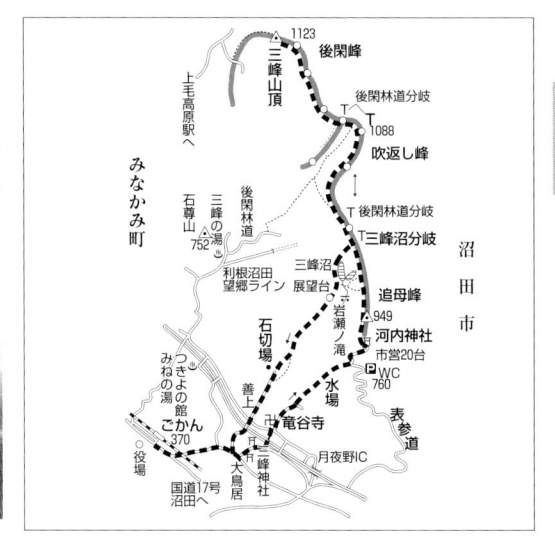

参考 TIME

後閑駅 ➡ 竜谷寺 ➡ 水場 ➡ 表参道 ➡ 河内神社 ➡ 三峰沼分岐
0:35　　0:40　　0:15　　0:20　　0:30

➡ 1088m峰 ➡ 三峰山頂上 ➡ 三峰沼分岐 ➡ 石切場 ➡ 後閑駅
0:30　　　　0:40　　　　0:55　　　　1:05　　0:30

●アドバイス

▷麓からは見えないが、稜線には春先や初冬など思いのほか積雪を見ることがある。この季節に歩くときは要注意。

●サブコース

石切場コース 本文のコースと重複する。関越道月夜野ICから5km。国道17号の「明徳寺」信号を東に入り、登山口の石切り場に駐車。またはJR後閑駅から徒歩40分2.5km。

石切り場（25分）林道終点（1時間）展望台（15分）三峰沼。

帰路は往路を戻らず、河内神社から後閑駅へ下るコースもとれる。

見どころ 見ごろ

河内神社の前はコース中一番の展望台。日光白根、武尊、赤城、子持の山々を望む。眼下に広がる沼田盆地は、河岸段丘の様子が手にとるように分かる。

川場村

一般向き

鉱石山

こうせきやま　1205m

桜川温泉〜鉱石山
2万5千図 後閑・追貝

| 適期 | 1 | 2 | 3 | 4 | 5 | 6 | 7 | 8 | 9 | 10 | 11 | 12 |

▶標準的な総歩行時間　3時間50分
▶標高差　445m
▶眺望　△

●プロフィール

鉱石山は、武尊山南麓に広がる川場村のほぼ中央に位置している。大きな裾野を広げる武尊の山々の威容に比べると、全く見過ごされがちな山で、地図には山名も標高も無い。山名はこの付近でザクロ石が採れ、サンドペーパーの原料になったのでこの名がある。世田谷区民健康村「ふじやまビレジ」の開設に伴って、鉱石山コースが開かれた。

▲鉱石山（川場村谷地から）

最寄りのバス停は上界戸（かみかいと）で、バス停のすぐ東に足踏双体道祖神と、とても優しいお顔をした子安観音の石像がある。上界戸から登山口までは2.5km、ほぼ中間にふじやまビレジがある。途中には物産館や日本切り絵百景館がある。登山口の手前には桜川温泉「ふじやまの湯」があり、ふじやまビレジとともに、下山後入浴できる。

●コースガイド

登山口の金属製案内板を見てから出発する。案内によると、鉱石山コースはビレジを起点とした9.4km、所要4時間のコースである。

林道を25分ほどで鉱石山上り口の道標から山道に入る。山道を約35分行くと、トロッコのレールが残っている。稜線に出ると、感じの良い第1

交通　マイカー　関越道沼田ICから川場村に入り約11kmで登山口。登山口反対側にある21世紀の森第5駐車場に駐車。
公共交通機関　JR沼田駅から関越交通バス川場循環。上界戸下車。右回り左回りとも約30分。
○問い合わせ
　川場村役場　☎0278（52）2111
　関越交通沼田営業所　☎0278（23）1111

休憩所の広場に着く。皇海山、赤城山などを望む。ここから十数分で鉱石山の東端（東峰）に着く。ここからは朝倉山（1289.2m）を往復するとよい。多少、笹の部分がある。頂上には2等三角点があり、山名板は別名の木賊山（とくさ）と書かれている。

鉱石山に戻り西へわずかで鉱石山頂上の標柱が立っている。ここから1181m峰までは、ブナの森の平坦な尾根を行く。

1181m峰から南西へ、急坂を6、7分下ると平地にトイレが2基あり、さらに5分下ると狭くて古い林道に出る。林道は下るに従って広くなり、北へ大きく曲がる手前からは、西武尊方面の展望が開ける。なお20分近く下って、川場牧場に通じる舗装道路に降りる。三角平（みすみ）で川場スキー場からの道路と合い、登山口に戻る。

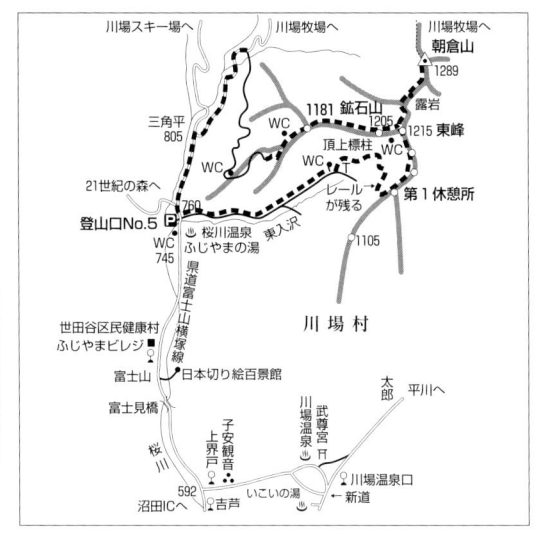

▲川場村立岩南部から鉱石山

参考 TIME	登山口 ➡ 山道入口 ➡ 第1休憩所 ➡ 鉱石山東峰 ➡ 朝倉山
	0:25　　　　0:45　　　　0:20　　　　0:25
	➡ 鉱石山頂上 ➡ 1181m峰 ➡ 舗装道路 ➡ 登山口
	0:20　　　　0:20　　　　0:45　　　　0:25

●アドバイス
▷このコースは地形図上、最初の林道が記載されているだけで山道の表示はない。道標はあるが、地形図と磁石を携行する。

見どころ
見ごろ

鉱石山頂上から1181m峰までの平坦な尾根からは、5月上旬、ブナの森の樹間に残雪の武尊山が美しく仰がれ、何度も足が止まる。

嬬恋村／長野県　　　　　　　　　　　　　　　　　　　　　　一般向き

浅間山

あさまやま　2568m

浅間山荘〜湯の平
2万5千図 浅間山・車坂峠

| 適期 | 1 | 2 | 3 | 4 | 5 | 6 | 7 | 8 | 9 | 10 | 11 | 12 |

▶ 標準的な総歩行時間　4時間30分
▶ 標高差　670m
▶ 眺望　◎

●プロフィール

　浅間山は三重式の成層火山である。第一外輪山は黒斑山、牙山、剣ケ峰。第二外輪山は前掛山、東前掛山であり、寄生火山としては小浅間山、石尊山、車坂山などがある。

　最初に黒斑山が活動し、陥没して大きな火口（湯ノ平）ができた。長い休止期の後、この火口の中に第二外輪山の前掛山が噴火した。この噴火口は直径800mもあり、その中に中央火口丘ができ、天明3年（1783）の史上最大の噴火以来、急速に成長し、現在の釜山となった。火口は周囲が1.3km、長径は約450m、深さ150mといわれるが、常に変動がある。

▲トーミの頭から浅間山

　煙を吐く浅間山は、中部山岳地帯のどこからでも指呼できる。それだけに、山頂の大展望は、すばらしいの一語に尽きる。

　「信濃の浅間山」として、古来あまりにも有名だが、群馬でも上毛三山と並び、上信境の山のシンボルとして県民に親しまれている。

●コースガイド

　登山コースは、東の軽井沢口は峰の茶屋から山頂まで3時間30分、下りは2時間30分。

交通　マイカー　軽井沢町追分から浅間サンラインに入り、チェリーパークラインに移って車坂峠への道を登り、途中から右折して浅間山荘へ。山荘手前右下に広い駐車場がある。
　公共交通機関　しなの鉄道小諸駅からタクシー。浅間山荘へのバスがあるのは山開きの日だけである。

○問い合わせ
　小諸市役所　☎0267（22）1700

西の小諸口は浅間山荘から山頂まで登り4時間下り3時間である。

ただし現在は、軽井沢口は馬返しから小浅間山まで、小諸口は前掛山までで、それから先の浅間本峰は登山禁止となっている。小諸側の浅間山荘から湯の平を往復するコースが一般的である。

浅間山荘先の登山口から林の中をたどる。一の鳥居から約15分で道が山道と沢沿いとに分かれる。往路は沢沿いとし、不動の滝を見てから山道と合流すると二の鳥居で、湯の平へ1.8km、山荘へ2.3kmの道標が立つ。

ここから約20分で長坂を登りきり、さらに20分でカモシカ平に出る。周囲が開けて、岩峰群とその下の草付きの斜面が美しい。なお20分で、管理人が常駐する小諸市営の火山館に着く。

火山館から一段登ると湯の平で、天然のカラマツ林が美しい。樹林が終わると賽の河原に着く。ここから引き返し、同じ道を戻る。

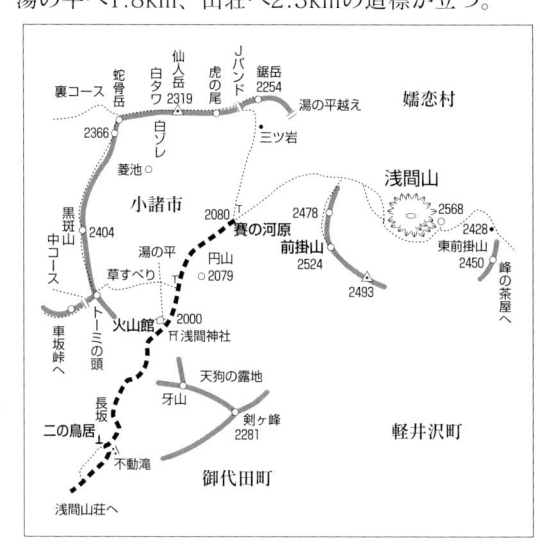

参考 TIME

登山口 ➡ 一の鳥居 ➡ 二の鳥居 ➡ 火山館 ➡ 賽の河原 ➡ 火山館
　0:35　　　0:25　　　1:00　　　0:30　　　0:25

➡ 二の鳥居 ➡ 登山口
　0:45　　　0:45

●アドバイス
▷火山の活動状況により、立入禁止区域が拡大されることがあるので、随時小諸市役所に問い合わせのこと。
▷上記コースに限り登山者の自己責任で前掛山まで登山可能となっている。(頂上・噴火口は登山禁止中)。

見どころ 見ごろ

湯の平はどの季節に登ってもそれぞれの美しさがあり、何度行ってもまた行きたくなる。

嬬恋村／長野県　　　　　　　　　　　　　　　　　　一般向き

黒斑山
蛇骨岳

くろふやま　2404m

じゃこつだけ　2366m

| 車坂峠〜黒斑山〜蛇骨岳 |
| 2万5千図 車坂峠・浅間山 |

| 適期 | 1 | 2 | 3 | 4 | 5 | 6 | 7 | 8 | 9 | 10 | 11 | 12 |

▶標準的な総歩行時間
　4時間20分
▶標高差　431m
▶眺望　◎

●プロフィール

　黒斑山は三重式火山である浅間山の第一外輪山で、約5万年前は高さ2800〜2900mの、富士山のような美しい円錐形をしていた。約3万年前の爆発によって、現在のような半円形の断崖になったといわれる。

　第二外輪山の前掛山との間にある火口原が湯の平で、ここからの

▲蛇骨岳から東へ延びるJバンドへの稜線

黒斑山の眺めは、コーカサス地方の風景にもたとえられる。車坂峠から入って黒木の森を抜け、槍ケ鞘に出ると、浅間山の威容に圧倒される。次のトーミの頭は、やや東に突き出ているため、Jバンドまで約3.4km続く、黒斑山や蛇骨岳などの黒斑山稜や、浅間山、剣ケ峰、そして牙山の岩峰と、変化に富んだ火山景観が一望できる。カモシカの姿を見ることもある。

　蛇骨岳は湯の平から仰ぐと、山肌に蛇の骨格のような黒い岩の模様があるのでこの名がある。最高所は標高地点のすぐ北の蛇骨岩の岩塊で、浅間山をはじめすばらしい展望があり、嬬恋村の高原が足もとに広がる。

交通　マイカー　軽井沢町追分から浅間サンラインに入り、チェリーパークラインに移って車坂峠へ。峠の先の小駐車場に駐車。

公共交通機関　JRバス佐久平発高峰温泉行き小諸駅経由1時間4分で車坂峠（高峰高原ホテル前）下車。「時刻表」参照。またはしなの鉄道小諸駅から車坂峠までタクシー、16km。

○問い合わせ
　小諸市役所　　　　☎0267（22）1700
　JRバス小諸支店　☎0267（22）0588

●コースガイド

　車坂峠から20分で、庭園のような車坂山を通る。ゴーロの急登が3度あり、最上部になると、近くは篭ノ登山、遠くは北アルプス鹿島槍ヶ岳などが見えてくる。黒木の森を抜け、シェルターの脇を登ると槍ケ鞘に出る。少し下って登り返すとトーミの頭に着く。大休止をしたい岩頭である。崖際には要注意。トーミの頭から0.4km、15分で黒斑山。黒斑山の山頂は狭く、浅間山に向かって監視カメラが立っている。さらに0.8km、35分で蛇骨岳に着く。トーミの頭から蛇骨岳までの西側は、黒斑の名の元であるツガなどの針葉樹の原生林で、ときには縞枯れ状になる箇所もある。

　蛇骨岳の蛇骨岩から周囲の展望を満喫したら往路を戻る。トーミの頭のすぐ先の鞍部から中コースを下るのも良い。

▲湯ノ平から仰ぐ黒斑山頂(右)

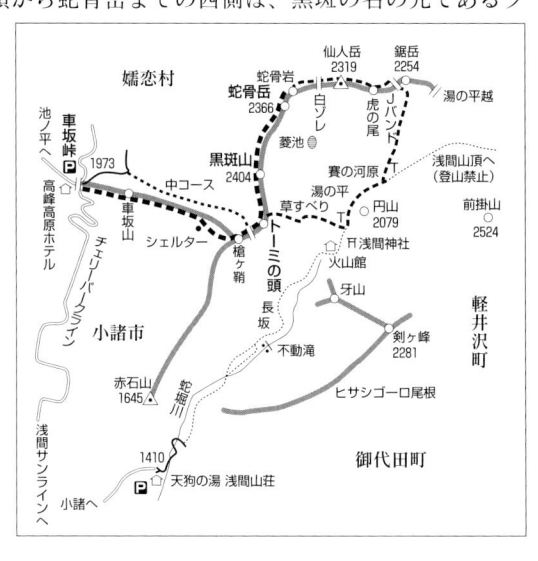

参考 TIME	車坂峠 ➡	トーミの頭 ➡	黒斑山 ➡	蛇骨岳 ➡	トーミの頭 ➡	車坂峠
	1:30	0:15	0:35	0:50	1:10	

●アドバイス

▷黒斑山一帯の登山規制については、随時小諸市役所に問い合わせのこと。

●サブコース

湯の平コース 蛇骨岳からさらに先へ進む上級向きコース。蛇骨岩から尾根は東に向かい、仙人岳、Jバンドを経て湯の平に下る。湯の平の道標から、標高差400mに近い草スベリを急登してトーミの頭に戻る。火山景観を満喫できるコース。蛇骨岳（50分）Jバンド（50分）湯の平（1時間10分）トーミの頭。

　トーミの頭からは中コースを約1時間で下る。総歩行時間約6時間10分。

見どころ 見ごろ

　黒斑山稜の末端Jバンドを下る手前で鋸岳に寄る。往復十数分。浅間山の火口から嬬恋村へ、5kmも続く溶岩流を眺めるのに最高の地点。

嬬恋村／長野県　　　　　　　　　　　　　　　　　　　　　　　一般向き

湯ノ丸山

ゆのまるやま　2101m

地蔵峠〜湯ノ丸山〜烏帽子岳
2万5千図 嬬恋田代

| 適期 | 1 | 2 | 3 | 4 | 5 | 6 | 7 | 8 | 9 | 10 | 11 | 12 |

▶標準的な総歩行時間
　4時間
▶標高差　381m
▶眺望　◎

●プロフィール

　湯ノ丸山は嬬恋村の鹿沢高原と、長野県東御市の北端との境にある。群馬県指定天然記念物の「湯ノ丸レンゲツツジ群落」は6月中旬から7月はじめにかけて、約60万株といわれるレンゲツツジが咲き競い、燃えるような朱赤色が緑の高原に鮮やかに映えて見事である。毎年6月第3日曜日の

▲湯ノ丸山（角間山への道から）

ツツジ祭りの時は、地蔵峠は車と人でいっぱいになる。嬬恋側では「鹿沢高原つつじ祭り」（山開き）が、九十番観音前広場（民宿わたらせ前）で行われる。

　ここではどっしりとした山容の湯ノ丸山から長野県側に突き出た鋭角的で優美な山容の烏帽子岳に登り、上州側と信州側の対照的な風景美を満喫したい。

●コースガイド

　大駐車場の道路反対側にあるツツジ平の案内板が登山口。リフト沿いに登る。リフト終点の先の林の中に、4等三角点「湯ノ丸牧場」がある。カラマツ林が切れるとツツジ平で、東屋から2分ほど先に風見鶏と鐘が設置

交通　マイカー　嬬恋村から、あるいは湯ノ丸IC・東御市から、主要地方道東御嬬恋線で地蔵峠まで。大駐車場あり。
公共交通機関　JR佐久平駅から小諸駅経由1時間で終点湯の丸下車。千曲バス。6月上中旬から9月上旬まで。

○問い合わせ
　嬬恋村役場　☎0279（96）1515
　東御市役所　☎0268（62）1111
　千曲バス　　☎0267（26）2600

されている。地蔵峠から1.3km、山頂へ0.9km。ここから県境の牧柵沿いに、石の多い道になる。眼前にレンゲツツジの大群落が広がる。

湯ノ丸山頂（南峰）には、ケルンが数カ所積まれている。さえぎるもののない展望で、三角点（2098.6m）のある北峰への往復は、まさに稜線漫歩である。

湯ノ丸山頂から烏帽子岳との鞍部へ急降する。鞍部から地蔵峠までは2.6km。鞍部から稜線に出ると小烏帽子に着く。烏帽子岳は目前で、ここから山頂までは雲上の散歩道である。山頂で展望を楽しんだら、来た道を鞍部まで戻る。

鞍部からキャンプ場は雑木林の中の道。途中の臼窪湿原は1周10分。キャンプ場から広い道を地蔵峠に戻る。

▲池の平西の見晴岳から湯ノ丸山と烏帽子岳（左）

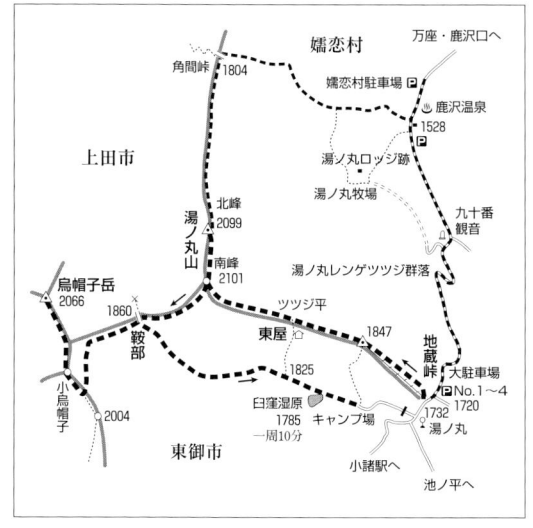

参考 TIME	地蔵峠 ⇒	東屋 ⇒	湯ノ丸山 ⇒	鞍部 ⇒	烏帽子岳 ⇒	鞍部 ⇒	地蔵峠
	0:35	0:50	0:30	0:50	0:35	0:40	

●アドバイス
▷南峰・北峰ともに平坦で目標物がないため、濃霧のときは方角を間違えないよう注意したい。
▷逆コースの場合、湯ノ丸山頂からの下りは岩石が多い。雨で濡れているときは滑りやすいので注意。

●サブコース
角間峠コース 旧鹿沢温泉の北の嬬恋村駐車場から歩き始める。まもなく右手に「雪山讃歌」の碑を見る。その先の東京理科大学山荘入口に、角間峠への小さな道標がある。峠までの途中の林相が美しい。角間峠からは低木地帯となり、湯ノ丸山北峰に着く。5分で南峰頂上。

駐車場（1時間10分）角間峠（1時間10分）湯ノ丸山南峰（1時間10分）地蔵峠（1時間）駐車場

見どころ見ごろ

レンゲツツジの大群落は有名だが、その後も数々の高山植物が咲き続き「花の高原」となる。

嬬恋村／長野県　　　　　　　　　　　　　　　　一般向き

篭ノ登山

かごのとやま　2227m

兎平～篭ノ登山～池の平
2万5千図 車坂峠・嬬恋田代

| 適期 | 1 | 2 | 3 | 4 | 5 | 6 | 7 | 8 | 9 | 10 | 11 | 12 |

▶標準的な総歩行時間
　3時間
▶標高差　166m
▶眺望　◎

●プロフィール

　車坂峠の西方、長野県との県境沿いに続く高峰山、水ノ塔山、東・西篭ノ登山、三方ケ峰、湯ノ丸山、烏帽子岳は烏帽子火山群と呼ばれ、いずれも2000mを超えて、展望にすぐれた山々である。

　東篭ノ登山をふつう篭ノ登山と言っている。山頂には1等三角点があり、群馬の山々をはじめ、八ケ岳、北アルプスまで遠望できる。信州百名山の一峰にも選ばれている。

▲雲上の丘から篭ノ登山

　篭ノ登山付近は、古くはハイキングよりも、車坂峠から地蔵峠、鹿沢温泉へ至る「七千尺スキーツアーコース」として知られていた。現在では冬季、東の高峰温泉をベースにして周辺を散策するスノーシューやクロスカントリースキーに人気が集まっている。

●コースガイド

　池の平（兎平）有料駐車場に車を預ける。兎平から篭ノ登山は2kmの登りとなる。登山口の道標からカラマツの森に入る。この森は全国的にも珍しい天然カラマツから成る。森林をぬけるとゴーロになり、やがて、岩片の散らばった篭ノ登山頂に着く。鹿沢高原の桟敷山や村上山が眼下に見

交通　マイカー　小諸市から車坂峠・高峰林道経由。東御市・嬬恋村からは地蔵峠経由で兎平の駐車場へ。地蔵峠～兎平は舗装道路。
公共交通機関　JR佐久平駅から小諸駅経由のJRバス1時間10分で高峰温泉。同温泉から兎平までは林道を徒歩1時間。
　夏季の土休日、盆休みは地蔵峠～車坂峠間は、専用シャトルバス利用となる。車坂峠に駐車して水ノ塔、篭ノ登などを歩き、シャトルバスを利用して車に戻ることもできる。

○問い合わせ
東御市役所　　　☎0268（62）1111
JRバス小諸支店　☎0267（22）0588

える。同じ道を戻り、兎平の休憩舎のすぐ南からアヤメの道を緩やかに下ると10分余で池の平の湿原。湿原南端の十字路で、上方左脇に見える黒い岩屋が「忠治のかくれ岩」と言われている。山道に入るとすぐ二分するが、左へ行くと三方ケ峰に出る。千曲川が光り、佐久平、上田平や八ケ岳の展望が開ける。

　ここからコマクサの丘を経て見晴岳までは、北アルプスの展望台である。見晴岳から少し戻り、森をくぐって雲上の丘に出る。雲上の丘から花の道を兎平に戻る。この一周は7月から8月末にかけて、花の散歩道となる。特にヤナギランからマツムシソウに移るころはすばらしく、ベニヒカゲや孔雀蝶(くじゃくちょう)も舞う。

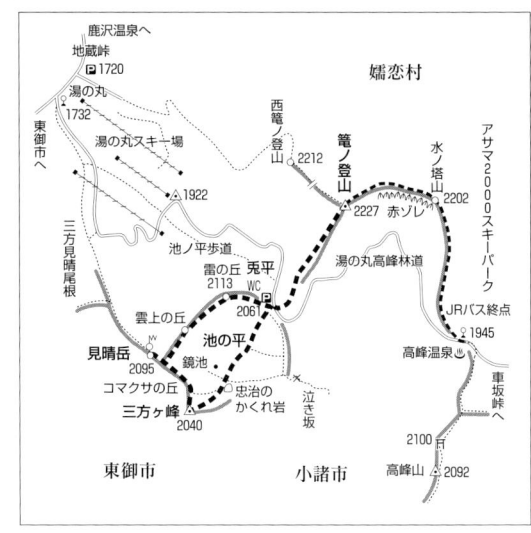

▲篭ノ登山から水ノ塔山

参考 TIME	兎平 ➡ 篭ノ登山 ➡ 兎平 ➡ 池の平 ➡ 三方ケ峰 ➡ 見晴岳
	0:50　　　0:35　　　0:15　　　0:15　　　0:25
	➡ 雲上の丘を経て兎平
	0:40

●アドバイス
▷花の季節には登山者・観光客共に多い。山道からはみ出して高山植物を踏みつけないよう注意したい。

●サブコース
水ノ塔山コース　このコースの登山口は、高峰温泉の前（JRバス終点）である。低い笹の尾根を登る。東側はアサマ2000スキーパーク。露岩が出てきて少しやせた岩尾根になると水ノ塔山に着く。
　篭ノ登山へは、北側は黒木の森、南側は赤ゾレの急崖で注意を要する。水ノ塔山登山口（1時間）水ノ塔山（40分）篭ノ登山。

見どころ 見ごろ

篭ノ登山から鹿沢高原にかけては、群馬の山の中でも花の種類が多い所。8月中旬〜下旬のヤナギランやマツムシソウの花盛りもすばらしい。

高崎市／長野原町／東吾妻町　　　　　　　　　　　　　　　　　一般向き

浅間隠山

あさまかくしやま　1757m

浅間隠温泉郷コース
2万5千図　浅間隠山

| 適期 | 1 | 2 | 3 | 4 | 5 | 6 | 7 | 8 | 9 | 10 | 11 | 12 |

▶標準的な総歩行時間
　4時間20分
▶標高差　777m
▶眺望　◎

●プロフィール

　浅間隠山は浅間山の東に南北に連なる山列の最高峰で高崎市、東吾妻町、長野原町にまたがっている。西に浅間山を仰ぎ、上信越から上毛三山、西上州などの群馬の山々を望む格好の展望台でもある。すっきりとしたラインを引くピラミッド型のピークで、鼻曲山や角落山などの周辺の山々のなか

△浅間隠山（鼻曲山から）

でもひときわ高く、高崎や前橋の市街地など、群馬県内の平野部からもその鋭い山容はよく目立つ。

　おもな登山コースは南の二度上峠（高崎市・長野原町境）、北の浅間隠温泉郷（東吾妻町）からの2コース。二度上峠からは通常1時間半ほどで登れる。一方、浅間隠温泉郷からは4時間近い登りで、二度上峠からのコースでは物足りないという向きにもおすすめ。

●コースガイド

　東吾妻町南西の温川（ぬるがわ）上流にある「浅間隠温泉郷」からシャクナゲ尾根と呼ばれる花の美しい尾根をたどり、北側から頂上に登るコース。マイカー

交通　マイカー　高崎から国道406号で室田、権田、大戸を経由して浅間隠温泉郷入口（清水バス停）へ。ここから登山口手前の矢城橋先のゲート手前まで車で入れる。中之条方面からは主要地方道中之条吾妻線で大戸まで。大戸から前記のルートを清水経由で林道ゲートまで。ゲートは冬期（12月～4月上旬）を除いて開放される。（ポールは開閉して通る）歩行時間は約1時間40分短縮になる。登山口広場に駐車数台。
公共交通機関　高崎駅から群馬バス、関越交通を乗り継いで清水までの便もあるが、本数も少なく、日帰りの場合はアプローチには不向き。

○問い合わせ
　東吾妻町役場　☎0279（68）2111
　高崎市役所　☎027（323）5511（商業観光課）

の場合は林道の矢城橋の前後に駐車スペースがあり、そのすぐ先にゲートがある。

ゲートから先もしばらくは林道を行く。大きなコース案内板の立つ登山口で林道から山道に入り、何度か沢を渡り返してから尾根に取り付くが、尾根に取り付く手前が最後の水場となる。

この尾根は浅間隠山から北にのびる主稜線の東に派生し、上部はシャクナゲが多く、シャクナゲ尾根と呼ばれる。沢を離れてからしばらくは急な樹林の尾根道で、やがてシャクナゲの多い尾根上部へと出る。

この尾根道を登りきると、浅間隠山から北に続く主稜線上の鞍部で、ここから南に向かい最後の登りをひとがんばりで頂上に登り着く。

帰路は往路を戻るのが一般的。二度上峠に下山しても交通機関がない。

参考TIME

登山口 → 最後の水場 → 主稜線上のコル → 浅間隠山 → コル → 水場 → 登山口
0:30　　1:40　　　　0:30　　　　　0:15　　1:00　　0:20

●アドバイス
▷シャクナゲ尾根上部はやや急な登りが続く。特に残雪や新雪時、降雨中・降雨後など初心者は入山を控えたい。
▷浅間隠温泉郷への下山時、浅間隠山から下りきった鞍部を行き過ぎないように。道は鞍部から右手の尾根へと延びている。

●サブコース
二度上コース 高崎市から長野原町の北軽井沢方面に抜ける二度上峠手前から浅間隠山に登る。二度上峠東の登山口付近には駐車スペースもある。ここから沢状を登り、尾根を一つ越して浅間隠山から南に延びる尾根に出る。徐々に急になるこの尾根を登りきれば南峰で、ここから頂上へはわずかだ。登山口から山頂まで1時間半ほど。下山は1時間ほど。

見どころ見ごろ
シャクナゲ尾根上部のシャクナゲの開花は5月20日前後。6月下旬の山頂付近のレンゲツツジも見事。

高崎市　　　　　　　　　　　　　　　　　　　　　　　　　一般向き

角落山

つのおちやま　1393m

| 赤沢林道～角落山～剣の峰 |
| 2万5千図 浅間隠山・軽井沢 |

| 適期 | 1 | 2 | 3 | 4 | 5 | 6 | 7 | 8 | 9 | 10 | 11 | 12 |

▶標準的な総歩行時間　3時間40分
▶標高差　345m
▶眺望　△

●プロフィール

　角落山は浅間隠山や鼻曲山などとともに、烏川源流地帯の一角を占める名峰である。

　山麓の高崎市倉渕地区（旧倉渕村）の人々にとっては、まさにふるさとの山であり、信仰の対象でもある。毎年5月5日が角落神社の大祭で、この日には多くの人々が参拝する。

▲鼻曲山から角落山（左）と剣の峰

　山名は、源頼光の四天王の一人、碓氷貞光に退治され、角を切り落とされた鬼が、この岩山に逃げ込んだという伝説からきている。

●コースガイド

　赤沢林道の終点が駐車場である。駐車場の登山口から、低い堰堤を越し出発。約80m先で、ペンキ印により左上の沢に入る。台風で荒れた岩がゴロゴロした沢の中を約400m進むと、左手に標識があり、山道に上がる。この先2、3カ所、沢の上部を横切るが、長いロープと鎖をつないだ横の鎖場がある。剣の峰との中間鞍部に出ると角落山への道標が立つ。ちなみに、霧積温泉から剣の峰を経て角落山をめざす場合、ここまで約1時間50分かかる。

交通

マイカー　国道406号高崎市倉渕町「権田」信号から北軽井沢方面に向かい、はまゆう山荘手前から川浦林道に入り、赤沢林道終点まで約13km。林道終点に駐車スペース約10台。

公共交通機関　登山には不便。

○問い合わせ
　高崎市役所　☎027（323）5511（商業観光課）

山頂へは細い道で木の根、岩場を登り、縦の鎖場が1カ所ある。山頂にはケヤキ造りの角落神社と小さな石宮が祭られている。社には大山祇命（おおやまずみのみこと）が祭られ、開運を祈る木製の剣が多数供えられている。昭和50年8月には学習院高等科在学中の浩宮さま（当時）が、軽井沢から鼻曲山、剣の峰を越えてこの社に詣で、男坂から白沢へ下られている。

　下山は往路を戻る。鞍部から隣接する剣の峰を併せて登る場合は、登り始めると少し先で斜めに登る鎖場がある。笹が深く、短い岩場がある。前剣と、頂上三角点の脇には、遭難碑がある。剣の峰頂上からは、浅間隠山が美しく眺められる。危険と言われているので、パスする人がいる。

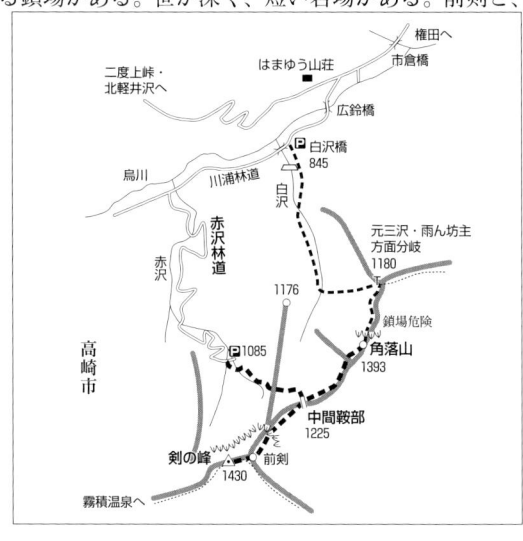

▲角落山頂上のお宮

参考 TIME

赤沢林道登山口 ➡ 鞍部 ➡ 角落山 ➡ 鞍部 ➡ 剣の峰 ➡ 鞍部
　　　　　　　0:40　　0:35　　0:25　　0:50　　0:40
➡ 赤沢林道登山口
0:30

●アドバイス
▷剣の峰は特に下降のさい、北側崖際を木の根をたよりに下るなど危険な箇所が多く、滑らないよう注意が必要。

●サブコース
[白沢コース] 出合の駐車地から二俣を道標に従って左に入り、堰堤を左からハシゴで越える。水の涸れた沢床を行く。両岸が狭まりゴルジュ状となる。正面の小尾根の白い道標を目印に、左岸通しに進めば道は続く。上部二俣を左に入るとさらに三俣となる。最も左の涸沢に入れば左手に道形が現れ、笹の中の急登となる。尾根に出るとまもなく鎖場が続く。第1は横切り、第2は6mの階段状、第3は約5mだが岩に丸味があり最も手強い。木の根を伝う急登で頂上に出る。登り専用向き。

出合（1時間10分）稜線（40分）角落山。

見どころ 見ごろ

新緑と紅葉の頃が良い。角落山頂からは、浅間、白根、谷川連峰、榛名、妙義の山々を見渡せる。

高崎市／長野県　　　　　　　　　　　　　　　　　　　　　一般向き

鼻曲山

はなまがりやま　1655m

霧積温泉〜鼻曲山
2万5千図 軽井沢・浅間隠山

| 適期 | 1 | 2 | 3 | 4 | 5 | 6 | 7 | 8 | 9 | 10 | 11 | 12 |

▶標準的な総歩行時間
　4時間30分
▶標高差　713m
▶眺望　◎

●プロフィール

　鼻曲山は霧積温泉から登る山として、古くから山好きに親しまれている。その山容が曲がった鼻によく似ていて、どこから眺めてもすぐそれと指呼できる。
　山頂は大天狗、小天狗とあり、小天狗からの眺望がすばらしく、特に浅間山が美しい。
　東面は切り立った崖で、ここは日本武尊(やまとたける)が東征の途中、一滴の水もなく疲れはてた時、カラスが飛び立った跡に行って見ると、岩壁の中央からカラスの口に似た巨岩が突き出て、冷水が滴り落ちていたという。これが今の烏川の水源である。
　霧積温泉は入(いり)の湯と言われた。明治18年（1885）横川まで鉄道が開通し、同20年頃から入の湯の下流が開発され、高官、富豪、文人などの来遊が後を絶たなかったが、同43年の大水害で全滅し、大正に至って霧積温泉と改めて復活した。

△浅間隠山から鼻曲山(右)

●コースガイド

　きりづみ館からホイホイ坂を登り、約20分で林道に出る。左に行くとす

交通　マイカー　安中市松井田町坂本で旧国道18号を離れ、霧積方面へ。霧積ダムから奥の道は狭いので注意。駐車はホイホイ坂手前。

公共交通機関　JR信越線横川駅から徒歩13km。駅からタクシー、常駐はない。温泉宿泊者には送迎の便もある。

○問い合わせ
　安中市役所　　　　☎027（382）1111
　旭屋観光タクシー　☎027（393）0135
　霧積温泉
　　湯元金湯館　　　☎027（395）3851

ぐ鼻曲山登山口の道標がある。金湯館からここまでは約8分。5月初めにはあちこちに山桜が咲く林の中を登ると、剣の峰分岐になる。左へ分かれて鼻曲山をめざす。しばらくは尾根の北側を巻く。稜線に出ると約2分で、ミズナラの大木がある霧積ノゾキである。落葉期には温泉の建物が見下ろせる。

地形図の大曲がりの所を過ぎ、少しの間、尾根の南側を巻く。稜線に戻ると十数分で天狗坂となる。右側が断崖のヤセ尾根で、ロープが付けられている。登りきると平らな鼻曲峠に着く。短い急登で鼻曲山の頂上に着く。

山頂から乙女コースを長日向バス停へ下ることもできる（約40分）。健脚向きには山頂から留夫山経由で碓氷峠から軽井沢駅へ4時間30分のコースもある。

▲鼻曲山からの浅間山
（鶴舞う雪形）

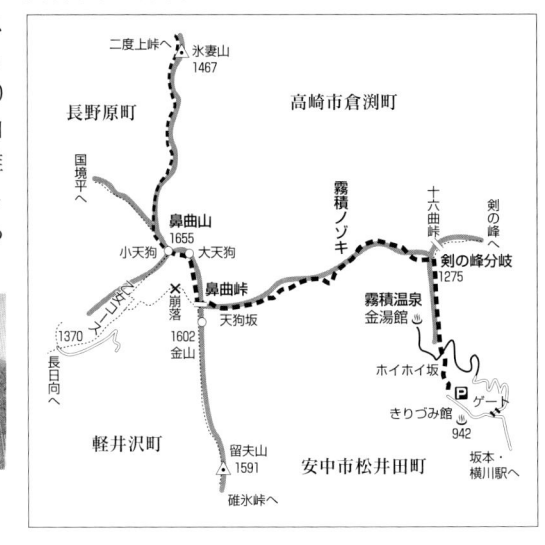

参考 TIME

霧積温泉 ⇒ 鼻曲山登山口 ⇒ 剣の峰分岐 ⇒ 霧積ノゾキ ⇒ 鼻曲峠
　　　　0:20　　　　　　0:40　　　　　0:25　　　　　0:55

⇒ 鼻曲山 ⇒ 鼻曲峠 ⇒ 剣の峰分岐 ⇒ 霧積温泉
0:20　　　0:15　　　1:00　　　　0:35

●アドバイス
▷1月から3月まで積雪30cm程度でスキーには不向き。好天には防寒装備で山歩きが楽しめる。

●サブコース
二度上峠コース 浅間隠山登山口の1km先が二度上峠、前橋ICからは約50km、鼻曲山へは往復約7km。峠から12分ほどで獅子岩の西側を巻く。さらに約30分で氷妻山に着く。「峠へ1.4km、山頂へ2.1km」とある。もとここは碓氷郡と吾妻郡の境だったので、双方の1字をとって山名とした。細いが歩きよい道を行き、最後に20分余りの急登で、頂上手前の尾根に出る。

二度上峠（45分）氷妻山（1時間10分）鼻曲山（50分）氷妻山（35分）二度上峠。

見どころ 見ごろ

紅葉は山頂では10月初めから、温泉付近は10月20日頃から見ごろとなる。

嬬恋村／長野県　上級向き

四阿山

あずまやさん　2354m

鳥居峠～四阿山
2万5千図 嬬恋田代・四阿山

適期	1	2	3	4	5	6	7	8	9	10	11	12

▶標準的な総歩行時間　4時間50分
▶標高差　770m
▶眺望　◎

●プロフィール

四阿山は、草津白根山から浅間山へと続く群馬・長野県境稜線上にそびえる火山。上信境では、浅間山、黒斑山に次ぐ高峰で、吾妻山とも呼ばれる。

「ピッケル・ザイル党には向かないかもしれぬが、しみじみした情緒を持った日本的な山」と深田久弥の「日本百名山」に書かれているが、嬬恋の高原から望むそのゆったりとした山容はまさに日本的な情緒を感じさせてくれる。

▲角間山から四阿山

古事記によれば、日本武尊が東征から戻って、信濃に入る峠に立たれたとき、「あづまはや」と叫んで弟橘姫をしのばれたといい、嬬恋村の名もこの伝説による。

信州上田地方では、最も遅くまで雪の残る山で、頂上に、真田昌幸の建立に始まるという神祠を祭る。

●コースガイド

駐車場は、鳥居峠から2.9km先の林道終点にある。平成19年から、5月3日から11月3日まで、ゲートが開放されている。歩行時間は1時間40分短縮される。山頂までは4.5km。

往路は左にとり、的岩北端の尾根に出ると、北アルプスが視野にとびこむ。2040m峰への途中から針葉樹林帯に入り、その先、根子岳への分岐近くまで針葉樹林が断続する。

途中の斜面がお花畑になっている。木の段々を登る。根子岳が見える。登りきると、まず嬬恋村に向いて上州祠がある。中間に石宮を祭った岩室があり、少し先の突端に、菅平に向いて信州祠が立つ。最高点の標高は、平成3年の測量で2354mとなった。三角点は北東へ少し下った所にある。

群馬・長野両県を併せた山頂の大展望は、すばらしい。

下りは往路を2040m峰まで戻り、昔の信仰の道で、行者の名に由来する花童子（げどうじ）通りを下る。このコースには石祠が点在し、信仰の跡を残している。花童子の宮跡の前後は木道になっている。林道終点に戻る。

参考 TIME	林道終点 ➡ 的岩北端 ➡ 2040m峰 ➡ 四阿山 ➡ 2040m峰
	0:30　　　　0:55　　　　1:30　　　1:00
	➡ 花童子の宮跡 ➡ 林道終点
	0:30　　　　　　0:25

▲四阿山頂南面

▲嬬恋牧場からの四阿山

▲近づく四阿山山頂（左奥・東方から）

交通 マイカー 145、144号で嬬恋村に入り、万座・鹿沢口駅前から約17kmで県境鳥居峠登山口。信州側に有料駐車場。パルコール嬬恋へは、関越道渋川伊香保ICから国道17、353、バラギ高原入口（嬬恋橋手前）を右折、10kmで登山口大駐車場。
　または上信越道碓氷・軽井沢ICから1時間で万座・鹿沢口駅。さらに約15kmでパルコール嬬恋。
公共交通機関 JR万座・鹿沢口駅からタクシー約25分。
○問い合わせ
　嬬恋村役場　☎0279（96）1515（観光商工課直通）
　嬬恋村観光協会　☎0279（97）3721
・タクシーは
　浅間観光自動車　☎0279（96）1221
　浅白観光タクシー嬬恋営業所　☎0279（97）2424
　第一交通三原営業所　☎0279（97）2012

●アドバイス
▷冬期は菅平からのスキー登山者が多い。積雪量は2〜3m。冬型の気圧配置の時は、強い西寄りの風となる。凍傷にならないよう注意が必要である。

●サブコース

|パルコール嬬恋スキーリゾートコース|

パルキャビン（ゴンドラ）の山麓駅から、全長3200m 15分で、標高差約570mを登る。山頂駅から道標に従ってスキー場の縁を通り、10分ほどで県境稜線の針葉樹林に入る。数分で石の多い所にシャクナゲの説明板がある。歩きやすい道で、ぬかるみのひどい所には木道がつけられている。

カーブした木段を登ると、小さな岩に見晴岩と書かれており、展望が広がる。さらに急登して茨木山分岐に出る。この先十数分で鎖場を越え、上の平地に出ると2等三角点2332.9mがある。さらに10分ほどで四阿山頂上に着く。

復路は山頂駅入口までは往路を戻る。ゴンドラで下山する場合は近道分岐から約12分で山頂駅。

そのまま直進すると浦倉山に着く。ここから道標により右折して野地平（やちだいら）へ向かう。緩傾斜の長い下りが終わるころ、野地平のすばらしい緑が広がってくる。余裕があれば、西側の半分を回って見たい。

野地平入口の道標と案内板から、小沢沿いの滑りやすい道を下ればゲレンデを横切る。林に入ってまたゲレンデに出ると、ゴンドラの駅が見えてくる。山頂駅（55分）見晴岩（40分）茨木山分岐（35分）四阿山（20分）茨木山分岐（25分）見晴岩（40分）山頂駅入口（15分）浦倉山（1時間）野地平（40分）山麓駅下駐車場

|バラギコース|

このコースは鳥居峠コースに比べ、距離は短いが時間がかかる。専大セミナーハウス入口バス停が登山口。車も1台くらいは置ける。目の前の登山口は何となく草深い感じがするが、すぐに広い道になる。

宇田沢左俣を渡り、やや急登で尾根に出ると、茨木山へあと300mの矢印がある。この先がけっこう急で長い。頂上は大きく平らな露岩があり、3等三角点やボーイスカウトの記念プレートがある。

1753m峰をすぎた鞍部から、北側が笹原、南側がカラマツ林になる。明るい尾根が続くが、鬼岩は北側の暗い道を巻く。尾根に出ると村指定天然記念物の標柱が立つ。花の多い平坦な尾根から黒木の森に入ると、急登する左側は少し崖になっている。上に出ると高山らしいガレたピークに着く。再び黒木の森に入り、急登してようやく2265m地点でパルコールコースと合う。専大セミナー入口バス停（1時間10分）茨木山（1時間10分）鬼岩（1時間20分）茨木山分岐（35分）四阿山。

|菅平〜四阿山〜根子岳|

菅平牧場駐車場から車道を約15分で、左の山道に入る。まもなく大明神沢をとび石で渡る。小四阿では眼下に牧場の緑が広がる。中四阿は岩塊のピーク。別荘地からの道を合わせるとすぐ先で根子岳分岐の稜線に出る。約10分で鳥居峠コース分岐、さらに7、8分で四阿山頂上に着く。

根子岳への中間鞍部十ヶ原（大すき間）までの、樹林帯の下りは、木の根とぬかるみで意外に手間どる。鞍部から約20分で小岩峰がはじまり、さらに15分で最も大きい岩頭の北側を巻くと10分ほどで根子岳に着く。ここからは広い山道を、ひたすら下って登山口に着く。菅平牧場（1時間15分）小四阿（45分）中四阿（1時間）四阿山（45分）十ヶ原（40分）根子岳（1時間5分）菅平牧場

見どころ 見ごろ

登山適期は降雪の関係で10月までとしたが、11月3日ごろ、快晴で空気が澄むときは、山頂から大展望が得られる。

嬬恋村／長野県　**上級向き**

御飯岳

おめしだけ　2160m

毛無峠〜御飯岳
2万5千図 御飯岳

| 適期 | 1 | 2 | 3 | 4 | 5 | 6 | 7 | 8 | 9 | 10 | 11 | 12 |

▶標準的な総歩行時間　3時間
▶標高差　337m
▶眺望　△

●プロフィール

御飯岳は上信境の山々のうちでも登山者の少ない、万座温泉の奥にある。四阿山、浦倉山から北へ続く県境稜線上に、黒木と笹に包まれた巨鯨のような山体を横たえている。信州百名山にも選ばれている。

登路としては、県境の毛無峠から北へ、笹やぶを漕いで3時間とされてきたが、最近では笹やぶが多少刈られたので、毛無山を経て2時間たらずといわれる。

▲破風岳から御飯岳

なお、御飯岳北方の小ピーク老ノ倉山(おい)(2020m)は、万座道路T字路西の登山口から往復35分だが、志賀の山々、遠く鳥甲山、苗場山も望める、すばらしい展望台である。

また、老ノ倉山登山口から須坂方向へ少し下った万山望(まんざんぼう)は、北信濃で最高の展望台といわれ、北アルプスはもちろんのこと、黄金色の盆地を流れる千曲川の彼方には、北信五岳がそびえる。斑尾山と黒姫山の間には、野尻湖が鏡のように光る。

●コースガイド

御飯岳の前衛峰・毛無山へは、火山礫の赤茶けた斜面のハイ松地帯を急

交通

マイカー　JR万座・鹿沢口駅の先から浅間白根火山ルート(万座ハイウェイ)で万座温泉へ。万座温泉から万座道路を西へ7km走り、須坂方面と分かれて南へ須坂・大前線3.7kmで舗装道路の終点が毛無峠。数台の駐車スペースがある。

公共交通機関　万座・鹿沢口駅から45分の万座プリンスホテルまで、西武高原バスがあるが、登山口まで車道歩きが長く不向き。タクシーはかなり高額となる。

○**問い合わせ**

嬬恋村役場　☎0279(96)1515(観光商工課直通)
第一交通三原営業所(タクシー)　☎0279(97)2012

登し、短時間で達する。途中、昭和46年7月に閉山となった小串硫黄鉱山跡の、鉱石運搬用の索道（リフト）の支柱が5本、さびついて立っている間をぬけて、荒涼とした斜面を行く。毛無山頂の一帯はガンコウランにおおわれ、ケルンが積まれているだけで展望が良く、御飯岳は眼前に横たわっている。毛無山からは下りで踏み跡はある。鞍部から登り返し、10分ほどでツガの森林帯に入る。一部岩稜の狭い所を通過するが、おおむね樹林帯の広い尾根を登る。

山頂には3等三角点と山名板があり、15人ほど座れる広さに笹が刈り払われている。下山は往路を戻る。ガスの時が多く一度で登れれば運がよい。

▲土鍋山から本白根山

参考 TIME	毛無峠 ➡ 毛無山 ➡ 御飯岳 ➡ 毛無峠
	0:20　　1:20　　1:15

●アドバイス
▷御飯岳は年々笹やぶが濃くなるため、数年経つと登山が困難になることも予想される。
▷万座道路は冬期は閉鎖される。問い合わせは長野県須坂建設事務所☎026-245-1670（道路・除雪状況）

●サブコース
破風岳・土鍋山 御飯岳だけでは余裕がある場合、毛無峠から破風（はふ）岳、さらには土鍋（どなべ）山に登ると良い。平成11年（1999年）にミレニアムの山として知られるようになった。土鍋山は、登り着いた最高地点から、なお4、5分先に三角点がある。

毛無峠（35分）破風岳（15分）土鍋山分岐（35分）土鍋山（30分）土鍋山分岐（35分）毛無峠。

見どころ 見ごろ

紅葉は10月20日前後、北アルプスの山脈を背景にした御飯岳周辺の、破風岳などの山々の色彩がすばらしい。

草津町／嬬恋村／中之条町　　　　　　　　　　　　　　　　一般向き

草津白根山

くさつしらねさん　2171m

白根レストハウス〜本白根山
2万5千図 上野草津

適期	1	2	3	4	5	6	7	8	9	10	11	12

▶標準的な総歩行時間
　3時間40分
▶標高差　140m
▶眺望　○

●プロフィール

　湯釜で知られる白根山と、その南の逢ノ峰、本白根山などの一帯を総称して草津白根山という。

　本白根山は白根山より古い火山で、白根山の山体は本白根山の噴出溶岩で形成された。

　高山植物のコマクサは県内唯一の自生地で、地元有志や子供たちの努力により増殖がはかられ、花期にはすばらしいお花畑となる。

▲展望台から本白根山頂

●コースガイド

　白根レストハウスの南側から、逢ノ峰東側の山道に入り、約20分でロープウェイ山頂駅の前に出る。または同ハウス南西側（弓池入口）から同山頂駅まで、シーズン中は無料シャトルバスが往復しており利用できる。

　山頂駅からいもり池に沿ってゲレンデに入り、右上へ山道を登る。左側には夏季運転のリフトがある。

　針葉樹林内の木道が終わって、径350ｍの旧火口から釜の北側に出る。から釜のへりを半周し始めると、右上の斜面一帯は7月にはコマクサのお花畑である。

　展望台下の分岐を直進し、コマクサの咲く平地の木道をすぎて尾根に上

交通　マイカー　国道145号「大津」信号から草津道路に入り10kmで「草津」信号。左折して約15kmで白根レストハウス隣接の大駐車場へ。国道292号の道の駅「草津運動茶屋公園」からは約25分で同駐車場。なお中軽井沢からは国道146号33kmで大津。
公共交通機関　西武高原バス・草軽交通バスは草津温泉から35分で白根火山。JRバスは長野原草津口駅から白根火山行き約1時間終点下車。

○問い合わせ
　草津町役場　☎0279（88）0001（観光商工課直通）

がる。コマクサをはじめ高山植物の咲く尾根を緩やかに登って、遊歩道最高点2150mに着く。

少しやぶの道を3分ほど先へ行くとベンチがあり、コマクサの彼方に万座温泉や御飯岳が見える。本白根山の三角点は、途中にガス発生地があるため、立入禁止の柵がある。

展望台分岐に戻って右へ木段を登ると、すばらしい眺めの展望台に着く。休憩には最適の所である。ハイマツの道を鏡池に向かう。鏡池は登山道から往復約10分。以後はほとんど林の中を歩いてロープウェイ山頂駅に戻る。

大駐車場からは、白根山湯釜の展望台を往復し（上り15分、下り10分）酸性度世界一というエメラルド色の湖を眺める。

▲草津白根山湯釜

参考TIME

白根火山駐車場 ➡ ロープウェイ山頂駅 ➡ 展望台下分岐 ➡ 遊歩道最高点
　　　　　　　0:20　　　　　　　　　0:45　　　　　　　0:30

➡ 展望台 ➡ 鏡池上 ➡ 山頂駅 ➡ 白根火山駐車場
　0:35　　0:20　　0:50　　0:20

●アドバイス
▷万座方面に下る登山道は整備されているが、歩道以外は有毒ガス発生の危険があるため立入禁止。

●サブコース
[芳ヶ平コース] 芳ヶ平は上信越高原国立公園の特別地域に指定されている。車道から離れているので、昔ながらの美しさと静けさを保っている。白根火山駐車場から、約2時間で往復できる。ほかに湿原周遊20分ほど。また渋峠コースもある。長電バスで白根火山バス停から13分の渋峠下車。渋峠（35分）ダマシの平（35分）芳ヶ平ヒュッテ（1時間10分）白根火山駐車場。

見どころ見ごろ

7月前半はコマクサの花盛りで特に美しい。芳ヶ平は10月10日頃、ナナカマドの紅葉でヒュッテから白根火山に向かう道沿いがすばらしい。

中之条町／長野県　　　　　　　　　　　　　　　一般向き

横手山

よこてやま　2305m

| 渋峠〜横手山〜志賀山〜硯川 |
| 2万5千図 岩菅山・上野草津 |

| 適期 | 1 | 2 | 3 | 4 | 5 | 6 | 7 | 8 | 9 | 10 | 11 | 12 |

▶標準的な総歩行時間　3時間40分
▶標高差　153m
▶眺望　◎

●プロフィール

横手山は日本3百名山の一峰であり、信州百名山のひとつでもある。日本海と太平洋の分水嶺としての高さと、山頂の大パノラマによるもので、また志賀高原を代表する山でもある。山腹はスキー場として知られ、厳冬期の樹氷の美しさは有名である。

▲早春の横手山（白根山付近から）

横手山はもはや山ではなくなったと言われてから久しい。熊の湯から奥へ奥へと延びたリフトは、昭和39年ついに山頂に達した。同40年に志賀草津高原ルートが完成し、渋峠を越えている。群馬側からは渋峠からリフトを利用して11分、おりてから3分も歩けば頂上に着く。

●コースガイド

渋峠からリフトを利用する。林道を歩けば30分。2等三角点のある横手山頂の大展望は言うまでもない。少し戻った広場の隅から、鉢山方面の道標により下り始める。鉢山へ2.9kmの道標をすぎると、急な木段が次々と続く。下り終えると突然、スキー場の明るい斜面に出る。左下にはリフト小屋や、ノゾキ付近の車道が近く見える。

交通　マイカー　草津温泉から志賀・草津高原ルート21kmで渋峠。リフト乗り場付近に駐車。

公共交通機関　草津温泉から白根火山までは多数のバス便があるが、このコースには利用できない。車利用で渋峠へ。渋峠〜横手山頂の夏山リフトは8時30分から運転。

このコースの終点硯川バス停は、前山リフトの下。白根火山行き終バスは15時18分（平成23年現在）、15分で渋峠下車。

○問い合わせ
　山ノ内町役場　☎0269（33）3111
　渋峠横手山頂観光　☎0269（34）2328
　長電バス　☎0269（33）2563

道標により、また林に入る。2050m峰にはベンチと道標がある。草津峠は下り坂の途中で、説明板が立っていなければ通りすぎる所である。群馬側は全くの笹やぶ化している。硯川への道を分けて右へ、20分の登りで鉢山頂上のベンチに着く。ここは火口壁の縁にあたる所だという。

　鉢山から約10分下ると、赤石山からの道と合い、四十八池に下る。四十八池の湿原をゆっくりと通過し、志賀神社の石鳥居をくぐって急登となる。登り着いた肩から、裏志賀山頂の石宮を往復する。肩から鞍部に下り、もう一度急登して志賀山に立つ。岩石の多い下降で遊歩道に出る。渋池のほとりをすぎ、前山リフトの乗り場に着く。ガスの濃い日には歩けない。山頂に有名なパン屋さんがある。

▲四十八池

参考 TIME	横手山 ➡ 草津峠 ➡ 鉢山 ➡ 四十八池 ➡ 裏志賀山 ➡ 志賀山 ➡ 遊歩道 ➡ 前山リフト
	1:05　0:25　0:20　0:35　0:25　0:30　0:20

● アドバイス
▷横手山から鉢山に向かう下降で、急で湿った木段が続く。滑りやすいのでこのコース中では要注意の部分である。

見どころ 見ごろ

何といっても横手山頂の大パノラマ。北アルプス、富士山、そして快晴の日には日本海、佐渡ヶ島までも見渡すことができる。

中之条町／長野県／新潟県　　　　　　　　　　　上級向き

白砂山

しらすなやま　2140m

野反湖～白砂山
2万5千図 野反湖

| 適期 | 1 | 2 | 3 | 4 | 5 | 6 | 7 | 8 | 9 | 10 | 11 | 12 |

▶標準的な総歩行時間　7時間10分
▶標高差　610m
▶眺望　◎

●プロフィール

白砂山は群馬、長野、新潟3県の境にそびえ、日本海水系の清津川、魚野川と太平洋水系の白砂川の源頭にあたる。この群馬側へ流れる川の名が山名になった。

登山道は野反湖から往復約13km、約7時間のコースがある。

山頂に立つ山名板によると、苗場山、岩菅山、草津白根山、浅間

△八間山分岐から白砂山

山、榛名山、快晴時には富士山までも望める。その脇には皇太子徳仁殿下（なるひと）の登山記念板もある。日本二百名山、信州百名山のひとつでもある。

●コースガイド

「白砂山登山口」の道標が立つ駐車場の奥から登り出す。ハンノキ沢は細い丸太橋を渡る。変形十字路の地蔵峠は峠のイメージがない。右側へ少し入ると地蔵様が鎮座している。左へ下る秋山郷方面への道を見送る。

堂岩山までは深々とした樹林が続く。1802mのコブで左に曲がる。野反湖見晴台は木立の中の小平地で、堂岩の天場とも呼ばれる。水場は北へ往復約10分である。ただし涸れる時もあるから、水はハンノキ沢で用意するのが良い。

交通

マイカー 渋川伊香保ICから約82km。登山口の野反湖バス終点の駐車場は100台。上信越道碓氷軽井沢ICからは軽井沢経由国道146号で長野原に入り、須川橋から国道292号、405号で野反湖へ。

公共交通機関 バス利用の日帰りはできない。ロッジやバンガロー、キャンプ場で1泊すれば余裕のある山行ができる。

○問い合わせ
中之条町六合支所　☎0279（95）3111
野反湖ロッジ・野反湖キャンプ場（6月～10月）
　　　☎0279（95）3111（中之条町六合支所）
JRバス長野原支店　☎0279（82）2028

堀割状の急坂が続き、平坦になると堂岩山頂に着くが、両側が笹やぶの通過地点である。堂岩山から3分ほど下ると右へ八間山への縦走路を分け、樹林帯を抜けて風景は一変する。これから登る縦走路の全容が見渡せる。その最後を締めるのは、ひときわ高い白砂山である。この先数十m下って、コース中最大の鞍部になる。

　低木帯のヤセ尾根に変わり、今度こそ頂上と思わせる頭を二つ三つ越えて、頂上にたどり着く。山頂部は3峰に分かれ、西峰に3等三角点がある。ここからの展望は山また山で、この山の奥深さを実感できる。下山は往路を野反湖に戻る。

▲白砂山頂上直下の登り

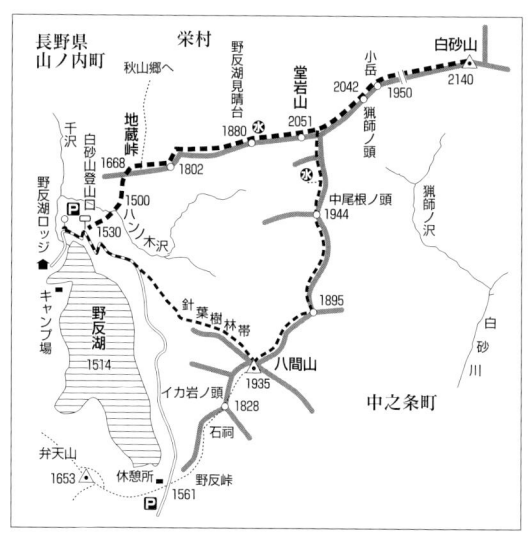

参考 TIME
登山口 ➡ 地蔵峠 ➡ 野反湖見晴台 ➡ 堂岩山 ➡ 白砂山 ➡ 堂岩山 ➡ 地蔵峠 ➡ 登山口
0:50　　1:15　　　　　　　0:35　　1:20　　1:10　　1:20　　0:40

●アドバイス
▷歩行時間が長く、途中からのエスケープルートがないため、日照時間が短い秋には、下山時間を充分に考慮したい。10月以降は降雪もある。

●サブコース
[八間山コース] これは下山の際、堂岩山の手前から南下して、八間山を回って登山口へ戻る健脚向きコース。八間山までは展望良好で、笹が刈られて歩きやすい。八間山頂上からは、わずか戻って北西へ樹林帯を下る。白砂山(1時間5分)八間山分岐(1時間30分)八間山(50分)国道・八間山登山口(20分)白砂山登山口。

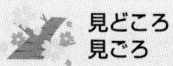

見どころ 見ごろ
高山植物は豊富で6月から9月頃まで楽しめる。7月初旬はベニサラサドウダンの花が美しい。

中之条町　　　　　　　　　　　　　　　　　　　　一般向き

エビ山

えびやま　1744m

野反湖〜エビ山〜三壁山
2万5千図 野反湖・岩菅山

| 適期 | 1 | 2 | 3 | 4 | 5 | 6 | 7 | 8 | 9 | 10 | 11 | 12 |

▶標準的な総歩行時間
　4時間20分
▶標高差　214m
▶眺望　○

●プロフィール

さわやかな山上湖の野反湖は、上信越高原国立公園の特別地域および自然休養林に指定されている。その湖水は魚野川から信濃川に合流し、日本海にそそいでいる。

湖を囲む山々は東から八間山、弁天山、エビ山、高沢山、三壁山がある。湖畔には300種余りといわれる高山植物が自生し、初夏から初秋にかけて湖畔を彩る。

△エビ山登山口から野反湖を望む

湖畔には村営のキャンプ場があり、ロッジ、バンガローで約540人、第2キャンプ場のテントサイトで約300張の収容力を持っている。

●コースガイド

野反湖ロッジの駐車場から、金山沢とニシブタ沢の小橋を渡って第2キャンプ場に着く。炊事場や水洗トイレなどが整備されている。

展望のない林の中を登る。一部に木の根が出たり、土が滑りやすい所があり、長く感じるが、平坦になるとまもなく、草地で展望の良いエビ山に着く。ここから往路を戻るのは初心者向き。

エビ山から少し下ると、緩やかな稜線漫歩になる。登りに移ると針葉樹林に入り、木の根が出ている道を行くと高沢山に着く。2分ほど下れば、

交通

[マイカー] 長野原町から国道292号、405号を経て30kmで野反湖。野反湖ロッジ隣りの駐車場が利用できる。国道405号の和光原〜野反湖間は、12月初旬〜4月下旬まで閉鎖。

[公共交通機関] JR長野原草津口駅から、JRバス野反湖行き約1時間30分終点下車。夏季だけの運行で、1日2本と本数が少なく、日帰りでは滞在時間が短くなる。

○問い合わせ
　中之条町六合支所　☎0279（95）3111
　野反湖ロッジ・野反湖キャンプ場（6〜10月）　☎0279（95）3111（中之条町六合支所）
　JRバス長野原支店　☎0279（82）2028

鞍部のすぐ手前がカモシカ平分岐で西へ下る。

　カモシカ平の中心の十字路には、西へ大高山、赤石山、北へ200m水場の道標が立つ。水場は中高沢の源流で、正一清水と呼ばれる。7月中旬はノゾリキスゲの花盛りで、ほかにも数々の花が咲く。

　分岐に戻り、北へ緩やかな尾根歩きで、白砂山が遠望できるようになると、三壁山に着く。展望はなく、「主三角点」がある。ここはロッジとの標高差444mになる。東に向きを変え、長い急な下りでバンガロー村に出ると、すぐ下がロッジである。

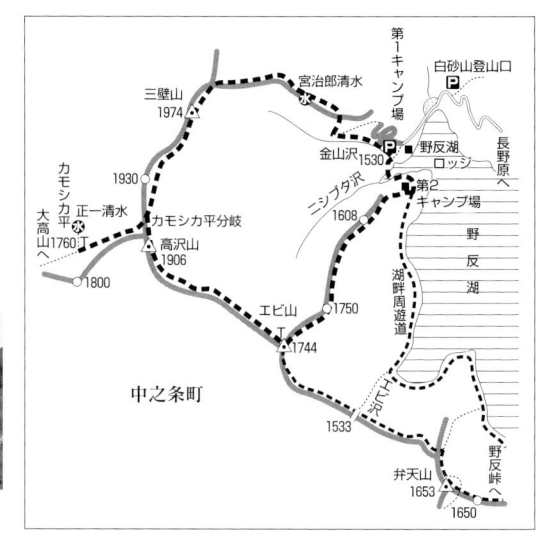

▲カモシカ平

参考TIME	野反湖ロッジ ➡ 第2キャンプ場 ➡ エビ山 ➡ カモシカ平分岐
	0:15　　　　　　1:00　　　　0:50
	➡ カモシカ平 ➡ 分岐 ➡ 三壁山 ➡ 野反湖ロッジ
	0:20　　　　0:30　　0:35　　　　0:50

●アドバイス
▷ふつう5月中旬まで残雪がある。11月に入ると降雪を見るので、この時期は避けたい。

●サブコース
弁天山・湖畔道コース　野反峠から草地を15分ほど行くと、弁天様の石像と石祠のある弁天山に着く。道標に従って、笹原が広がる鞍部へ下る。登り返してエビ山頂上に着く。休憩に適した草地で、広い展望がある。第2キャンプ場へ下り、湖畔周遊道を野反峠へ戻る。野反峠（15分）弁天山（30分）1533m鞍部（45分）エビ山（45分）第2キャンプ場（1時間35分）野反峠。

見どころ
見ごろ

　野反湖畔やカモシカ平は、7月初旬から中旬にかけて、ノゾリキスゲの花盛りとなる。

中之条町　　　　　　　　　　　　　　　　初級向き

八間山

はちけんざん　1935m

野反峠〜八間山
2万5千図　野反湖

適期	1	2	3	4	5	6	7	8	9	10	11	12
						●	●	●	●	●		

▶標準的な総歩行時間
　2時間30分
▶標高差　374m
▶眺望　◎

●プロフィール

　国道405号を上りきって野反峠（富士見峠）に立つと、眼下に広がる野反湖と、周囲を囲む山々の眺望に歓声があがる。

　八間山は野反湖を囲む山々の代表的存在である。登路の草原状の尾根は、足元に湖を眺めながらの空中散歩が楽しめる。山頂までは周囲をさえぎる樹木がなく、山頂からの展望も圧巻である。

▲エビ山から八間山

　峠の登山口から少し先には、シラネアオイ・コマクサあわせて5万8千株の花園が作られ、5月末から6月中旬までシラネアオイ、次いで7月中旬までコマクサが咲き誇る。同時にノゾリキスゲの季節となる。八間山から北西へ針葉樹林を下り、野反湖バス停へ出るのは約1時間30分。車利用の場合は、同じ道を戻る。

参考TIME
野反峠 ⇒ 八間山 ⇒ 野反峠
　　　1:30　　　1:00

交通

マイカー　長野原町から国道405号30km、登山口の野反峠に第2駐車場まである。レストハウス、売店もある。

公共交通機関　JR長野原草津口駅から野反湖行きバス1時間20分で「野反峠」下車。（夏季のみ運行）。問い合わせについては、白砂山・エビ山の項参照。

○問い合わせ
中之条町六合支所
☎0279（95）3111
JRバス長野原支店
☎0279（82）2028

中之条町／長野原町／東吾妻町　　　　　　　　　　　　　一般向き

高間山

たかまやま　1342m

中之条町高間〜高間山
2万5千図 長野原

| 適期 | 1 | 2 | 3 | 4 | 5 | 6 | 7 | 8 | 9 | 10 | 11 | 12 |

▶ 標準的な総歩行時間　1時間30分
▶ 標高差　182m
▶ 眺望　△

●プロフィール

　高間山は表題3カ町村の境にあり、頂上には2等三角点がある。カラマツと広葉樹林と笹に包まれた静かな山で、晩秋のやぶ山歩き向きである。

　工事中の舗装林道が、高間から長野原町境の峠（登山口）まで、平成18年6月に完成したので、登山が容易になった。

▲アミダ石への道から高間山

　短時間で往復できるので、峠の南西にある阿弥陀石（1140m）も往復すると良い。大きい岩が累積しているその頭部からは白根山を遠望できる。

モデルコース　峠 ⇒ 高間山 ⇒ 峠・阿弥陀石往復 ⇒ 峠
　　　　　　　　0:40　　　0:20　　　0:25

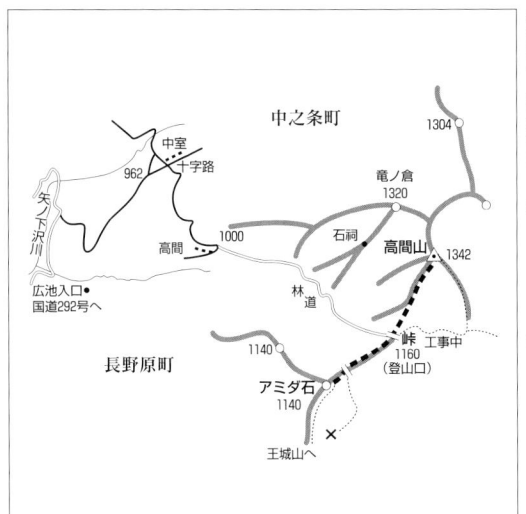

交通　マイカー　JR長野原草津口駅の先で右折して国道292号に入り、約3kmの広池入口右折、約6kmで登山口。
公共交通機関　登山口までは6kmもあり、車利用に限る。

○**問い合わせ**
中之条町六合支所
☎0279（95）3111
浅白観光タクシー
☎0279（82）2288

●アドバイス

▷阿弥陀石から王城山（1123m）は約50分の尾根歩きで道は続いている。阿弥陀石の手前から左へ下る山腹コースで、王城山6合目に出る道は崩壊箇所が多い。

長野原町　　　　　　　　　　　　　　　　　　　　　　　　　　　　一般向き

王城山

おうじょうさん　1123m

| 長野原町林～王城山～林 |
| 2万5千図 長野原 |

▶ 標準的な総歩行時間　3時間30分
▶ 標高差　493m
▶ 眺望　△

| 適期 | 1 | 2 | 3 | 4 | 5 | 6 | 7 | 8 | 9 | 10 | 11 | 12 |

●プロフィール

　王城山には林集落の王城山神社の奥の宮があり、古くから信仰の山として登られていた。
　奥の宮は日本武尊(やまとたけるのみこと)が東夷を征討(とうい)して凱旋(がいせん)の折に、この地にとどまられたことから、王城山(みこしろ)と称し、山上に石祠を建立し、尊(みこと)と諏訪大明神を祭ったのが始まりと言われている。

▲4合目柴峰から望む

　山頂は2峰に分かれ、地元では三角点峰を古城、西北の低い頂上を王城と呼ぶ。古城には3基の石祠と細い鉄剣が1本ある。王城の石祠は1基である。
　山麓の王城山神社は5月5日が大祭で御神楽が奉納される。8月28日の例祭には、子供たちの「だんご相撲」が行われる。

●コースガイド

　林集落西寄りの、消防車庫の前から歩き出すこととする。約150m進むと、左に小さな墓があり、ここを左折すると、村の一番北側の民家の前で丁字路になる。これを左折して細い農道から雑木林に入る。
　3合目鳥屋坂(とや)を登って尾根に出る。右折すると4合目柴峰である。ここから望む王城山は頂上ではなく、その手前の支尾根だが立派に見える。

交通　マイカー　関越道渋川伊香保ICから約45kmの林集落（川原湯温泉の先3km弱）の登山口から登る人が多い。駐車事情は悪く、集落上部に置く場合は、村人に教えてもらうほうがよい。少し手前になるが、町の史跡でイタヤカエデの名木もある、御塚（おつか）の前がやや広く数台可能。
公共交通機関　JR長野原草津口駅下車。

○問い合わせ
　長野原町役場　☎0279（82）2244
　浅白（せんぱく）観光タクシー　☎0279（82）2288

5合目傘木（唐笠松）は枝振りが美しい。この先からやや急登になり、6合目炮碌岩に着く。左王城山、直進高間山とある。王城山へは山腹の細い道となり、7合目舟窪で静かな雑木林を登りつめると、8合目中棚尾根に出る。

道標の右は古城回りで、三角点への近道だが、鎖場があり、一カ所崩れ落ちて高度感のある危険な所もある。左はガケ下回りで、ロープが張られ、左下はザレ場が多い。9合目お籠り岩から2、3分先が10合目山頂尾根で、両峰の鞍部にはお祭り用の作業小屋がある。約5分で王城山三角点に着く。小屋に下って西北へ少し登ると王城で、芝生の頂上からは木の枝越しに白根山を望む。下山は往路を戻る。

▲5合目唐笠松

参考 TIME	林 ➡ 柴峰 ➡ 唐笠松 ➡ 王城山 ➡ 唐笠松 ➡ 柴峰 ➡ 林
	0:40　0:20　1:00　0:40　0:15　0:30

●アドバイス
▷行程も短くく、間違える所もないと思うが、冬には積雪が山頂付近で膝を越えることもあるので装備には注意。
▷静かな散策向きコースで、若葉の萌える頃から晩秋の頃がよい。

●サブコース
長野原草津口駅コース 駅から国道を歩く。弁天橋の前をすぎて左上へ村道林線に入る。「滝沢観音と石仏群」を見ればすぐ室沢橋に着く。橋の手前から山道に入り、2合目で王城山神社からの道を合わせる。3合目二反沢を経て、4合目柴峰の直前で林からの道と合う。帰りは林に下り、王城山神社を経て駅に戻る。
長野原草津口駅（30分）室沢橋（30分）柴峰。

見どころ
見ごろ

4月中旬、山麓のカタクリ園の花盛り。5月初め、柴峰から見る、目の前の谷を埋める山桜と新緑の色彩。

東吾妻町　　　　　　　　　　　　　　　　　　　　　　　上級向き

岩櫃山

いわびつやま　803m

| 郷原駅〜岩櫃山 |
| 2万5千図 群馬原町 |

| 適期 | 1 | 2 | 3 | 4 | 5 | 6 | 7 | 8 | 9 | 10 | 11 | 12 |

▶標準的な総歩行時間　3時間
▶標高差　393m
▶眺望　◎

●プロフィール

　岩櫃山（802.6m）は、全山輝石安山岩質の集塊岩からなり、多くの奇岩、絶壁がそびえ、妙義山にも似た、特異な山容をあらわにしている。

　岩櫃城は甲斐の岩殿城（いわどの）、駿河の久能城（くのう）とともに武田の三名城と言われた。鎌倉時代初期の築城で吾妻氏がこれに拠った。大規模な城郭は斉藤氏によるもので、その後幾多の変遷を経て、江戸初期の慶長20年（1615年）に破却されるまで、400年以上も栄えた。

△岩櫃山

●コースガイド

　JR郷原駅から農道を20分ほどで、密岩通り（みついわ）と赤岩通りの分岐に案内板がある。少し先の密岩通り登山口を右折すると、5分で密岩通り登山口の標柱が立ち、杉林に入る。上部はガレ場となり、鎖や梯子、擬木の階段を登って西尾根の鞍部に出る。

　ここからが岩櫃山らしくなり、鎖、梯子が続く。右へ数分で細い岩稜の「天狗の懸橋（かけはし）」を渡る。右手前から、鎖の付いた巻き道もある。次に目の前の約6mの鎖を登ると平らなコブに出る。さらに進むと「御厩（おうまや）」で岩穴

交通

マイカー　渋川伊香保ICから約30分、国道145号の郷原駅前へ。駐車は同駅前に数台。平沢登山口は、「原町」信号を通過し岩櫃城温泉を右に見てすぐ、左にある「岩櫃山登山道・岩櫃城跡入口」の案内板を左に入る。一本松駐車場は10台。すぐ下に45台、休憩所、WCあり。

公共交通機関　JR吾妻線郷原駅下車。平沢登山口は群馬原町駅下車、不動の滝経由で徒歩55分。

○問い合わせ
　東吾妻町役場　☎0279（68）2111
　浅白観光タクシー原町営業所　☎0279（68）2019
　岩櫃城温泉くつろぎの館　☎0279（68）2601

をくぐり、「矢立」を鎖で登る。頂上岩塔の直下から、鉄柵に沿って下り気味に岩の根元の南側を巻いて少し登ると頂上直下の道標に出る。

２本の鎖が付けられた岩場を登ると狭い岩櫃山頂で、一段高い柵で囲まれた岩上には、４等三角点の金属標が埋め込まれており、360度の展望が広がる。

直下に戻り、道標の原町方向に従って北尾根を数十ｍ行くと、鎖の付いた見晴台に登る。最高所からわずか戻って裏へ降りると下山道が続く。８合目で尾根を離れてすぐ、天狗の蹴上げ岩を鎖で下ると、まもなく沢通りになる。狭い岩の間を直角に曲がる「一本槍」をすぎると、郷原と沢通りの分岐道標がある。

わずか登った道標で尾根通りと分かれ、旧赤岩通りを下る。

△山頂は鎖で登る（見晴台から）

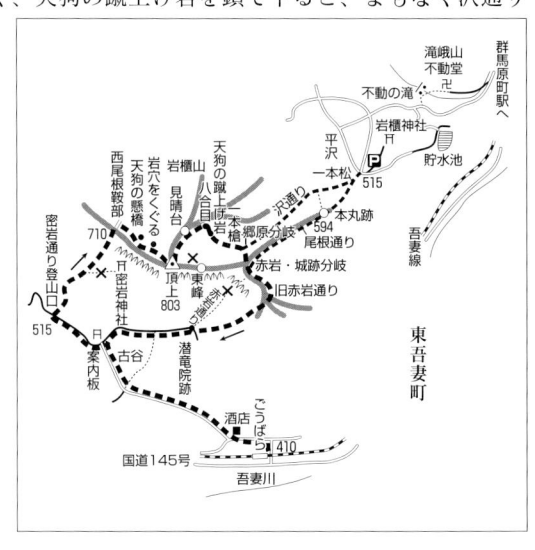

参考 TIME

郷原駅 ➡ 案内板 ➡ 西尾根鞍部 ➡ 岩櫃山 ➡ 郷原分岐 ➡ 潜竜院跡 ➡ 郷原駅
　　　0:20　　　0:40　　　0:35　　　0:25　　　0:30　　　0:30

●アドバイス
▷頂上周辺は岩稜で鎖や梯子が多い。初心者や子供連れの場合、特に注意が必要。
▷冬季（12月中旬～３月中旬）は閉鎖。

●サブコース
平沢登山口（一般向き） ― 本松駐車場から案内板を見てすぐ左折して尾根通りを行く。（沢通りの方が楽）。本丸跡の先から、ときどき岩を巻く尾根を行く。左に赤岩通りを分け、わずか下ると沢通りになる。天狗の蹴上げ岩を鎖で登り、尾根に上がると８合目で少し先が見晴台。さらに進んで直下の道標から鎖で頂上へ。このコースが古くからの登山道で、密岩通り・赤岩通りは後からできたものである。登山口から頂上まで約１時間20分。

見どころ見ごろ

新緑の５月５日は山開き、11月３日は紅葉祭りでにぎわう。

▲ 中之条町　　　　　　　　　　　　　　　　　　　一般向き

有笠山

ありかさやま　820m

西遊歩道～有笠山～東遊歩道
2万5千図 中之条・小雨

適期	1	2	**3**	**4**	**5**	6	7	8	9	**10**	**11**	12

▶ 標準的な総歩行時間
　2時間20分
▶ 標高差　260m
▶ 眺望　△

●プロフィール

　四万温泉への道と分かれて、いわゆる日本ロマンチック街道を暮坂峠へ向かう。沢渡温泉のバイパスから晩釣橋(ばんつり)の先に出ると、突然目の前に巨大な岩山が現れる。有笠山はそれほど高くはないのだが、思わず身構えてしまうような感じを持っている。

▲晩釣橋から有笠山

　道標は整備されているが、頂上への道には鎖場や梯子があり、注意を要する。

　有笠山の東南面には、弥生(やよい)時代中期の古代人住居遺跡がある。間口20m、奥行15m、高さ15mの洞穴で、何世代にもわたって継続的に利用されていたといわれる。

　源頼朝が三原野(みはらの)で巻狩を催したとき、暮坂峠にさしかかった梶原景季(かげすえ)が、「梓弓(あづさ)日も暮坂につきぬれば有笠山をさして急がん」と詠じたと伝えられる。

●コースガイド

　暮坂峠への道から左の有笠山荘へ向かう。道が分かれるが、西登山道に入る。上沢渡川沿いの林道を行く。西登山口から杉林の小尾根を登ると東屋がある。東屋を過ぎると、右上の尾根に西石門を見る。左に曲がると岩壁に突き当たるから、岩根沿いに右へ進む。道が分かりにくい所があるが、直進すると明瞭な登山道になり、道標の立つ合流点（分岐点）に出る。

交 通　マイカー　有笠山荘は渋川伊香保ICから約34km。沢渡温泉からは1.6km。駐車は有笠山荘の先を右折した右側に数台。

公共交通機関　JR中之条駅から沢渡行きバス25分終点下車。徒歩1.5km。道標により天狗橋を渡って有笠山荘へ。

○問い合わせ
　中之条町役場　☎0279（75）2111
　関越交通吾妻営業所　☎0279（75）3811

合流点の数分先から鎖場になる。短い鎖が4本で中間に梯子がある。登る左側が断崖でスリルがある。さらに5分先に10段の梯子がある。梯子よりも上の岩場の方が、上り下りの足もとに要注意である。

　有笠山の頂上は西端が最高点だが狭くて展望はない。下山は往路を戻る。

　なお、頂上から同じ道を合流点に戻って東へ約100m下ると、左上方に「先住民族遺跡」と書かれた岩穴がある。左に東石門を見て、東登山口に出る。蛇野沢(へびのさわ)沿いの林道を下って有笠山荘の前に戻るコースがある。逆に東登山口から入ると道が分かり難い。

▲古代人遺跡洞窟

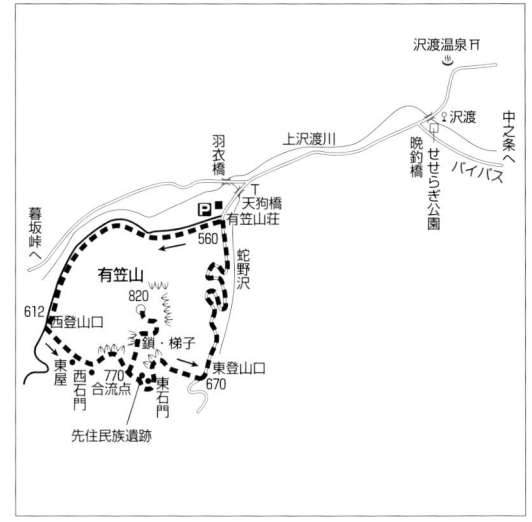

参考 TIME

有笠山荘 ➡ 西登山口 ➡ 合流点 ➡ 有笠山 ➡ 合流点 ➡ 東登山口
　0:15　　　0:35　　　0:20　　0:20　　0:20　　　0:20
➡ 有笠山荘
　0:30

●アドバイス
▷有笠山荘から林道を奥へ入った東登山口と西登山口にも、数台の駐車スペースがある。東登山口から頂上往復の場合1時間30分ほどである。

見どころ 見ごろ

山中には弥生時代の住居跡や、ドルメン(古代民族の墓標)のような石門が点在し、遺跡としても貴重な山といわれる。

中之条町　　　　　　　　　　　　　　　　　　　　　　一般向き

嵩山

たけやま　789m

表登山口〜嵩山〜東登山口
2万5千図 中之条

| 適期 | 1 | 2 | 3 | 4 | 5 | 6 | 7 | 8 | 9 | 10 | 11 | 12 |

▶標準的な総歩行時間
　2時間20分
▶標高差　240m
▶眺望　○

●プロフィール

中之条町の中之条盆地の北に、城塞のような台形の岩山が目立つ。これが嵩山で、古くは武山、あるいは嶽山と言い、ここに武山城が築かれていた。

この武山城は岩櫃城の支城で岩櫃城主斉藤憲広の子、城虎丸が守っていたが、岩櫃落城の2年後、永禄8年（1565年）11月、真田幸隆（幸村の祖父）の攻略を受け、激戦の後に落城。本丸北の天狗の峰から、城虎丸が飛び降りて死ぬと、多くの家臣たちも後を追って自決したという悲話を秘めている。

▲不動岩から小天狗

元禄15年（1702年）頃から、江戸の僧空閑と地元の人々の力で、戦死者の霊を弔うため、嵩山三十三番観世音の石像が立てられた。現在、山内随所の岩陰に見られる。

●コースガイド

道の駅「霊山たけやま」の駐車場（東登山口）に駐車する。表（西）登山口から登り始めてすぐ、右へわずか入ると一番観音がある。15分ほど登って展望台に寄る。少し上が休み石で、東へ少し下るとこうもり穴に二番

交通　マイカー　中之条町の伊勢町上のY字路を四万温泉方向へ右折、その先の信号をさらに右折して大道峠方面に向かい、東登山口へ。駐車場は東登山口約70台。親都神社向かい側のふるさと公園や表登山口付近など併せて約100台可能。

公共交通機関　JR中之条駅からバスもあるが、本数が少ないのでタクシーが便利、所要10分。

○問い合わせ
　中之条町役場　☎0279（75）2111
　関越交通吾妻営業所　☎0279（75）3811
　関越タクシー吾妻営業所　☎0279（75）2270
　たけやま館（そば打ち体験）　☎0279（75）7280

を見る。八、九番を往復して天狗平（天狗の広場）に着く。東屋、展望台などがある。

西の小天狗へは3分ほどだが、先に不動岩を往復してくる。尾根の北側を巻くと六、七番観音が並んでいる。不動岩は鎖で登る。岩頭には首の欠けた地蔵様がある。天狗平に戻り、展望の良い小天狗に着く。

東の大天狗へ。途中の中天狗に寄り道するが、展望はない。御城（みよ）の平（実城の平、無情の平）は71体の石仏がコの字形に並び、戦国の世の無常を物語るかのようである。次いで経塚となる。直進して山頂へ向かう。緩傾斜だが4本（3本連続）の鎖を登る。登り着いた嵩山頂上からは360度の展望が広がる。

経塚に戻り、東登山道を下る。数分でガレ場の一升水。その先の石段の途中から、10分

▲嵩山表（西）登山口

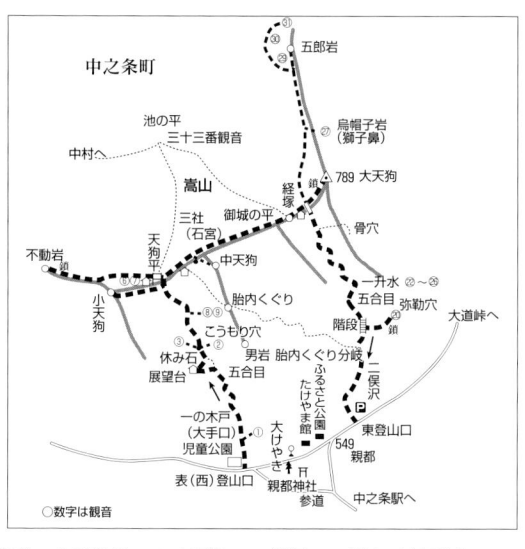

参考TIME	表登山口 ➡ 天狗平 ➡ 不動岩 ➡ 小天狗 ➡ 経塚 ➡ 嵩山（大天狗）
	0:40　　　0:10　　　0:15　　　0:20　　0:10
	➡ 経塚 ➡ 弥勒穴 ➡ 東登山口
	0:10　　0:15　　　0:20

●アドバイス
▷降雪期、雨期以外は登れる。山麓のふるさと公園の芝桜や、天狗平北面のカタクリが咲く4月中旬～下旬と、11月上旬の紅葉期が良い。

●サブコース
五郎岩コース　経塚から北へ、5分下ると烏帽子岩分岐、右へ入る二十七番十一面観音は岩場で近づきにくい。さらに5分先の五郎岩は東側の眺めが良い。岩の西側基部を巻く。二十九番観音はロープで上下。三十番馬頭観音は崖の上。三十一番十一面観音で道は消え引き返す。上記の二十七番、三十番、三十一番観音は、数多い観音の中でも特に慈悲深さを漂わせた顔立ちといわれる。（往復約40分）。

見どころ 見ごろ

山ツツジが燃える5月5日は嵩山祭りで、親都（ちかと）神社の祭礼と併せて行われる。男岩の隣の岩から山麓へ、約100匹の鯉のぼりが空を泳ぐ。

渋川市／高山村　　　　　　　　　　　　　　　　　　　　　一般向き

小野子山

おのこやま　1208m

高山村登山口〜小野子山
2万5千図 金井・上野中山

適期	1	2	3	4	5	6	7	8	9	10	11	12

▶標準的な総歩行時間
　3時間
▶標高差　410m
▶眺望　□

●プロフィール

　小野子山は、子持山の西に連なる古い時代の火山で、その西に隣接する中ノ岳、十二ヶ岳とともに小野子三山と呼ばれ、北の高山村、南の渋川市を隔てるひとつの山群を形成している。

　北東の山麓には75haのたかやま高原牧場が広がり、みどりの村キャンプ場、北毛青年の家などが隣接し、その入口の県道沿いには、高山村村営の国民宿舎プラネットわらび荘。少し東に入って県立ぐんま天文台がある。

▲わらび荘から小野子山

●コースガイド

　登山口には群馬県の天然記念物に指定されている「赤芝の姉妹ツツジ」の案内板と石柱が立っている。駐車スペースあり。

　檜林の中を緩やかに登って行くと、数ヵ所にロープが付けられたジグザグの急登になる。急登が終わると、青い金属板に「小野子山へ」とある主稜線に出る。広葉樹林の中を行く。簡易舗装に出て、右へ登る。この先すぐに山道へ入る。

　登山口から1時間ほどで、右約50mに姉ツツジがある。妹ツツジは枯れてしまった。これはゴヨウツツジ（シロヤシオ）で、根回り1.4m、樹高

交通

マイカー　渋川伊香保ICから国道17号渋川バイパス、鯉沢バイパスへと進み、草津、吾妻方面に向かう。「北群馬橋」信号で右折し北上約9km、わらび荘の下の農産物直売所の手前で「青年の家」の標識により左折し、約2kmで登山口。付近に3、4台駐車できる。

公共交通機関　JR高崎駅から吾妻線約45分、小野上駅下車（南面コース）。

○問い合わせ
　高山村役場　☎0279（63）2111
　渋川市役所　☎0279（22）2111
　国民宿舎プラネットわらび荘　☎0279（63）2036

5.8m、枝張り8m、樹齢は不詳だが800年ともいわれる。ツツジを見学せずに、右を巻いて登る緩やかな道もある。

　ツツジを見てから戻り、数分登ると、1181mの頭を越え、さらに約20分で小野子山頂に着く。眺望は北の方だけである。

　ここから往路を戻るのは、上り1時間30分、下り1時間ほどで初心者向き。

　頂上から北西へ約15分の急下降で鞍部に下る。作業用の林道がここまで来ていて利用できる。鞍部から檜林の中の狭い林道を35分ほどで、舗装の林道小野子山線に出る。林道を約1kmで牧場への道を分け、そこから0.8kmで東屋のある展望台、さらに約0.8kmで登山口に着く。なお、小野子山から中ノ岳経由で十二ヶ岳へ続くコースがある。

△姉ツツジ
（群馬県天然記念物）

参考TIME　登山口 ➡ 姉ツツジ ➡ 小野子山 ➡ 鞍部 ➡ 林道小野子山線 ➡ 登山口
　　　　　　　　0:50　　　0:35　　　0:15　　0:35　　　　　　　　　0:40

●アドバイス
▷鞍部から中ノ岳を経て、十二ヶ岳まで往復もできる。往復約2時間10分。

●サブコース
小野子山南面コース　JR小野上駅から登るコース。小野上駅（20分）甲里（30分）如意寺（45分）テレビ塔（50分）雨乞山（1時間）小野子山で約3時間30分。林道峠山線の小野子山登山口から雨乞山を経て小野子山へのコースもある。（往復約3時間40分）小野子山南面の略図は十二ヶ岳の項参照。

見どころ見ごろ

県指定天然記念物「赤芝の姉妹ツツジ」の姉ツツジは、5月中旬〜下旬、新緑の山腹に白く清楚な花を咲かせる。

渋川市／高山村　　　　　　　　　　　　　　一般向き

十二ヶ岳

じゅうにがたけ　1201m

小野上駅～十二ヶ岳
2万5千図 金井・上野中山

| 適期 | 1 | 2 | 3 | 4 | 5 | 6 | 7 | 8 | 9 | 10 | 11 | 12 |

▶標準的な総歩行時間
　5時間
▶標高差　926m
▶眺望　◎

●プロフィール

　十二ヶ岳は群馬の低山の中でも指折りの展望台で、特に残雪や新雪の上信越国境の銀嶺の眺めはすばらしい。

　その南側は、東に連なる中ノ岳、小野子山とともに半月形を描いて急に落ち込んでいる。

　健脚向きには、十二ヶ岳～中ノ岳～小野子山と縦走し（この間約1時間30分）、小野子山からJR小野上駅に下ることもできる。この場合逆コースの方が時間がかかる。

▲小野子山西尾根から十二ヶ岳

●コースガイド

　小野上駅から国道を8分ほどで食料品店の角を右折し、坂を登る。ケヌキ沢橋を渡って原のT字路を右折し、広い舗道を、十二ヶ岳を仰ぎながら北上する。少し先でわずか右に入ると、東原の双体道祖神がある。谷ノ口の公民館前にも野仏などが多い。左に谷ノ口貯水池を見ると、まもなく4号橋を渡る。ゲート前の右側に、数台程度の駐車場がある。車利用でここから十二ヶ岳を往復する場合は標高差600m、上り1時間45分、下り1時間10分ほどで、歩行約3時間となる。

交通　マイカー　渋川から国道353号を進み、小野上駅の先で十二ヶ岳登山口の標識を右折、谷ノ口貯水池をすぎ4号橋の先に数台の駐車場。登山口案内板までは約800m歩く。

公共交通機関　JR高崎駅から吾妻線約45分、小野上駅下車。

○問い合わせ
　渋川市役所　☎0279（22）2111
　小野上温泉センター　☎0279（59）2611

ケヌキ沢に沿って進むと入道坊主で、その先が登山口になっている。右に登山案内板、東屋と林道峠山線開設記念碑がある。

　水害のため石ばかりの道を数分行くと右に折れ、杉林の中を登る。十二ヶ岳滝下、次いで滝上の標柱があり、杉林を大きく左に曲がると木の間越しに榛名山が見える。右に折れて進み、二股に分かれた所を右へ山腹を横切る。登りきると中ノ岳との鞍部に出る。

　十二ヶ岳への男坂は、木の根岩角伝いの急登となる。2等三角点のある山頂で大展望を楽しむ。下りは緩やかな女坂を鞍部に戻る。鞍部からは往路を下山する。

　下山後は、天然温泉の小野上温泉センターで汗を流すと良い。

▲北面から小野子三山
（右、十二ヶ岳）

参考TIME
小野上駅 ➡ 谷ノ口 ➡ 4号橋 ➡ 入道坊主 ➡ 鞍部 ➡ 十二ヶ岳
　　　0:50　　　0:20　　　0:30　　　0:50　　0:25
➡ 鞍部 ➡ 4号橋 ➡ 小野上駅
　0:15　　0:55　　0:55

●アドバイス
▷早春や初冬の頃、男坂の登りは雪が凍結することがある。頂上の手前は道が2、3条に乱れており、南側の崖寄りは要注意。
▷頂上も南側は足元が切れ落ちているので注意したい。

●サブコース
小野子三山縦走　十二ヶ岳東の鞍部から中ノ岳に登る。急降した中ノ岳南東の鞍部から、急登して小野子山に着く。山頂の展望が良い。雨乞山はオニギリ形の峰。テレビ塔をすぎればまもなく車道に出る。如意寺（にょいじ）の前からは車道を数回曲がり、近い道を選んで国道に下る。
十二ヶ岳（40分）中ノ岳（50分）小野子山（40分）雨乞山（35分）テレビ塔（30分）如意寺（20分）甲里（25分）小野上駅。

見どころ　見ごろ
何と言っても山頂の大展望で、よく晴れた晩秋の日など槍ヶ岳、穂高岳まで望めるという。

渋川市／沼田市（高山村） 　　　　　　　　　　　　　　　　一般向き

子持山

こもちやま　1296m

登山口〜子持山〜大タルミ〜登山口コース
2万5千図 沼田・鯉沢・上野中山

適期	1	2	3	4	5	6	7	8	9	10	11	12

▶標準的な総歩行時間　4時間
▶標高差　580m
▶眺望　◎

●プロフィール

　渋川市の北にある独立峰。関東平野北部の前橋・伊勢崎付近から北西方向を望むと、赤城山と榛名山の間に、西の小野子山と並んで子持山が優美な姿を見せている。古い火山で、浸食により岩脈や溶岩が露出し、火山の生い立ちを探る野外観察地としても親しまれている。また、山麓は野鳥の種類も豊富で登山口付近は手軽な探鳥地として人気がある。

▲子持山（小野子山中腹から）

　山頂からの展望は樹林にさえぎられがちだが、北東眼下に広がる沼田盆地や東に大きくそびえる赤城山などを望める。関東平野の眺望は途中の獅子岩からのほうが素晴らしい。

　登山コースはここで紹介するコースのほか、北の沼田市と高山村境の小峠から、さらに西の天文台駐車場からのコースなどがある。

●コースガイド

　登山口から、左手に覆いかぶさるようにそびえる屏風岩を見上げながら沢沿いに登っていく。円珠尼の歌碑を過ぎ、崩れやすい急な斜面を登りつ

交通　マイカー　関越自動車道渋川伊香保インターから国道17号を北へ進み、渋川バイパスから鯉沢バイパスを経て、「吹屋」交差点で17号を右折。「子持入口」を左折し、双林寺、桜並木を北上し、子持神社を経て登山口の屏風岩下へ。7号橋手前に駐車スペースがある。

公共交通機関　JR渋川駅からタクシー利用が一般的。約30分。

○問い合わせ
　渋川市役所　☎0279（22）2111

めると道標のある尾根に出る。

　ここから獅子岩へも急な岩混じりの登りとなる。右手に分かれるまき道が登りやすく、時間的にも早い。登り上げた肩で直登する道と再び合流する。獅子岩へはここから戻り気味にひと登りだが、鎖場や、足場の悪いところもあるので注意したい。

　獅子岩の肩から尾根上の道をたどり、前衛の柳木ヶ峰を経て山頂を目指す。柳木ヶ峰の山頂には石宮があり、帰路にたどる大ダルミへの急な下り道が南斜面に降りている。柳木ヶ峰から徐々に急になる尾根をたどり、小さな岩場を越えると一等三角点のある子持山頂に飛び出す。

　帰路は柳木ヶ峰まで往路を戻り、ここで南斜面につけられた急な道を下る。下りきって少し行くと最低鞍部の大ダルミで、ここから道標にしたがって、左に下り、唐沢川の源流を登山口へと戻る。

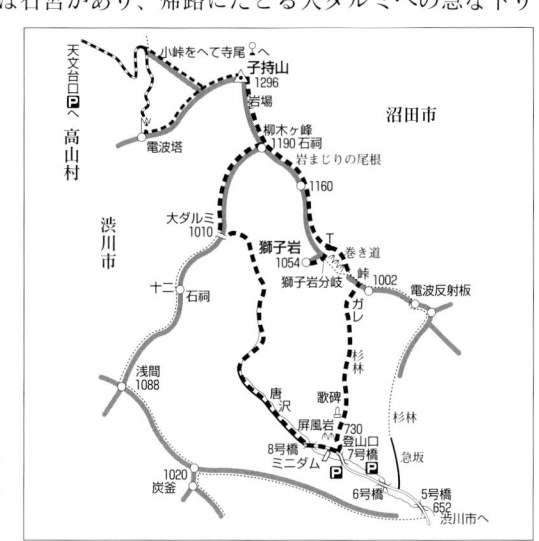

参考TIME

屏風岩下登山口 ⇒ 獅子岩 ⇒ 子持山 ⇒ 大ダルミ ⇒ 登山口
　　1:20　　　　1:00　　　0:50　　　0:50

● アドバイス
▷屏風岩下から尾根への登りや獅子岩付近、そして柳木ヶ峰から大ダルミへの下りなど、一部急斜面や岩混じりの登り下りがある。
▷獅子岩は展望も良く、鎖を伝わってその頂に立てるが、スリップには注意したい。

● サブコース
天文台コース 西麓の高山村側は、小野子山との鞍部がたかやま高原牧場を中心に高原状に広がり、国民宿舎プラネットわらび荘、県立天文台などが点在する観光レジャーゾーンになっている。天文台駐車場から子持山を往復するコースは登り2時間10分ほどで岩場もなく歩きやすいコース。NTTの電波塔までは林道を歩き、塔から山頂までは400mほど。親子連れ可能。

見どころ見ごろ

岩脈の屏風岩や火山岩頸の獅子岩など火山地形を間近に観察することができる。

　野鳥の種類も多く、子持神社から登山口付近までの林道は手軽な探鳥コースとしても親しまれている。

高崎市／渋川市／東吾妻町　　　　　　　　　　　　　　　　　一般向き

榛名山

はるなさん　1449m

榛名湖〜掃部ヶ岳
2万5千図　榛名湖・伊香保

| 適期 | 1 | 2 | 3 | 4 | 5 | 6 | 7 | 8 | 9 | 10 | 11 | 12 |

▶標準的な総歩行時間
　3時間20分
▶標高差　350m
▶眺望　○

●プロフィール

　榛名山はやさしさの感じられる関東の名山である。赤城山、妙義山と同様に、単一の峰で榛名山という峰はなく、幾つもの峰が並び立ち、「郷党相倚るの姿」と言われる。

　榛名山は、山上に火口原湖の榛名湖を抱いた複式火山で、烏帽子岳、天目山などの外輪山や、相馬山などの寄生火山を連ねている。

△左から相馬山、二ツ岳、水沢山

　掃部ヶ岳はその外輪山の最高峰で、湖畔から手軽に登れるわりには静かで、湖と湖面に映る榛名富士などの風景が美しい。下山後は観光も温泉も楽しめる。

●コースガイド

　国民宿舎吾妻荘の前をすぎると、掃部ヶ岳、硯岩登山口の看板がある。稜線の鞍部に出て右へ5分急登すると硯岩で、湖を一望できるが、南側の岩壁には注意する。分岐に戻り、笹の斜面に開かれた道を登る。稜線に出て湖畔からの道を合わせると、10分ほどで掃部ヶ岳頂上に着く。浅間、妙義、西上州などの展望が広がる。

　山頂から数分下りコブを越えると左に地蔵岩がある。この地蔵岩を頂点とする南側の岩石群が牙門山と形容され、そこから山名が生じたといわれる。地蔵岩から西へ曲がり、低い笹を分けて進む。二つのコブを越えて下ると、東電巡視道と合う。耳岩の北側を巻くと、すぐ先に杖の神峠への道標がある。旧3ヵ町村の境の杖の神の頭へ3分の近道である。

　杖の神の頭の下りは、最初だけ細く急で、雪のある時は滑りやすい。緩やかな下りとなり15分たらずで杖の神峠に着く。山ツツジの季節には、西側の林の中まで赤く染まる。

旧峠には一本松と石仏、石祠があり、すぐ前が舗装の杖の神峠になる。湖畔へは、左の山道から舗道に下る方が近い。湖畔から約3kmなので、ここまで車で入ることもできる。

　湖畔が近づけば林道分岐を左に入り、竹久夢二のアトリエや、湖畔の宿記念公園などに立ち寄って駐車場に戻る。

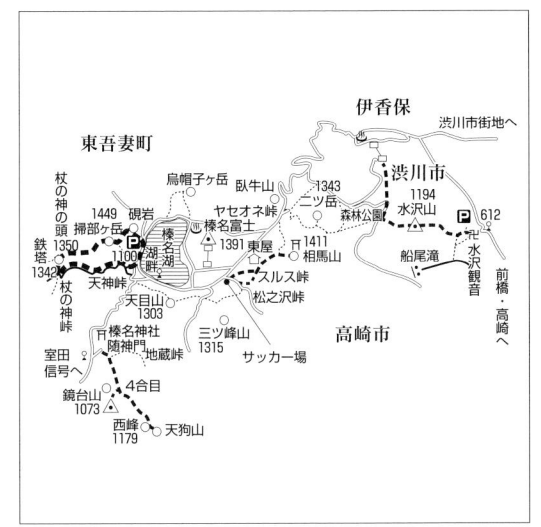

△榛名湖に姿を写す榛名富士（硯岩から）

▲榛名神社本殿

△榛名山で標高が1番高い掃部ヶ岳

▲南面林道から天狗山

交　通　マイカー 高崎市街地から国道406号を西進し「室田」信号から榛名湖に向かい、12kmで榛名神社。さらに4km余りで榛名湖畔の東吾妻町町営駐車場へ。渋川市街地からは約19kmで同駐車場。天狗山は榛名神社入口の榛名町歴史民俗資料館に駐車。
公共交通機関 JR高崎駅西口から群馬バス榛名湖行き1時間25分終点下車。
○問い合わせ
　高崎市役所　☎027（323）5511（商業観光課）
　渋川市役所　☎0279（22）2111
　群馬バス高崎駅前案内所　☎027（323）1533

参考 TIME	東吾妻町営駐車場 ➡ 硯岩 ➡ 掃部ヶ岳 ➡ 杖の神の頭 ➡ 杖の神峠
	0:30　　　0:50　　　　　0:50　　　　　　　0:15
	➡ 湖畔 ➡ 駐車場
	0:50　　0:05

●アドバイス
▷耳岩の北側を巻く道を直進した場合、送電鉄塔（1342m）に出る。北方の眺めが良い。ここから先（西）へは下らないこと。東への尾根を約100mで、道標の立つ杖の神の頭である。

●サブコース

|天狗山| 登山口となる榛名神社は通年、観光客でにぎわい、榛名湖や伊香保温泉とともに、訪れる人が絶えない。

榛名神社随神門の手前で、登山口の道標により、右の沢沿いの林道を登る。1合目の分岐で、天狗山の道標により右へ入るとすぐ山道になる。4合目の手前の急登で、冬は凍雪となるので注意。4合目の鞍部で、展望の良い鏡台山南峰（4等点1073m）を往復してくる。

4合目に戻り、広葉樹林の山腹を巻く道を、9合目の鞍部まで登ると左手間近が頂上で、数分で着く。頂上の展望はすばらしいが狭い岩場のため足もとには注意したい。

頂上から9合目に戻り数分登ると天狗山西峰（1179m）で、尾根が平坦で本峰より休憩に適している。往路を登山口に下る。随神門からは榛名神社の神域を歩いて参拝しよう。登山口（40分）4合目・鏡台山南峰往復（20分）4合目（50分）天狗山（10分）西峰（40分）4合目（30分）登山口。

|相馬山| 車で伊香保温泉からヤセオネ峠に登る。ここも広い駐車スペース、バス停があり、相馬山への最短コースである。ロープウェイ入口の先「ゆうすげの道」標柱を左折し、右側の県営グラウンド（サッカー場）の駐車場を利用させてもらう。ロープウェイ駅バス停からは徒歩約15分。

ガードレール沿いに南東へ5分で、左に「関東ふれあいの道」の案内板があり、ここが登山口。木段を登って松之沢峠の上に出ると展望が開ける。磨墨岩（するすいわ）の岩峰の北側を巻いてスルス峠に出ると東屋がある。

長い石段を登ると「相満山」とある鳥居をくぐる。さらに長い木段を登りヤセオネ峠分岐に出る。「相馬山」の額がある赤鳥居が立つ。自然石の階段を登ると鎖が2本、その先は梯子で下が40段、上が21段ある。さらに尾根を急登して頂上に着く。

頂上には黒髪（くろかみ）神社とお籠り堂があり、その右に聖徳太子、相馬将門（そうままさかど）、役（えん）の行者の特に大きな石像がある。富士山をはじめ、多くの山々を遠望できる。駐車場（30分）スルス峠（20分）ヤセオネ峠分岐（30分）相馬山（25分）ヤセオネ峠分岐（15分）スルス峠（30分）駐車場。

|水沢山| 水沢寺（水沢観音）は榛名神社とともに榛名山を代表する信仰の地で、坂東三十三観音の十六番目の札所である。科学万能の今でも、一年中訪れる人が絶えない。

見どころ 見ごろ

5月下旬～6月上旬全山随所で山ツツジの花盛りが見られる。榛名高原は6月中旬からのレンゲツツジに始まり、その後はユウスゲからマツムシソウまで野の花が咲き続き、自然観察に適している。

水沢観音にお詣りし、本堂左手の道標により飯縄（いいづな）大権現の急な石段を登る。駐車場から来る道と合流し、杉林から雑木林となり、道標で右折して山道を登る。沢状にえぐられている箇所もあり、粘土質と軽石の急坂で歩きにくい。落葉樹林の中の急登が続いて東肩に出る。頂稜東端の芝生で十二神将（じんしょう）の石像が並んでいる。狭くなった尾根を行くと、頂上に着く。ここは群馬の低山でも指折りの展望台である。

伊香保ロープウエイ見晴駅へ下る場合は、水沢山（30分）西登山口（35分）見晴駅となる。往復は、水沢寺（10分）山道入口（25分）主稜線（1時間5分）東肩（15分）水沢山。下りは1時間25分で歩行3時間20分ほどである。

▲ 高崎市　　　　　　　　　　　　　　　　　　　　　初級向き

観音山

かんのんやま　227m

| 白衣大観音〜野鳥の森 |
| 2万5千図 富岡 |

| 適期 | 1 | 2 | 3 | 4 | 5 | 6 | 7 | 8 | 9 | 10 | 11 | 12 |

▶ 標準的な総歩行時間　2時間40分
▶ 標高差　127m
▶ 眺望　○

●プロフィール

　観音山はＪＲ高崎駅の西南3km余りの所にある。その山頂に、高崎の街を見おろすように建てられた白衣大観音は、市のシンボルとして親しまれており、70年の間、高崎市を見守っている。

　昭和11年、高崎の実業家井上保三郎翁は、当時の混迷した思想界に一つの光明を点じ、観世音菩

▲ひびき橋

薩の広大な功徳を、あまねく世の人たちに分かちあおうとの志から、古来観音にゆかりの深い観音山頂に、白衣大観音像を建立された。高さ41.8m、重さ5985トンのコンクリート造りで胎内は9階からなる。

●コースガイド

　石段下のバス停で降りると正面に518段の石段が見えてくる。観音さまへのお詣りは、ここから歩くことをお勧めする。

　清水寺（せいすいじ）は大同3年（808年）坂上田村麻呂（さかのうえのたむらまろ）が、京都の清水観音を勧請（かんじょう）したと伝えられる。観音山の名はこの観音堂から起こったという。寺から300mで、観音山頂バス停・市営駐車場である。ここからは赤城山の下の前橋市と眼下の高崎市が一つに眺められる。

交通

マイカー　高崎市街地の西を通る国道18号の信号「高松町」を観音山、護国神社方面に折れて和田橋を渡り、護国神社前へ。同神社の先で「市営駐車場」方向に入り、高松町信号から約3kmで市営駐車場。

公共交通機関　高崎駅西口から市内循環「ぐるりんバス」観音山線（片岡先回り）約30分で石段下バス停。

○問い合わせ
　高崎市商業観光課　☎027（323）5511
　上信電鉄㈱　☎027（361）8321
　（ぐるりんバス観音山線）
　野鳥の森バードハウス　☎027（322）5462

白衣大観音に参詣して直下に戻り、向かって左の細い車道に入るとすぐ、野鳥の森の赤い矢印がある。その手前で狭い石段を登ると、「躍進」と題した銅像があり、その根元に4等三角点がある。静かな林の中である。

　先へ下って車道に出るとすぐT字路で、右へ行くとバードハウスがある。野鳥の森はここから一周する。鉄塔までは平坦な道が続くが、その後は沢を見おろす道となり上下が多い。観察小屋から登り返して往路と合う。

　バードハウスから南西へ行くとすぐ車道の分岐で、道標により左へ下ると染色工芸館が見えてくる。染料植物園を一周するのは非常に興味深い。入口に戻り、木で舗装された道に入ると「ひびき橋」（長さ120m、谷底からの高さ28.5m）を渡って大観音に戻る。

参考TIME

石段下バス停 ➡ 清水寺 ➡ 白衣大観音 ➡ 三角点 ➡ バードハウス・野鳥の森一周
　　　　　　0:15　　　0:15　　　　　0:03　　　　0:02

➡ バードハウス ➡ 染色工芸館・染料植物園一周 ➡ 染色工芸館 ➡ 白衣大観音
0:50　　　　　　0:10　　　　　　　　　　　　0:35　　　　　　0:20

➡ 観音山頂バス停
0:10

●アドバイス
▷野鳥の森一周を単に歩くだけの50分としたが、観察しながら歩くには、1時間20分くらいは見る必要がある。現在までに約100種類の鳥類が観察されている。

▲白衣大観音

見どころ
見ごろ

　観音山は桜の名所で、4月上旬から数百本のソメイヨシノが開花し、山全体が薄いピンク色にけむる。また山桜、八重桜が次々と咲いて、4月いっぱい花が楽しめる。

▲ 藤岡市　　　　　　　　　　　　　　　　　　　　　　一般向き

庚申山

こうしんやま　189m

庚申山ハイキングコース
2万5千図 藤岡

適期	1	2	3	4	5	6	7	8	9	10	11	12

▶標準的な総歩行時間
　1時間
▶標高差　85m
▶眺望　□

● プロフィール

　庚申山は東西約1.5km、南北2kmの大きさを持つ丘陵である。標高は低いが、藤岡市民の憩いの山として親しまれ、庚申山総合公園として整備されており、豊かな自然が残っている。

　市の花「藤」をテーマにした、ふじの咲く丘・ふじふれあい館に

▲男坂の登り

は長さ250mもの藤棚がある。そのほかにも各所に藤棚があり、4月中旬から5月上旬の花どきは見事。ひょうたん池から男坂の石段311段を経て山頂までは約20分、下りは女坂をとり約15分ほどである。

モデルコース

第1駐車場 → さくら山 → 庚申山頂 → ふじふれあい館 → 第1駐車場
　　　0:15　　　　0:15　　　　0:20　　　　　0:10

交通

マイカー　上信越自動車道藤岡ICから約15分。JR新町駅から約20分。JR群馬藤岡駅から約10分。庚申山総合公園第1駐車場駐車。

公共交通機関　日本中央バス本郷バス停下車。（新町駅始発の鬼石・上野村行きで、群馬藤岡駅前からは5分）徒歩15分。群馬藤岡駅前、タクシー待ちあり。

○問い合わせ
藤岡市役所
☎0274（22）1211
ふじふれあい館
☎0274（22）8111
日本中央バス藤岡営業所
☎0274（20）1811

吉井町

一般向き

牛伏山

うしぶせやま　491m

ドリームセンター～牛伏山												
2万5千図 上野吉井												
適期	1	2	3	4	5	6	7	8	9	10	11	12

- ▶標準的な総歩行時間
  2時間30分
- ▶標高差　291m
- ▶眺望　◎

●プロフィール

吉井町の南にある牛伏山は、万葉集に「多胡の嶺（たごのみね）」としてうたわれ、昔から地元の人々に親しまれている。

東寄りの一郷山城跡には、展望台のお城が建ち、上層へ登るとすばらしい展望が開ける。4月上旬は千本桜が見ごろとなり花見客で賑わう。展望台周辺は花桃が美しい。6月中旬から7月にかけては、アジサイが見ごろとなる。

▲赤谷公園から牛伏山

遊歩道は道幅の広い擬木の階段が断続的に約1100段ある。

参考 TIME
ドリームセンター ⟹ 遊歩道入口 ⟹ 牛伏山頂 ⟹ 遊歩道入口 ⟹ ドリームセンター
　　　0:25　　　　　1:00　　　　0:45　　　　0:20

交通

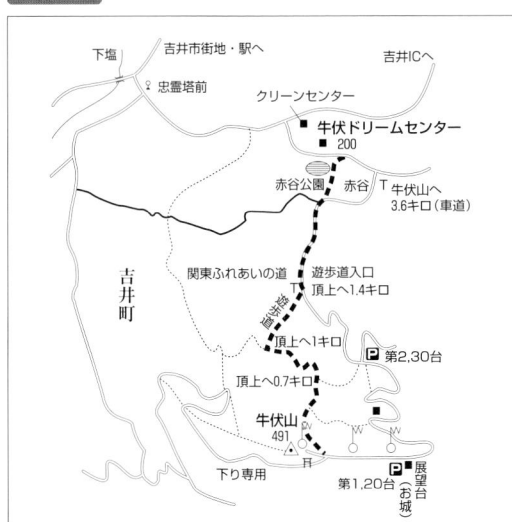

マイカー 上信越道吉井ICから約2.5kmでドリームセンター。国道254号「吉井」信号で南へ折れ約3km、途中、下塩のT字路で左折して同センター駐車場へ。

公共交通機関 上信電鉄吉井駅下車。吉井駅前バス停から町営バス、ドリームセンター行き約10分、均一200円。

○問い合わせ

吉井町役場
☎027 (387) 3111
上信ハイヤー吉井営業所
☎027 (387) 3110
牛伏ドリームセンター
（吉井町保養施設）
☎027 (387) 9111

安中市／高崎市　　　　　　　　　　　　　　　　　　　　　一般向き

石尊山

せきそんさん　571m

安中榛名駅〜石尊山〜戸谷山
2万5千図 三ノ倉

| 適期 | 1 | 2 | 3 | 4 | 5 | 6 | 7 | 8 | 9 | 10 | 11 | 12 |

▶ 標準的な総歩行時間　3時間10分
▶ 標高差　223m
▶ 眺望　□

●プロフィール

　石尊山はJR信越線安中駅の北西8km、安中市東上秋間と高崎市榛名町の境にある。

　このコースは平成13年秋、「歴史とこもれびの道」として安中市が選定したもので、長野新幹線安中榛名駅からスタートし、まず赤穂四十七士石像を拝し、次いで石尊山、戸谷山に登って同駅に帰ってくるコース。要所要所に道標があって歩きやすい。

▲秋間梅林から石尊山（右）と戸谷山（左）

　四十七士石像は、赤穂浪士片岡源五衛門の忠僕元助が剃髪して道心となり、20余年にわたる托鉢のすえ、ここ岩戸山に建立した。安中市史跡に指定されている。

●コースガイド

　安中榛名駅前を東に曲がるとすぐ十字路になる。直進して数分でまた十字路になるが、左へ坂を登ると四十七士石像入口に着く。

　石像はここから山道を往復10分。左側には7台分の駐車場がある。石尊山へは2.2km。

　入口に戻り林道を数分登ると終点から山道に入り、まもなく長岩集落の

────────────────────────────────

交通　マイカー　高崎市から国道18号を西進し、安中バイパス「城下」信号、または「安中市役所入口」右折5kmで秋間小学校前を右折して安中榛名駅へ。駐車場は駅の北（裏）側が広い。
公共交通機関　長野新幹線安中榛名駅下車。JR信越線安中駅か磯部駅（磯部温泉）下車、タクシー15分。磯部駅〜安中榛名駅間バスあり20分。

○問い合わせ
　安中市役所　☎027（382）1111
　ボルテックス・アーク（バス）　☎027（381）1919

車道に出る。公民館の先の桜の木から右折し、数分で畑道から山道に入る。雉子ヶ尾峠への分岐（石尊山へ0.8km）から緩やかに登って石尊山に着く。頂上には台座付きの大きい石祠5基、小さい石祠5基と石燈籠があり、ベンチからは西上州の山々が眺められる。

石尊山から西へ10分で風戸峠に下り、反対側の道に移る。檜林を抜け、峠から10分ほどで、道標により右の細い山道に入る。まもなく広い道に出ると、テレビ受信施設のある戸谷山に着く。

戸谷山から下るとすぐ関東ふれあいの道と合い左折、すぐ先でまた左折すると東屋がある。舗道に降りると、右に公衆トイレが見える。以後は舗道の下りとなる。十数分で二股になるが、左上へ行くのが近い。駅近道から南へ急坂を下ると安中榛名駅が見えてくる。

▲四十七士石像

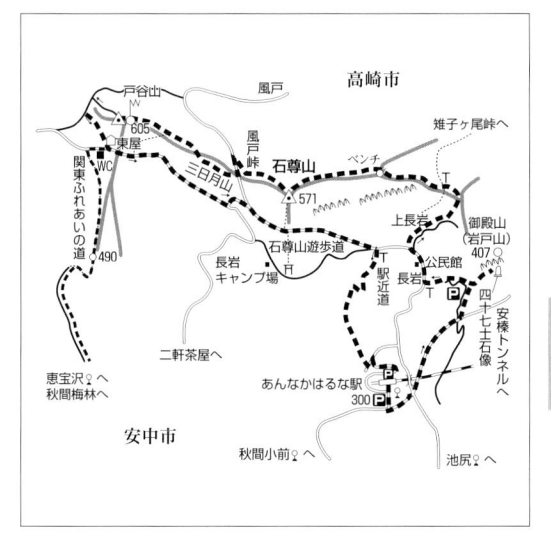

参 考 TIME	安中榛名駅 ➡ 四十七士石像 ➡ 長岩集落車道 ➡ 雉子ヶ尾峠分岐 ➡ 石尊山
	0:25　　　　　　0:15　　　　　　0:20　　　　　　0:25

➡ 戸谷山 ➡ キャンプ場分岐 ➡ 駅近道 ➡ 安中榛名駅
　0:35　　　　0:25　　　　　　0:20　　　　0:25

●アドバイス
▷車道から石尊山へ直接に登る場合、約560段の木段を直登することになる。
▷戸谷山の頂上は北側正面に榛名山、その左奥に白砂山。また赤城山の奥には皇海山も見える。
●サブコース
ふれあいの道コース　戸谷山の南、舗装林道の公衆トイレのすぐ西から、南へ関東ふれあいの道を下る。約3km1時間で恵宝沢（えぼざわ）バス停（安中駅へ20分）に着く。同バス停は「秋間梅林」の玄関口でもある。

見どころ
見ごろ

3月中旬は、近くの秋間梅林が有名だが、このコース沿いにも梅園が多く、静かに観賞できる。5月は随所に藤の花が多く見られる。

▲ 富岡市／安中市 一般向き

崇台山

そうだいさん　299m

安中市学習の森コース
2万5千図 富岡

| 適期 | 1 | 2 | 3 | 4 | 5 | 6 | 7 | 8 | 9 | 10 | 11 | 12 |

▶標準的な総歩行時間
　1時間30分
▶標高差　87m
▶眺望　○

●プロフィール

崇台山は富岡市と安中市にまたがる低い山で、ガイドブックにも載らない小山ではあるが、手ごろな里山歩きが楽しめる。山頂は桜の木に囲まれた広場になっており、榛名山、浅間山、妙義山、西上州の山々から赤城山と展望が広く、好天の日には筑波山も遠望できる。

▲崇台山への道

南麓にある曹洞宗の祝融山長学寺は七日市藩前田家の地元の菩提寺である。元和2年（1616年）加賀百万石の前田利家の子の利孝が入封してから、明治維新にいたるまで、11代のうち5代と関係者17人、あわせて22基の墓碑がある。

●コースガイド

ふるさと学習館から東へ、中耕地の集落をすぎ、12分ほどで、石仏と東電の黄杭がある所から右折して、緩やかな山道を登る。

群馬百名山の標柱と2等三角点のある山頂で休憩し、南尾根を下る。10分たらずで、長学寺の道標から右折し、やや急な木段を下る。周囲は紫陽花園になっており、まもなく長学寺に着く。中国風な鐘楼には、県重

交通

マイカー　国道18号のJR安中駅前をすぎてすぐ左折し、約10分でふるさと学習館。上信越自動車道の富岡ICからは約20分で同館。

公共交通機関　安中駅からは乗合タクシー14分で学習の森下車、1日4便。タクシーは10分。
上信電鉄上州富岡駅からは、乗合タクシー須山行き24分で中高尾下車、1日6便。タクシーは約10分で同所。

○問い合わせ
　安中タクシー（乗合タクシー）　☎027（381）0888
　上信ハイヤー富岡営業所　☎0274（62）2621
　ふるさと学習館　☎027（382）7622
　安中市役所　☎027（382）1111
　富岡市役所　☎0274（62）1511

文の梵鐘がかかっている。

寺の西側奥へ数十段の石段を登ると、前田家の墓碑が立ち並び、手前には富岡市天然記念物の「虎銀杏(とらいちょう)」がある。高さ31m、根廻り8mという。(この往復を10分ほど参考タイムに加える。)

寺からは「関東ふれあいの道」をたどる。寺から15分ほどで、T字路のフェンスにつきあたる。下方は不燃ゴミ処理場になっている。ここを右折し、次のT字路も道標により右折してふるさと学習館へ戻る。

▲崇台山頂上

参考 TIME

ふるさと学習館 ➡ 崇台山 ➡ 長学寺 ➡ T字路・フェンス
　　　　0:25　　　0:20　　0:15

➡ ふるさと学習館
　0:20

●アドバイス
▷コースには要所ごとに道標があり、ウォーキングに適している。
▷歩いた後、ふるさと学習館に立ち寄り、常設展示や企画展示を見るのも興味深い。

●サブコース
[中高尾コース] 中高尾バス停から寺の前のもみじ並木を経て約25分で長学寺。さらに約20分で崇台山に着く。下高尾へ下る場合は、山頂の数分下から狭い車道となり約25分でバス停。下高尾から上信電鉄東富岡駅まで歩いても50分。

見どころ 見ごろ

4月上旬、崇台山の頂上は展望を楽しみながら桜のお花見ができる。

安中市／富岡市／下仁田町　　　　　　　　　　　　上級向き

妙義山

うらみょうぎさん　1104m

石門めぐり～金洞山
2万5千図 松井田・南軽井沢

| 適期 | 1 | 2 | 3 | 4 | 5 | 6 | 7 | 8 | 9 | 10 | 11 | 12 |

▶標準的な総歩行時間
　2時間20分
▶標高差　627m
▶眺望　○

●プロフィール

　妙義山は白雲山、金洞山、金鶏山の三山から成る。四国の寒霞渓、九州の耶馬渓と並んで、日本三奇勝とされ、妙義荒船佐久高原国定公園の北東に位置している。
　奇峰、奇岩怪石が多く、明々巍々たる奇勝から明巍と呼ばれ、のち妙義と改められたと伝えられる。

▲第4石門と大砲岩

　広義の妙義山は、妙義湖（昭和33年建設）に注ぐ中木川をはさんで、逆コの字形に連なる岩峰群の総称である。松井田側を表妙義、横川側は裏妙義と呼ばれている。

●コースガイド

　妙義山の中で最もポピュラーな石門めぐりと、主峰金洞山を結ぶこのコースは、奇岩の妙義山を満喫できる。
　中之岳駐車場から5分ほど車道を歩く。登山口から階段状の岩の道となる。数分先の第1石門手前の分岐で、右は直接第4石門へ、左は鎖場コースとなる。こちらはシーズン中は大渋滞となり、上りだけの一方通行となる。
　第2石門を「カニの横這い」「つるべ落とし」の鎖で通過すると、ベンチなどのある第4石門の広場に着く。アーチ状の石門の窓越しに見る大砲岩とゆるぎ岩の眺めはすばらしい。「大砲岩」「天狗の評定」などは鎖が付いていて往復できるが、混雑時は特に要注意。
　金洞山へは小屋の前の山道を入る。雑木林の道を登ると金洞山への分岐となる。注意板もあるが、右上は山頂への道で上級向き。
　斜めの鎖で稜線の鞍部に出る。尾根の北側を進むと稜線最初の鎖が現れる。足場があるので登りやすい。少し先が頂上直下の垂直に近い鎖で、多

少の足場はあるが腕力が必要。

頂上には石祠があり、裏妙義、浅間山などの眺めが良い。この先は熟達者向き縦走コースとなる。

鎖場を降りて分岐に戻る。少し下って左上の見晴台に寄る。ここからは石門群などを眼下に見おろすことができる。長い石段状の道を中之岳神社に下る。

なお、文部省唱歌に「妙義山」(大和田建樹作詞・田村虎蔵作曲)があり、地元では歌い継がれているので紹介する。

峨々たる巌連なりて
虚空に聳つ妙義山
夏きて聞けば杜鵑　麓
の若葉のかげに啼く
2番は
石門高く白雲の　絶間
にひらくる妙義山
冬きて見れば降る雪に
巌も枯木も花ぞ咲く

参考TIME

中之岳駐車場 ⟹ 石門登山口 ⟹ 第4石門 ⟹ 金洞山分岐 ⟹ 金洞山
　　　　　0:05　　　　　0:35　　　　0:10　　　　　0:35

⟹ 分岐 ⟹ 中之岳神社 ⟹ 駐車場
　0:20　　0:30　　　　　0:05

交通

マイカー　上信越道松井田妙義ICから妙義神社下の駐車場まで約5分。周辺に150台。裏妙義は国道18号「横川」信号で左折し約5kmで国民宿舎裏妙義。

公共交通機関　JR松井田駅からタクシー10分弱。裏妙義は横川駅からタクシー約10分(常駐はない)。鍵沢コースは横川駅下車。

○問い合わせ

安中市役所　☎027(382)1111
富岡市役所　☎0274(62)1511
旭屋観光タクシー　☎027(393)0135
国民宿舎裏妙義　☎027(395)2631
妙義ふれあいプラザもみじの湯　☎0274(60)7600

●アドバイス
▷登山道が稜線の北側に回る場合、冬期には登山道が凍結するので注意が必要。

●サブコース

|大の字〜表妙義自然探勝路|

妙義神社と石門群とを結ぶこのコースは、「中間道」「お中道」とも呼ばれる。

妙義神社下の富岡市営駐車場から大鳥居をくぐり石段を登る。関東一壮大な構えの総門に次いで、全国有数の見事な唐門をくぐり、壮麗な妙義神社本殿に参拝する。上記はいずれも国指定重要文化財の貴重な建物である。

本殿から右へ、道標により大の字へ向かう。杉林の中を行き、大の字が立つ岩は鎖で登る。

大の字は「明巍大権現の大」といわれる。背後は白雲山で、前方は関東平野が広がる。

大の字から少し先で、表妙義縦走路を分けて左へ下る。石の多い道から、自然探勝路に合流して第1見晴に出る。金鶏山や平野部が眺められる。

まもなく5mほどの大黒の滝をすぎる。第2見晴は妙義の岩峰群を一望できるが、岩場のため足もとには要注意。ここから十数分でタルワキ沢分岐となる。ブドウ園へ下る場合は車道まで約30分。

さらに進むと自然石の「本読みの僧」がある。雑木林の中を上下して進むと東屋に出る。ここから左へ尾根を下れば、約30分で金鶏橋のたもとの車道に降りる。

右に向かい、まもなく長い鉄階段で岩稜を登る。金洞山直下の巨大な岩ひさしの下を通り、大砲岩分岐点に着く。

第4石門の広場に下ると、前面が「日暮らしの景」である。石門登山口へ下り、一本杉を経て駐車場へ戻る。

車が揃い、妙義神社と中之岳駐車場と両方に置けばかなり楽になる。駐車場(15分)妙義神社(45分)大の字(30分)第1見晴(20分)第2見晴(25分)本読みの僧(25分)東屋(50分)第4石門(25分)石門登山口(1時間20分)駐車場。

|裏妙義縦走|

妙義山塊の代表的縦走コース。国民宿舎に声をかけて、宿舎の前の駐車スペースが利用できる。登山道は宿舎の向かって左脇から入る。籠(こもり)沢沿いの道を行き、両側から岩尾根が迫ってくる木戸の谷間に入る。まもなく最初の鎖を登ると、以後は沢沿いの岩の多い道を登る。裏妙義稜線手前の窪所の所を連続の鎖で登ると、やせた稜線に出る。鎖で東から北西へ、丁須(ちょうす)岩の下を回ってから、鎖を登って丁須岩の肩に着く。

裏妙義の中心、丁須の頭

> 見どころ
> 見ごろ

妙義と言えば「紅葉」と言われるほど有名。10月末〜11月上旬。「さくらの里」は4月中旬から5月にかけて、50種1万5千本の桜。ソメイヨシノと八重桜の二度の花盛りが見られる。

(丁須岩)から縦走コースに入って一番の難所、約20mのチムニーの下りにかかる。鎖場はほぼ垂直だが、足場はしっかりしている。腕力に頼りすぎると危険。赤岩東側の道標から2連の鎖で下降し、十数分進むと、赤岩南壁のトラバースが始まる。核心部の6連の横の鎖は、足もとには金属板が付けられている。鎖場をすぎて赤岩見晴(赤岩西南端)に出る。

続く七人星は、最後の二つの岩は北側を巻く。烏帽子岩東側下の短いがやや危険な岩場を登ると、ようやく鎖場は終わる。烏帽子岩の南端から10分で風穴尾根の頭をすぎ、10分下ると三方境で、入山へ

▲中之岳駐車場から金洞山

の道を分ける。

三方境から20分弱で水場がある。小さな馬頭観音を見ると、まもなく中木川を飛び石で渡る。林道に出て、駐車場まで約10分である。国民宿舎（50分）木戸（1時間30分）丁須岩（20分）チムニー上（25分）赤岩東側道標（40分）赤岩見晴（30分）烏帽子岩東側下（30分）三方境（1時間30分）国民宿舎。

鍵沢コース

横川駅から旧道18号を碓氷峠方面へ進み、碓氷梁の方へ左折。入山川にかかる橋（手前が駐車地）を渡ると、登山口（山道入口）になる。鳩胸と呼ばれる急斜面をジグザグに登り、平坦になると鍵沢の左岸を並行して進む。

鍵下の滝（第2不動の滝）から道は右岸に移り、両岸が狭くなってくると鎖場が現れてくる。登山道も滑りやすく要注意。

沢の水が涸れると、源頭の滑りやすい土と岩の斜面は、丁須岩の下まで続く鎖場となり、登り切ると丁須岩の西の鞍部に出る。

丁須の頭に登るには、鎖を利用して肩の部分に登り、さらに丁須の頭の岩頭から下がっている鎖を利用するが、出だしがかなり悪く腕力がない人は危険。ふつうは肩まで登って引き返す。

丁須岩から御岳、鼻曲岩へのコースは、途中に危険な鎖場や岩場があり、長時間かかる。

往路を戻るか、籠沢経由で国民宿舎方面へ下山する方が容易である。横川駅（25分）登山口（1時間20分）鍵下の滝（1時間30分）丁須岩（1時間）鍵下の滝（55分）登山口（20分）横川駅。

▲裏妙義のシンボル丁須の頭

△表妙義山、崇台山から

下仁田町／長野県　(初級向き)

物見山

ものみやま　1375m

神津牧場〜物見山
2万5千図 信濃田口・御代田・荒船山

| 適期 | 1 | 2 | 3 | 4 | 5 | 6 | 7 | 8 | 9 | 10 | 11 | 12 |

▶標準的な総歩行時間
　2時間30分
▶標高差　310m
▶眺望　◎

●プロフィール

　物見山は明治20年（1887年）に生まれた、日本最古の洋式牧場として知られる神津牧場の西側、長野県境にある。

　「私はこのあたりで、初めて日本の低い、小さな山歩きのおもしろさ、たのしさを知った。──ああ、美しい、きよらかなこの信濃境いの山上牧場の春浅い朝に飲む一ぱいの牛乳！」（大島亮吉『山－随想』から）

▲物見山から荒船山（右）

　神津牧場から登る物見山は家族向きであり、牧場はもはや歩いて行く所ではないが、尾瀬喜八の「山の絵本」にもとり上げられたように、夜行列車で軽井沢駅に降り、八風山(はっぷう)を経由し、または高立(たかたち)の一本岩から神津牧場に至るコースなど、かつてはハイカーのメッカ的存在であった。物見山や物見岩に登って、南に荒船山や西上州の山々、北に浅間山の噴煙を望む明るい風景は、当時と変わってはいない。牧場の中心には、神津牧場記念館、食堂やロッジなどがあり、のどかな牧歌的風景の中で搾乳作業を見ることもできる。

●コースガイド

　駐車場の隅から道標に従って物見岩へ2kmの道を登る。尾根に出るとベンチがあり、物見岩はここから往復する。物見岩から物見山へ向かうと林

交通　マイカー　下仁田町から国道254号21kmで内山トンネル手前の神津牧場入口。さらに3kmで牧場手前左側に駐車場。
公共交通機関　上信電鉄下仁田駅から町営バス市野萱行き30分終点下車。牧場まで徒歩1時間30分（下りは1時間20分）。

○問い合わせ
　下仁田町役場　☎0274（82）2111
　神津牧場ロッジ　☎0274（84）2363
　西下仁田温泉荒船の湯　☎0274（60）6004

道を2回横切る。

物見山頂上の一角には電波塔が立つ。長野県側と群馬県側両面に開けたすばらしい展望台である。

物見山から牧柵に沿って下り、林道を横切って山道に入ると、約10分で香坂峠に着く。峠からは笹のある道となり、約15分で馬頭観音の碑と二体の石仏が道を挟んで立っている。

この先短い石橋が4カ所ほどある。20分ほどで幅広い道となり、さらに20分ほどで舗装道路に出ると、牧舎などの風景が広がる。

牧場の食堂で、名物のソフトクリームや搾りたての牛乳を賞味して小休後、数分で駐車場に戻る。

▲荒船山艫（とも）岩から物見山（左）

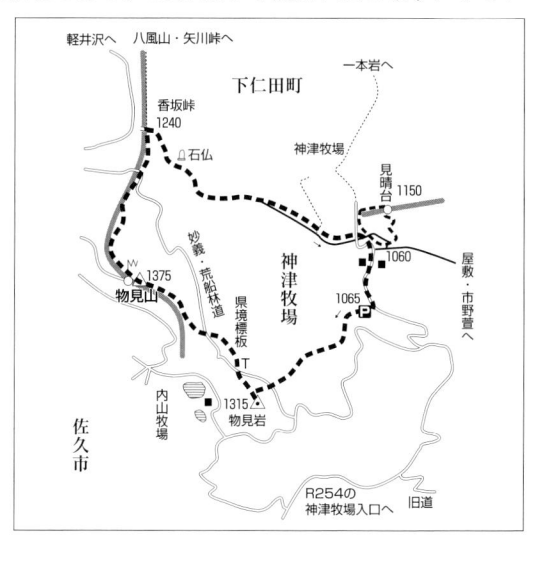

参考 TIME	駐車場 ⇒ 物見岩 ⇒ 物見山 ⇒ 香坂峠 ⇒ 駐車場
	0:45　　　　0:35　　　　0:20　　　　0:45

●アドバイス
▷このコースは道標が完備されていて、のんびり歩くのに良い。
●サブコース
牧場見晴台 牧場中心地の食堂などから近い、北側の見晴台に登って見るのも良い。頂上とは違った角度で、足もとに牛の群れや池などが見える。また、訪れる人の少ない牧場北面から見る浅間山が美しい。

見どころ 見ごろ

早春や晩秋の大気の澄む季節の大展望。物見岩と物見山の360度の展望を併せて720度の展望と言うくらいである。

安中市　上級向き

高岩

たかいわ　1084m

西登山口～高岩
2万5千図 南軽井沢

適期	1	2	3	4	5	6	7	8	9	10	11	12
				●	●					●	●	

▶標準的な総歩行時間　3時間10分
▶標高差　264m
▶眺望　○

●プロフィール

高岩は上信越自動車道、碓氷軽井沢ICの真上にそびえる岩峰である。

一見して雄岳と雌岳の双耳峰のように見えるが、それぞれが三つの岩峰に分かれている。道標も少ないため、できれば経験者の同行が望ましい。短時間で歩けるが、眺望が良いので、ゆっくり時間をとって楽しみたい。

▲千駄木峠から高岩

岩が乾き、遠望がきく、晩秋が最も登りやすいだろう。

●コースガイド

西登山口から400mほど行くと山道の分岐で、右へ高岩への道をたどる。急登になると十数mの岩場があり、ロープで登りきると主稜線に出る。少し北の分岐点から、約80m東の展望台を往復する。

展望台は東正面の谷急山をはじめ、東から北へ遠望がきく。分岐に戻る。尾根道の西側に隣接する雌岳の三つの岩峰は、最北の岩峰だけが、その上に立てるといわれるが、取り付きが切れ落ちており、岩がもろく危険である。岩の根元の右寄りには風穴があり、岩の窓から浅間山が見える。

交通

マイカー　国道18号、横川で碓氷バイパスに入り約4kmで左折して恩賀方面へ、さらに9kmで西登山口。駐車は車道からわずか北側へ入った林道跡に3台程度。または、上信越道碓氷軽井沢ICで下りて約1.3kmで西登山口。

公共交通機関　JR横川駅下車。タクシー利用となる。

○問い合わせ
　安中市役所　☎027（382）1111
　旭屋観光タクシー　☎027（393）0135

岩場の東を巻く道で、雄岳との鞍部に下る。鞍部から数分で鎖の取り付き点となる。ここは妙義山系に数多い鎖の中でも上級に属する。6カ所固定された約22mの鎖が、チムニー状の岩壁に付けられている。

　最初のハング気味6mと最後の6mの直登が悪い。途中に2カ所の小テラスがあり休息によい。稜線に出れば数分で雄岳に着く。頂上の岩には「御嶽」の石碑がある。ゆっくり休むには数人程度の広さしかない。足下には碓氷軽井沢ICを見下ろす。

　鞍部に戻り下山する。砂地から石の沢に入り、すぐに落ち葉の山道となる。道なりに下れば右寄りに林のへりに出て草原を通る。東登山口に出て西登山口へ緩やかに登って戻る。

△高岩雄岳、左は雌岳

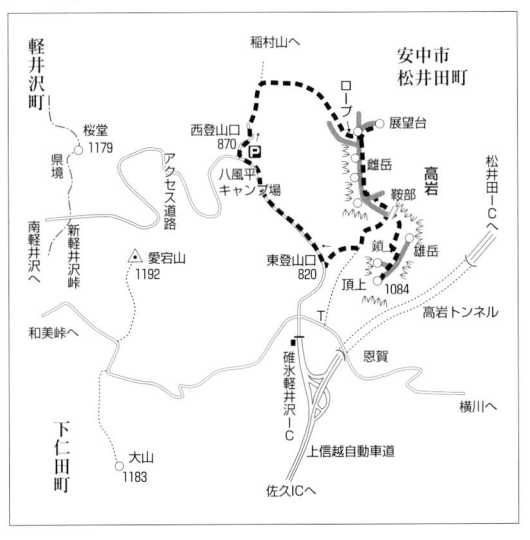

参考TIME

西登山口 ➡ 展望台 ➡ 雌岳北峰 ➡ 鞍部 ➡ 雄岳 ➡ 鞍部 ➡ 東登山口
　　0:45　　　0:20　　　0:30　　0:30　　0:20　　0:30

➡ 西登山口
0:15

●アドバイス

▷雄岳は鎖場がきついので敬遠するグループが多い。

▷なお、高岩だけでは時間が余る場合、近くの愛宕山（石尊山あるいは高ボッチ1192m）や、大山（1183m）に登っても面白い。また、車で20分ほど走れば稲村山（953m）や、矢ヶ崎山（1184m）があり、いずれも展望の良い山頂まで1時間20分ほどで往復できる。

見どころ 見ごろ

新緑と紅葉の季節。周囲の風景に岩峰がマッチして、独特の美しさがある。

下仁田町　　　　　　　　　　　　　　　　　　上級向き

日暮山

にっくらやま　1207m

小平〜日暮山
2万5千図 南軽井沢

▶標準的な総歩行時間　4時間10分
▶標高差　529m
▶眺望　○

| 適期 | 1 | 2 | 3 | 4 | 5 | 6 | 7 | 8 | 9 | 10 | 11 | 12 |

●プロフィール

　日暮山は目立ち親しまれるふるさとの富士である。この山を矢川では矢川富士と呼び、高立（たかたち）では、馬の荷鞍（くら）に形が似ているので、荷ぐら山と呼んでいる。

　地域住民の信仰の山で、明治の末期から大正初期に祭られた石宮のほか、数カ所の石碑が建てられている。

▲神津牧場から日暮山

　文政7年（1824年）四国八十八カ所霊場巡礼祈願の代参所として、初鳥屋（とりや）に88基の石仏が安置された。建立者は矢川村周辺地域のほか、信州、江戸の人もいた。現在でも村内には石仏が多い。

●コースガイド

　小平集落入口の左側側壁に「ぐんま百名山日暮山」のプレートがあり、林道利用で2時間30分とある。林道はすれ違いが難しい程度で、特に駐車適地は無いが、標高780m付近まで入れば歩行時間はかなり短縮される。ここから、新しい林道もできた。

　ここでは小平集落から歩く。林道の奥には大きい板の道標に「日暮山・小平」とある。左へ作業道に入ると荒れているが、まもなく「日暮山山頂」

交通　マイカー　下仁田から国道254号を西進し、本宿で軽井沢方面へ右折、初鳥屋で左折するとすぐ小平。下仁田〜小平約16km。駐車は小平地区集会所周辺。

公共交通機関　上信電鉄下仁田駅から町営バス初鳥屋行き35分終点下車。小平まで徒歩10分。平成24現在、朝の初鳥屋行き8時05分（平日）、下仁田行き終バス15時45分。毎日運行片道500円、硬貨の用意が必要。

○問い合わせ
　下仁田町役場　☎0274（82）2111
　平和タクシー　☎0274（82）2429
　成和タクシー　☎0274（82）2073

の小さな道標板が立つ。

　ここから日暮山の主稜線の急坂の下の道標（小鞍部）に出るまでは、経験者の同行が必要である。鞍部と言われる場所は、下りには簡単に通過してしまう地点で、鞍部状の地形ではない。道標には「山頂まで急登」とあるだけで、林道への下降点・分岐点の表示は無い。

　主稜線に出て20分ほどで、不動明王の石碑があり、さらに石古利住命、摩利支天と続くと頂上で、南端に御嶽大神、中央に石祠と三角点がある。北の突端の八海山神社碑へ行くと展望が良い。南軽井沢の別荘地帯が広がり、彼方に雄大な浅間山がそびえている。復路は同じ道を忠実に戻る。

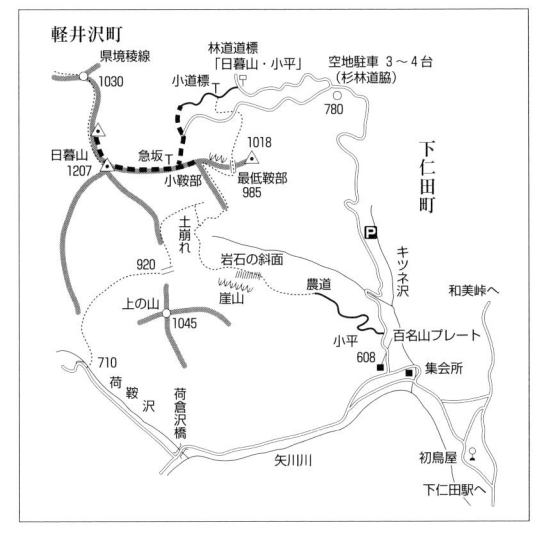

▲日暮山（矢川富士）

参考 TIME

小平 ➡ 駐車地 ➡ 林道分岐道標 ➡ 急坂下道標（小鞍部）➡ 日暮山
1:10　　0:25　　0:25　　　　　　　0:25　　　　　　　0:40

➡ 急坂下道標 ➡ 林道分岐道標 ➡ 小平
0:25　　　　　0:20　　　　　0:45

●アドバイス
▷短いが所々にやぶがあり、地形図と磁石は必携。

●サブコース
小平コース　昔の信仰の道。小平最上部の家の前から農道に入る。農道終点は車３台ほどのスペース。農道終点から10分たらずで水のない岩石の小沢になるが、この上部が平成20年に崩壊し、多量の岩石の斜面になっている。岩の上を登って最上部近くから右の小尾根に移ると道がある。

　しばらく杉林の中を行く。土崩れの場所もあるが道は続いている。主稜線の標高約千米地点（最低鞍部の西約５分）に出るまで、要所にはテープもある。頂上まで２時間30分。

見どころ 見ごろ

山頂は北側に軽井沢の別荘地帯が広がり、彼方に大きな浅間山がそびえる。遠くは武尊山、筑波山なども見える。

▲ 下仁田町　　　　　　　　　　　　　　　　　　　　上級向き

御堂山
みどうやま　878m

藤井関所跡〜御堂山
2万5千図 南軽井沢・荒船山

| 適期 | 1 | 2 | 3 | 4 | 5 | 6 | 7 | 8 | 9 | 10 | 11 | 12 |

▶標準的な総歩行時間
　4時間
▶標高差　528m
▶眺望　□

●プロフィール

　国道254号を荒船山や神津牧場などの帰りに下仁田の中心街に向けて走ってくると、本宿付近で左前方の稜線上に「じじ岩とばば岩」の二つの奇岩が向かい合っているのが見える。御堂山はその左奥にそびえている。

　登山口近くにある西牧関所（藤井関所）は、本宿村に番屋と日向

▲御堂山（左上）

御門、内山峠に向かう藤井村に日影御門が置かれた。現在残されている関所跡は日向御門である。明治2年（1869年）に廃止された。

●コースガイド

　登山口は藤井関所跡の右脇の作業道西の入線に入る。舗装は約100mで終わる。さらに500mほど進むと林道二股になるが、自然に右の本線を行く。登山口から約2.2kmで林道終点となる。杉林の中の道を沢沿いに登ると二俣になるので、左の小滝の方へ入る。5mほどの小滝は右側に足場がつけられているが、苔が生え、すべりやすいので要注意。なお、夏から秋にかけては、このあたりから鞍部にかけて、草とイバラが深くなる。

　鞍部に出て左へ尾根を伝い、正面の岩場を西に回りこむ。木の根をたよ

交通　マイカー　下仁田町から国道254号を西進。本宿で軽井沢方面へ分岐する手前にある「藤井の関所跡」が登山口。駐車は軽井沢方面に入ってすぐ左側の路側に3、4台可能。

公共交通機関　上信電鉄下仁田駅から町営バス市野萱行き、または初鳥屋行き20分「坂詰」下車（硬貨の用意が必要）。徒歩数分で登山口。

○問い合わせ
　下仁田町役場　☎0274（82）2111

りに岩峰の南に登り、着いた松の木のテラスが、じじ岩、ばば岩の展望台で、松の枝越し間近に、じいとばあが見られる。

　往路を鞍部に戻り、約10分登ると主稜線に出る。山頂基部では稜線がはっきりしない所もあるが、踏み跡が多く、急な直登で御堂山の頂上に着く。下山は往路を戻る。

　山頂から高石峠を経て根小屋に下る場合、西峰への踏み跡を下る。西を指す尾根に移り、途中、岩塊があって尾根の南側を巻く所があり、杉林の踏み跡をたどるが、稜線に戻ってまもなく高石峠に着く。根小屋に下る道は不鮮明だが危険な所はない。御堂山（45分）高石峠（50分）根小屋バス停。

▲じいとばあの奇岩

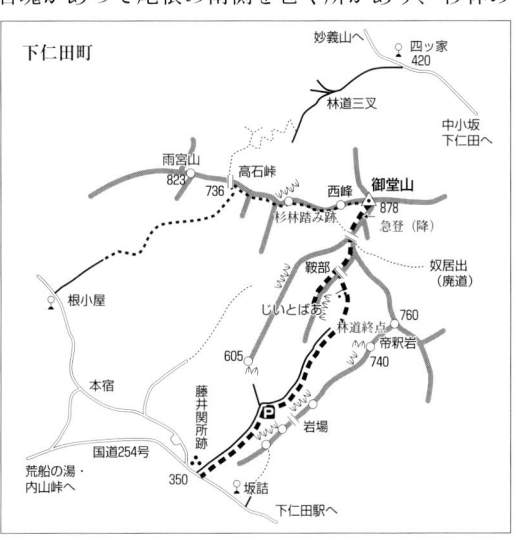

参考TIME

登山口 ➡ 林道終点 ➡ 鞍部 ➡ 展望台 ➡ 鞍部 ➡ 御堂山 ➡ 鞍部
0:45　　　0:30　　　0:20　　0:20　　0:20　　0:40　　0:30

➡ 林道終点 ➡ 登山口
　0:20　　　　0:35

●アドバイス
▷コースは時間的には短いが、特に整備された登山道がないので、地図をある程度読みこなせる人向き。特に山頂付近は稜線がはっきりしないので注意が必要。

見どころ見ごろ

山頂から眺める南側からの妙義山の姿は、ふだん見る妙義山とは全く違っていて、一見の価値がある。

下仁田町 　一般向き

物語山

ものがたりやま　1019m

サンスポランド〜物語山
2万5千図 荒船山

適期	1	2	3	4	5	6	7	8	9	10	11	12

▶標準的な総歩行時間
　3時間30分
▶標高差　610m
▶眺望　△

●プロフィール

　山名は、昔このあたりにあった山城が戦いで陥落した際、城兵たちが山頂の西にあるメンベ岩へ藤蔓（ふじつる）をたよりに登り、頂に財宝を埋蔵した後、藤蔓を切って全員切腹して果てたという"物語"によるという。

　サンスポーツランド前バス停から深山（みやま）橋を渡り、林道終点近くに、登山口の道標がある。山道を沢の対岸に渡り、杉林の中を急登すると広い鞍部で、左へ3分ほどで展望の広い西峰へ行ける。先へ進み物語山山頂へ。

△物語山西峰（左はメンベ岩）

参考 TIME
サンスポランド駐車場 ➡ 山道入口 ➡ 鞍部(西峰往復約6分) ➡ 物語山
　　　　　　　　1:00　　　　0:40　　　　　　　　　　0:15

➡ 山道入口 ➡ 駐車場
0:45　　　0:40

交通　マイカー　国道254号を下仁田町から約11kmで登山口の道平ダム入口（深山橋）。林道は悪路のため、ふつう「サンスポーツランド下仁田」の駐車場に駐車。

公共交通機関　上信電鉄下仁田駅下車。町営バス市野萱行き18分「サンスポーツランド前」下車。

○問い合わせ
　下仁田町役場
　☎0274（82）2111

山名の話 ②

　山の名前は地形や形からつけられたものが多いと「山名の話①」で述べたが、そのような中でこの物語山はまさに異色なネーミングと言えるだろう。ただしメンベ岩についてはメンベ板からつけられたということなので、やはり形が元になっているようだ。

　地形と山名の関係に戻るが、赤城山の南西に突き出でるようにそびえる鍋割山も形からつけられたもののひとつ。東西方向から見ると鍋を割ったような形がはっきりしてくる。鍋割山という山名は、各地にあるが、特に有名なのが赤城鍋割と、丹沢の鍋割。ただ、丹沢の鍋割山の場合は形からつけられた名前ではないようで、滑（なめ）が割れた沢、あるいは滑が悪い沢から来ているとも言われ、近くには鍋割沢という名の沢もある（もっともその源流は鍋割山につきあげてはいないが）。

　沢や岩場にちなむ地名としては、滝、セン、倉などもあり、岩場や険しい谷の多い群馬・新潟県境の山に比較的多く見られるようだ。特に谷川連峰には「倉」がつく山が目に付く。仙ノ倉山、一ノ倉岳、茂倉岳などで、そのうち仙ノ倉山と茂倉岳は「ぐんま百名山」に選ばれ、また一ノ倉岳は一ノ倉沢の大岩壁で有名。この「倉」は岩場、岩壁をさすといわれ、岩場に生息するカモシカにはクラシシというよび方もある。出合から一ノ倉沢の大岩壁を見上げれば、一番の岩壁、一ノ倉と名づけたものと納得できる。

　さて、仙ノ倉の「仙」。漢字では仙人の仙をあてているが、この「セン」は「滝」のこと。北面仙ノ倉谷の源流には東ゼン、中ゼン、西ゼンという大きな滝を持った支流があり、滝のかかる岩場の山、そんな意味で仙ノ倉山と名づけられたものだろうか。またこの仙ノ倉山から万太郎山にかけての稜線南側に深い谷を刻む赤谷川源流にはドウドウセン、マワットノセンなどの「セン」のついた滝が多くある。また、西上州には立岩の麓に線ヶ滝という名瀑があるが、このセンも上記に通じるものだろうか。

富岡市／下仁田町　　　　　　　　　　　　　　　　　　一般向き

大桁山

おおげたやま　836m

千平～鍬柄岳～大桁山
2万5千図 下仁田

| 適期 | 1 | 2 | 3 | 4 | 5 | 6 | 7 | 8 | 9 | 10 | 11 | 12 |

- 標準的な総歩行時間　4時間20分
- 標高差　396m
- 眺望　○

●プロフィール

　大桁山は妙義山の南6kmにあり、杉や檜におおわれたゆるやかな山容である。西上州の山々の玄関かつ展望台で、関東ふれあいの道が通っている。中腹に100m近く突出した鍬柄岳（くわがら）（598m）は、石尊山とも言う信仰の山で、頂上には3基の石祠が祭られている。この岩峰には鎖が付けられており、短時間だが上級向き。

▲大桁山と鍬柄岳（右中腹）

●コースガイド

　上信電鉄千平（せんだいら）駅で下車。駅東端の踏切を渡って小倉の集落に入ると、鍬柄岳の岩峰が杉林の上に頭をもたげている。登山口の道標から杉林を登り岩峰の南尾根に出る。岩峰の基部に取り付き、やや高度感のある鎖を伝って東寄りの岩尾根に出る。やせた岩稜を少し登ると鍬柄岳の頂上に着く。西上州の山々から平野まで一望できる。

　鎖を降りて取付点に戻り、岩峰の下を西へ回る。松林の西北尾根をたどると、林道の切通しに出る。反対側の尾根に取り付くと、道はやや急登になる。境界標石のある尾根を30分ほどで、ゆるやかな丸太階段の下の、ふ

交通　マイカー　富岡市街地から国道254号約10km、または上信越道下仁田ＩＣから2.5kmの安楽地（あんらくち）付近で右折し、千平駅を経て鍬柄岳登山口へさらに2.5km、駐車2台。やすらぎの森はその先1km、駐車15台。
公共交通機関　上信電鉄千平駅下車。鍬柄岳登山口まで1.5km。
○問い合わせ
　富岡市役所　☎0274（62）1511
　下仁田町役場　☎0274（82）2111

れあいの道に合う。2分ほど先で二岩からの林道と合い、道なりに右へ進んで、頂上へ0.5kmの道標から右へ山道を登る。頂上直下の尾根に出ると、檜林の広い坂を登って大桁山頂に着く。3等三角点と関東ふれあいの道の石標やベンチがあってやや広い。

頂上からもとの道を下り、二岩分岐から鍬柄岳への分岐を見送ると、数分で舗道となり川後石峠は近い。峠から20分ほど下り、道標により右下へ細い山道を下るが、すぐに車道となり、約3分でやすらぎの森入口となる。大桁山へ3.5km、千平駅へ2.5kmの道標が立つ。ここから十数分で、往路の鍬柄岳登山口を過ぎ、千平駅へ戻る。

▲鍬柄岳(左)と大桁山(破風山から)

参考TIME

千平駅 ⇒ 鍬柄岳登山口 ⇒ 鎖場下 ⇒ 鍬柄岳 ⇒ 鎖場下 ⇒ 切通し
0:25　　　0:40　　　0:15　　0:15　　0:20

⇒ 二岩分岐 ⇒ 大桁山 ⇒ 川後石峠 ⇒ やすらぎの森入口 ⇒ 千平駅
　0:30　　　0:25　　　0:30　　　　0:25　　　　　　0:35

●アドバイス
▷鍬柄岳の鎖場は部分的に高度感があり、登り終えてからも狭い岩稜を伝うので要注意。

●サブコース
やすらぎの森コース　富岡市側の「大桁やすらぎの森キャンプ場」から大桁山頂を往復するのは初級向き。往復約7km。やすらぎの森(35分)川後石峠(40分)大桁山(30分)川後石峠(30分)やすらぎの森。歩行時間約2時間15分。

見どころ見ごろ

冬晴れの日には北側の樹間に、上越の連峰から皇海山にいたる雪山を望むことができる。

下仁田町／南牧村／長野県　　　　　　　　　　　　　　　　一般向き

荒船山

あらふねやま　1423m

内山峠〜艫岩〜経塚山コース
2万5千図 荒船山・信濃田口

| 適期 | 1 | 2 | 3 | 4 | 5 | 6 | 7 | 8 | 9 | 10 | 11 | 12 |

▶標準的な総歩行時間
　4時間
▶標高差　350m
▶眺望　○

●プロフィール

　群馬・長野県境に横たわる特徴的な山容のテーブルマウンテン。群馬県の平野部からも、その名のとおり荒海を突いて進む航空母艦のような姿を遠望することができる。

　山頂北側には比高200m、幅500mに達する垂直の大岩壁。いっぽう台地状の山頂部は北の艫岩から南の経塚山まで南北2㌔、東西は400mに及び、垂直と水平の見事な対比を見せている。

▲荒船山艫岩

　山頂台地の南端にそびえる経塚山（1423m）が荒船山の最高点で、ここからは佐久市側の登山口の荒船不動、南牧村の星尾や立岩方面への道が続いている。群馬県側には下仁田町相沢からの登路もあるが、現在もっとも一般的な登路はここで紹介する県境の内山峠からのもので、峠には駐車場も完備し、コースの整備も行き届いている。

●コースガイド

　内山峠の長野県側に駐車場があり、その奥から登山コースが始まる。し

交通　マイカー　上信越自動車道下仁田インターから下仁田町中心街を経て国道254号を西進。内山トンネル手前で神津牧場方面に右折し、旧道を内山峠へ。駐車は峠を少し長野県側へ下った左側。約20台。相沢コース登山口は3台。

　公共交通機関　上信電鉄下仁田駅から町営バス市野萱行きで三ツ瀬下車。この場合は相沢コースで山頂往復が一般的。また下山を南牧村側にとり、立岩と組み合わせてもおもしろいだろう。

○問い合わせ
　下仁田町役場　☎0274（82）2111
　佐久市役所　☎0267（62）2111
　西下仁田温泉荒船の湯　☎0274（60）6004

ばらくは県境尾根の西側を巻き気味に、アップダウンを繰り返しながら徐々に高度を上げていく。ところどころ景色が開け、八ヶ岳方面や目指す荒船山を望むことが出来るが、ほとんど樹林の尾根が続く。

最後の登りとなる手前で、大岩の下を過ぎると一杯水の水場がある。ここから急登となるが、足下に注意して20分も登れば、山頂台地北端、大岩壁突端の艫岩に立つ。艫岩で大展望を満喫したら山頂台地を縦断して経塚山を目指そう。小さな起伏が続く樹林の道は、まるで里山を歩いているような雰囲気で、標高1300mを越える山の上とは思えない。

経塚山山頂へは最後にやや急な登りがあるものの、基部から標高差100mほどの登りで山頂に立てる。山頂からは南東の南牧村方面の展望が開けている。経塚山からは往路を忠実に戻る。艫岩から一杯水までの急斜面の下りは特に慎重に。

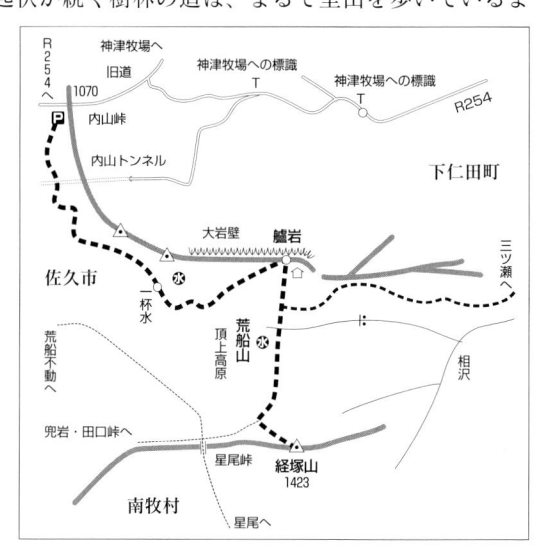

参 考 TIME	内山峠 ➡ 艫岩 ➡ 経塚山 ➡ 艫岩 ➡ 内山峠
	1:30　 0:40　 0:40　 1:10

●アドバイス
▷一杯水から先は岩場の急斜面となる、それほど危険なところではないが、雨中・雨後や初冬・早春などの凍結・積雪時など、滑りやすくなるので注意。
▷艫岩からの展望は素晴らしいが、先端は切れ落ちた高度差最高300mの岩壁なので端には近づきすぎないように。またこの岩壁には岩登りのルートも拓かれている。絶対にものを投げたり、落としたりしないこと。

●サブコース
相沢から荒船山　下仁田町西部、内山峠東麓の三ツ瀬から相沢を経て艫岩近くに登り上がるコース。登山口近くには日帰り温泉施設の「西下仁田温泉・荒船の湯」がある。

見どころ
見ごろ

艫岩からの展望がこのコース最大の見どころ。神津牧場から妙義、浅間から遠く北アルプスまで。

上野村

諏訪山（上野村）

上級向き

すわやま　1549m

楢原〜諏訪山
2万5千図 浜平・十石峠

適期	1	2	3	4	5	6	7	8	9	10	11	12

▶標準的な総歩行時間
　6時間30分
▶標高差　700m
▶眺望　△

●プロフィール

神流川の奥にひっそりとたたずむ静寂の山諏訪山は、深い森林に覆われた目立たない存在であるが、その静けさの故か、日本3百名山の一つに選ばれている。

山頂こそ黒木の原生林に包まれて展望がないが、その北方、手前にそびえる最も展望の良い岩峰の三笠山（下ヤツウチグラ）には、

▲帳付山から諏訪山

御嶽講の三笠山刀利天を祭った祠がある。また楢原からの登山道沿いには小祠が多く、現在も信仰の山として、信者のお参りが続いている。

●コースガイド

橋の沢林道終点の登山口には、三笠山普寛堂、修験道場の建物がある。山頂へ5864mの標示板が立つ。堰堤の脇から山道へ。ジグザグの急登で稜線に出る。右手に三つ目のお堂（大江権現堂）がある。約20分で二つの小山の間の鞍部に出る。ごく小さい覆堂の中に御嶽山座王大権現の小碑がある。山頂へ4kmの道標が立つ。

鞍部から尾根の西側に移る。約25分で八海山○○神王堂と書かれたやや大きい祠がある。（三笠山遙拝所）。すぐ先で緩やかな梯子を下る。岩脈の

交通　マイカー 上信越道下仁田ICから南牧村に入り、湯の沢トンネルで上野村へ。下仁田ICから楢原の橋の沢林道終点まで約28km40分で着く。駐車は林道終点に2台。

公共交通機関 JR新町駅から日本中央バス上野村行き（終点は上野村ふれあい館）「学園入口」下車。登山口まで徒歩約3.5km。バス利用の場合は日帰りは無理。

○問い合わせ
　上野村役場　☎0274（59）2111
　日本中央バス藤岡営業所　☎0274（20）1811
　奥多野交通（楢原・要予約）　☎0274（59）2025

西下を巻く所には、鉄材を２本並べた橋もある。大木の尾根に乗ると湯の沢の頭に着く。山頂へ2.8km。

弘法小屋は作業用で何もない土間である。数分先から木の根の急登になる。まもなく梯子２連と短い鎖がある。この先に小岩峰があり、西側へ道が降りて行くが、左上に上がって見ると、山頂へ745mとある。ここからの三笠山の大岩峰は圧倒的迫力がある。

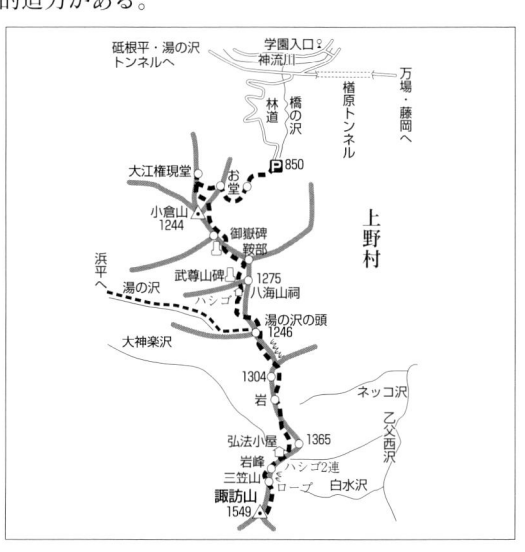

少し下ってから三笠山の根元を右へ巻き、ザレている短い岩場を登ると、やや大きい祠の立つ三笠山頂上に着く。すぐ下の岩場を固定ロープで下り、黒木の森を登る。三角点の少し前に石祠があり、三角点の先が小広場で山名板が立つ静かな頂上に着く。復路は往路を慎重に戻る。

参考TIME
登山口 ➡ 大江権現堂 ➡ 八海山祠 ➡ 湯の沢の頭 ➡ 弘法小屋 ➡ 三笠山
　　0:40　　　　0:45　　　　0:15　　　　0:45　　　　0:40

➡ 諏訪山 ➡ 三笠山 ➡ 弘法小屋 ➡ 湯の沢の頭 ➡ 御嶽碑の鞍部
0:30　　0:25　　　0:30　　　　0:40　　　　　0:30

➡ 登山口
0:50

●アドバイス
▷諏訪山は一部の尾根道を除き、ほとんど一人向きの幅の狭い巻き道が多く、しかも外傾しているため気が抜けない。

●サブコース
浜平コース 浜平の細い鉄橋で神流川を渡り、無人の営林署宿舎の前を通る。鉱泉を含む枝沢が右岸から合い、さらに丸木橋や堰堤を越えると、道は細くなり沢から離れて、ジグザグ登りで湯の沢の頭に着く。浜平（1時間40分）湯の沢の頭（1時間10分）浜平。

見どころ　見ごろ

4月下旬～5月下旬はアカヤシオ、シャクナゲ、ミツバツツジの花や新緑が美しい。10月中旬頃からの紅葉も良い。

▲ 上野村　　　　　　　　　　　　　　　　　　　　　　上級向き

天丸山

てんまるやま　1506m

天丸橋〜大山〜天丸山
2万5千図 両神山

| 適期 | 1 | 2 | 3 | 4 | 5 | 6 | 7 | 8 | 9 | 10 | 11 | 12 |

▶ 標準的な総歩行時間
　5時間20分
▶ 標高差　530m
▶ 眺望　○

●プロフィール

　天丸山は埼玉県境に接する原生林の上に、特色のある岩峰をそばだたせている。諏訪山とともに西上州の秘峰といわれ、群馬県の自然環境保全地区に指定されている。

　平成7年（95年）12月27日の山林火災により、山頂部北側は、手がかりとなる樹林がなくなるなど、危険な状態になっている。このため上野村では、天丸山山頂までの登山の自粛を呼びかけている。

▲大山から天丸山

　隣接する大山には、天丸山の奥に海鷲（うみわし）の棲（す）む大岩山があって、その岩壁に巣くう鷲は、遠く日本海まで飛翔（ひしょう）して、海の魚を漁（すなど）るという伝説がある。

●コースガイド

　天丸橋から道標板のある天丸沢に入る。約40分登ると左に水の少ない沢が分かれる。右俣は連続4段約30mの斜めの滝となる。二俣の中間尾根に道標板が見える。ロープが張られた山腹を横切って進む。滝の上に出ると数分で、短いアルミ梯子があり、左上の尾根に移る。尾根の東側に回り、細くて急な山道をジグザグにたどる。

　県境稜線と大山の鞍部の手前に、大山・天丸橋の道標がある。大山の岩

交　通　マイカー　神流町から12.5kmの同町神ヶ原で国道299号と合い、4km余りで左の旧国道へ入ってまもなく、村道上野9号線入口（要橋手前、八幡バス停）左折、途中、元村橋右折、奥名郷集落を経て約8kmで天丸橋。または、上信越道下仁田ICから湯の沢トンネル経由50分で天丸橋。

公共交通機関　バス利用の場合日帰りは無理。
○問い合わせ
　上野村役場　☎0274（59）2111

場は階段状で登りやすい。大展望を楽しんで鞍部に戻り、県境稜線へ登る。天丸分岐から南面岩壁基部までは、両側が長い笹になる。岩壁には最近太いロープが2連付けられた。

山頂から北側は、山火事の影響で荒涼とした感じが残る。南面岩壁を下降して県境稜線に戻り、馬道峠に出て北へ下る。細道を約25分で水場がある。

水場から約5分で、天丸山へ655mの道標がある。天丸山北稜へ登れるのだが、上部が笹のため、稜線からは下降点が不明だという。この2分先で広い山道となり社壇乗越に着く。7分ほどで林道に出て天丸橋へ戻る。

▲天丸山山頂部北面

参考 TIME						
天丸橋	➡ 二俣	➡ 稜線	➡ 大山	➡ 倉門山	➡ 天丸分岐	
	0:40	1:00	0:15	0:25	0:10	

➡ 天丸南面岩壁基部 ➡ 天丸山 ➡ 南面岩壁基部 ➡ 馬道峠
0:10　　　　　　　　0:15　　　　0:20　　　　　　0:25

➡ ニセ社壇 ➡ 社壇の乗越 ➡ 天丸橋
0:45　　　　0:25　　　　　0:30

●アドバイス
▷天丸山頂北面は山火事で荒れており、落石を誘発しそうな岩場の急斜面で、村により「立入禁止」のロープが張られている。

●サブコース

天丸山北稜　林道登山口駐車。社壇の乗越から1307mまでは約20分。さらに20分近く先のP1（第1岩峰）は真ん中を上下。P2の登りはやや長い。岩頭は天丸山が眺められる。P3は松と岩のやせ尾根。途中で西側へ下る岩場には5mのロープがある。頂上は眺めて引返す。林道登山口（1時間40分）第3岩峰（1時間20分）林道登山口。

見どころ 見ごろ

天丸山と大山の山頂はいずれも360度の展望。埼玉県側も眺められる。5月上旬、アカヤシオの花が岩場を飾る。

神流町／埼玉県

一般向き

諏訪山（神流町）

すわやま　1207m

志賀坂峠〜諏訪山
2万5千図 両神山

適期	1	2	3	4	5	6	7	8	9	10	11	12

▶標準的な総歩行時間
　3時間
▶標高差　427m
▶眺望　△

●プロフィール

上野村の神流川源流にある諏訪山と区別するために、志賀坂諏訪山などと呼ばれる。神流町の南端近く、志賀坂トンネルの南西にある。

南に両神山、東に二子山、北には石灰岩採掘中の叶山（かのう）（もと1106.3m）など、著名な山々に囲まれた目立たない存在である。

▲諏訪山頂上の祠

近年、志賀坂高原森林公園として登山道や道標が整備され、ハイキングに好適な山として親しまれるようになった。

●コースガイド

志賀坂トンネル手前の登山口駐車場には大きな案内板がある。峠の沢沿いにしばらく歩いてから、沢コースと分かれ左へ急登すると尾根に出る。わずか左へ行くと鉄塔の平地で眺めが良い。

おおむね県境尾根沿いに頂上直下までくると、あと20mの道標があり、短い急登で諏訪山の頂上に着く。木立に囲まれて、小さな木造のお宮がある。南方には両神山の奇峰群が見える。

頂上から小尾根を下ると、北面を横切る平坦な道に出る。この東端から

交　通　マイカー　藤岡市から国道462号を経て、神流町の古鉄橋（こてつばし）を左折し、国道299号を志賀坂峠に向かい約6kmで、志賀坂トンネル群馬側入口の脇の駐車場。約15台。途中には「瀬林の漣痕」があり、その手前にトイレもある。間物登山口に駐車場がある。
公共交通機関　JR新町駅から日本中央バス上野村行きで「古鉄橋」下車。徒歩1時間30分。車利用が良い。

○問い合わせ

　神流町役場　☎0274（57）2111

は二子山、西は大ナゲシや天丸山などの展望がある。

　下りに移ると、山頂までの道と違ってやや細くなる。ジグザグで沢辺に下ると、シオジの原生林やアセビの群落がある遠回りコースへの分岐道標があり、すぐ先の小橋を渡ると東屋がある。

　右下にワタド沢の急流を見おろしながら下ると、尾根が狭くなってきて、展望の良い所にベンチがある。ここから尾根の突端をジグザグに急降すると、鉄橋のワタド橋に降りる。

　橋の中ほどからは九十（九重）の滝を正面に見る。滝は落差約40m、水量は多くないが、冬季は見事な氷瀑（ひょうばく）になる。

　大きい堰堤の下の猪平駐車場（間物（まもの）登山口）に出る。舗装の林道0.8kmで、間物集落の上の国道299号と合う。緩やかな登りで駐車場に戻る。

▲瀬林の漣痕（恐竜の足あと）

参考TIME	志賀坂駐車場 ➡ 鉄塔 ➡ 諏訪山 ➡ 東屋 ➡ ワタド橋 ➡ 国道 ➡ 駐車場
	0:35　0:45　0:35　0:20　0:15　0:30

●アドバイス
▷ワタド橋に下る手前、北向きの尾根の末端で、短い間だが細道の急下降がある。雪のある時など軽アイゼンがあると安心。

見どころ 見ごろ

登山口への途中に、瀬林（せばやし）の漣痕（れんこん・さざなみ岩、恐竜の足あと）がある。諏訪山は新緑と11月初めの紅葉が美しい。

神流町／埼玉県　　　　　　　　　　　　　　　　　　　　　一般向き

父不見山

ててみえじやま　1047m

小平〜坂丸峠〜父不見山
2万5千図 万場

| 適期 | 1 | 2 | 3 | 4 | 5 | 6 | 7 | 8 | 9 | 10 | 11 | 12 |

▶標準的な総歩行時間
　4時間50分
▶標高差　716m
▶眺望　□

●プロフィール

　細長い神流湖沿いにさかのぼり、神流町にさしかかるころ、左手に見えてくる緩やかな三角形の山が父不見山で、地元ではテテメエジまたはテテメエズ山と呼ばれ、埼玉側では、地形図と同様にテテミズ山と言われる。

　この珍しい山名については、平将門が戦死したとき、その庶子福

▲北の西御荷鉾山から父不見山

田太郎丸が、父を見ることができなかったのを嘆いたところからと伝えられる。また、父不見とは山頂の名ではなく、北面に広がる採草地のことだともいう。

　ふるさとの裏山という感じの地味な山で、東西に連なる頂稜が群馬・埼玉の県境で、埼玉県側から多く登られている。

●コースガイド

　小平バス停下車。数分先の神流川橋を渡る。右折して200mほど行くと人家があり、そこから道標により左上の小道に入る。途中数回の分岐があるが、道なりに中腹まで登ると舗装の林道坂丸線に出る。同林道を東へ少し行き、大きな案内板から右の林道に入る。山道分岐には道標がある。

　尾根筋から振り返ると、赤久縄山、御荷鉾山の稜線が美しい。送電鉄塔

交通　マイカー　藤岡市から国道462号約26kmで登山口の小平。駐車適地に乏しい。道の駅「万葉（まんば）の里」に駐車。小平まで0.8km15分。下山後は、生利から道の駅まで3.5km50分。生利から上野村行きバスを利用すると良い。道の駅近くのバス停は「片瀬」。
公共交通機関　ＪＲ新町駅から日本中央バス上野村行き約1時間30分小平下車。

○問い合わせ
　神流町役場　☎0274（57）2111
　日本中央バス藤岡営業所　☎0274（20）1811

を右に見るとまもなく坂丸峠に着く。古木の根元に小さな祠が置かれている。

長久保山へは丸山の南側を巻き、杉林の中のT字路の道標から県境稜線に出る。短い急登で2等三角点のある長久保山に着く。ここから急に下って登り返すと、丸太の立派な標柱が立つ父不見山頂上で、北は雑木林、南面は檜の植林地である。

杉ノ峠は杉の大木と石燈籠や祠がある。杉の木の片方の幹は、山火事で焼け焦げている。

深い杉林帯を下り、小沢を渡るとまもなく林道坂丸線を横切る。古い林道沢口線を下り続けると、県道71号線(高崎神流秩父線)に出る。県道の生利大橋を渡ればすぐ西に生利バス停がある。

▲東の土坂峠付近から父不見山

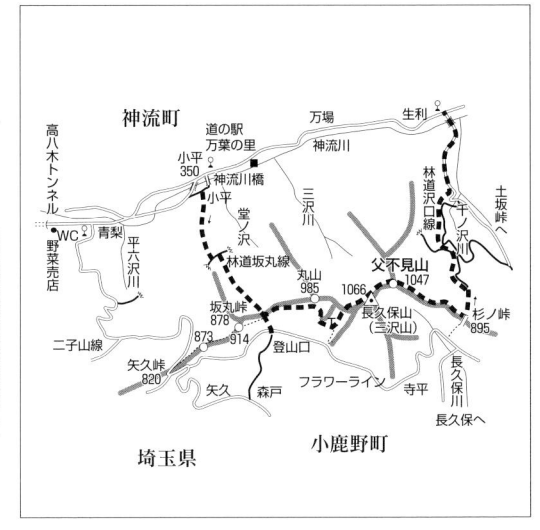

参考 TIME

小平バス停 ➡ 神流川橋 ➡ 林道坂丸線 ➡ 坂丸峠 ➡ 長久保山
　　0:05　　　　0:50　　　　0:40　　　　0:45

➡ 父不見山 ➡ 杉ノ峠 ➡ 県道 ➡ 生利バス停
　0:20　　　0:25　　1:20　　0:20

●アドバイス
▷杉ノ峠から道標の生利方向へ下る。すぐに杉林の中で数分の間、道が消えるが、左斜めに山腹を横切って行くと道に出る。

見どころ 見ごろ

全国の5万分の1地形図中、峠の数が最も多いのが「万場」図幅(ずふく)だと古くから言われている。このコースも峠の風景を楽しみたい。

南牧村／上野村　　　　　　　　　　　　　　　　　　　　一般向き

烏帽子岳

えぼしたけ　1182m

大仁田川〜烏帽子岳
2万5千図 十石峠

| 適期 | 1 | 2 | 3 | 4 | 5 | 6 | 7 | 8 | 9 | 10 | 11 | 12 |

▶標準的な総歩行時間　3時間
▶標高差　482m
▶眺望　◎

●プロフィール

南牧川の支流大仁田川の奥には、大仁田ダムを挟んで二つの岩峰が対峙している。南東側が烏帽子岳、北西側が三ツ岩岳である。烏帽子岳は大仁田川沿いの奥ノ萱あたりから仰ぐと、その名の通り烏帽子の形に似ている。

頂上の展望は360度とまではいかないが、西上州の山々の中でも

△天狗岩展望台から烏帽子岳（右のピーク）

すぐれているピークの一つと言えるだろう。特に浅間山から赤城山にかけての眺望が良く、眼下には大仁田から下仁田町にかけて点在する山村の風景が美しい。車で近くまで入れるアプローチの良さもあって、常に登山者の姿を見るかくれた名峰である。

●コースガイド

大仁田ダム下の新里宮橋から約600m先が烏帽子岳のシボツ沢登山口。登山口から道標に従ってシボツ沢右岸の登山道に入る。10分ほどで古い案内板の支柱が残る二俣に着く。右俣は上野村へ通じている黒川峠道だったが、水害で荒廃している。新しい道標に従って明瞭な本沢の道を行く。

沢の水が涸れてくると奥の二俣に着く。左俣は頂上直下の鞍部へ直接に

交通

マイカー　下仁田町から南牧村に入り、雨沢左折で登山口まで16km。駐車は登山口には約3台。少し手前の御荷鉾スーパー林道側の駐車場が広い。

公共交通機関　上信電鉄下仁田駅から南牧バス勧能行き20分「雨沢」下車。登山口までは往復10kmのためタクシー利用が良い。

○問い合わせ
南牧村役場　☎0274（87）2011
雨沢ハイヤー（南牧バス・タクシー）
☎0274（87）2323

登るコースだが、復路にまわして直進し、斜面をジグザグに登って村界（郡界）尾根に出る。ここからは約15分で、マルと呼ばれる頭に着く。ここが烏帽子岳より高いため、烏帽子岳からは上野村側の眺望が得られない。マルから見おろす烏帽子岳はスマートである。

　マルから木につかまる急下降で鞍部に下り、目前の山頂へ登り返す。岩峰の上に出て、南へ回り込んで頂上に立つ。360°の眺望。

　下山は、手がかりが少なく、足もとの悪い土の急な道を鞍部に戻る。鞍部からは、最初のうちはロープが7ヵ所ほど張られた急下降で奥の二俣に着く。石の多い沢沿いの往路を戻る。

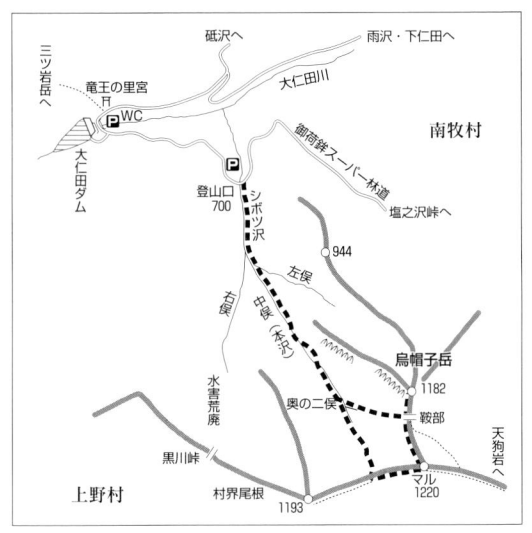

▲大津から烏帽子岳

参考TIME
シボツ沢登山口 ➡ 奥の二俣 ➡ 村界尾根 ➡ マル ➡ 烏帽子岳 ➡ 鞍部
　　　　　　0:50　　　　0:30　　　　0:15　　0:25　　　0:10

➡ 奥の二俣 ➡ 登山口
　0:15　　　　0:35

●アドバイス
▷山頂部の岩塔の上下は、年々、道がけわしくなる傾向にあり、慎重に行動する。頂上直下（手前）の鞍部からの下降も、下りはじめは急なため注意を要する。

見どころ見ごろ

4月下旬から5月初めにかけて、地元で言うヒトツバナ（アカヤシオ）が岩場を飾る。紅葉もまた良い。遠望のきく冬季は雪がない時に。

▲ 上野村 　　　　　　　　　　　　　　　　　　　　　　　　　一般向き

笠丸山

かさまるやま　1189m

住居附〜笠丸山
2万5千図 神ヶ原・両神山

適期	1	2	3	4	5	6	7	8	9	10	11	12

▶標準的な総歩行時間　2時間30分
▶標高差　400m
▶眺望　□

●プロフィール

笠丸山は、上野村の乙父(おっち)、乙母(おとも)という珍しい名の村落から、さらに北側の山中に入った住居附(すもうづく)という集落の上にそびえ立つ岩峰。乙母神社から住居附への林道の途中で、正面に岩峰をそばだて、アカヤシオの季節には、花がピンクの髪飾りのように見える。

▲住居附への道から笠丸山(奥)

雨乞いの山としても有名で、今も山麓の人々の信仰を集めている。

●コースガイド

登山口には「笠丸山登山口2km」の板があり、すぐ上には2基の石燈籠が道をはさんで立っている。10分余り登ると平地になるが、その先はずっと急登40分余りで岩壁につきあたり、岩の基部を右へ、木の根づたいにS字に登ると東峰に出る。

東側に「笠丸山山頂」と大き目の山名板が立つが最高点ではない。西側には木の祠があり、三角点のある西峰はここから数分先である。アカヤシオが咲く岩稜を笠丸山の頂上に着く。上武境、上信境の山々をはじめ広い展望がある。

交通　マイカー　上野村の国道299号旧道、乙母神社(藤沢バス停)から登山口の住居附まで約3.5km。駐車は登山口の少し先の新開橋付近。もう一つの登山口、新高畑橋付近路側と合わせて約10台。

公共交通機関　JR新町駅発日本中央バス上野村行き「藤沢」下車。登山口まで約3.5km、徒歩1時間。

○問い合わせ
上野村役場　☎0274(59)2111
国民宿舎ヴィラせせらぎ(向屋温泉)
☎0274(59)2585
日本中央バス藤岡営業所　☎0274(20)1811

下山は東西両峰の鞍部に戻り、固定ロープを下って地蔵峠へ向かう。途中、尾根から右下へ直角に曲がって下降する所がある。道標の腕木が真っすぐの方向を指している故か、誤った方向に明瞭な道がY字形についており、どちらへ行っても岩場の上に出る。戻って正規の道を下る（逆コースの場合は関係ない）。尾根通しに進むとナラの大木とツガの木があり、根元に地蔵様が置かれている。

　地蔵峠から下ると数分で沢沿いの道になる。深い谷のようになった沢を見下ろす細道を通過すると沢底に下り、まもなく林道笠丸線となる。車道に出て駐車地へ戻る。

▲笠丸山東峰の祠

参考TIME

住居附登山口 ➡ 東峰 ➡ 笠丸山 ➡ 地蔵峠 ➡ 林道笠丸線入口
　　　　　　1:00　　0:10　　0:35　　　0:35

➡ 住居附登山口
0:05

● アドバイス
▷東峰と西峰（頂上）との間の岩の尾根は、南面が切れ落ちて断崖になっているため、あまり目には付かないが注意が必要。

● サブコース
林道笠丸線登山口　これは前記コースと全く同じ道を逆にたどるもので、こちらのコースの方が多少時間がかかる。

見どころ見ごろ

岩峰をピンクに彩るアカヤシオと、クリーム色のヒカゲツツジは4月下旬が見ごろ。紅葉の見ごろは10月下旬から11月上旬。

上野村　　　　　　　　　　　　　　　　一般向き

天狗岩

てんぐいわ　1210m

天狗岩登山口～天狗岩
2万5千図 十石峠

| 適期 | 1 | 2 | 3 | 4 | 5 | 6 | 7 | 8 | 9 | 10 | 11 | 12 |

▶標準的な総歩行時間
　2時間
▶標高差　351m
▶眺望　○

●プロフィール

　南牧村と上野村を結ぶ塩之沢峠から、直線で2.6km西にある天狗岩へは、登山道が整備され、西上州の岩峰の中では、気軽に登れる数少ないコースである。

　山頂の標高について、南牧・上野村境の稜線で、登山者が登り着く最高地点1210mに「天狗岩」の立派な標柱が立っている。ここ

▲天狗岩

を頂上とした。天狗岩というのは一地点ではなく、この一帯の岩峰群を言っていると思われる。

●コースガイド

　駐車場にコースの説明板がある。登山口から入る。沢を左に見て杉林の中を行く。鉄橋を3回渡り、しばらく進むと正面に大きな岩壁が現れる。右側の岩峰群の基部を登って行く。周辺は雑木林となる。まもなくプレハブ造りの古い避難小屋がある。

　ここから左側に階段状の道を登るとカラマツ林に入る。数分でT字路になる。右へ30mほど入ると「天狗の岩洞」（おこもり岩）で、洞窟は浅く、小さな祠が祭られている。

交通　マイカー　下仁田ICから湯の沢トンネル経由、22km30分でやまびこ荘。さらに2km北上すると天狗岩登山口。駐車場は登山口の北約30m。

公共交通機関　上信電鉄下仁田駅から南牧バス勧能行き17分の「磐戸橋」下車。タクシー利用が便利。やまびこ荘にグループ宿泊の場合、下仁田駅まで送迎バスあり。

○問い合わせ
　上野村役場　☎0274（59）2111
　南牧タクシー　☎0274（87）2108
　国民宿舎やまびこ荘　☎0274（59）2027

T字路に戻り、階段状の短い急登で、広い尾根分岐点に出る。左に行くとすぐ頂上の標柱に着く。

　頂上から北側へ行くと、10mの鉄橋があり、その先に手すりの付いた展望台がある。西上州の山々の展望がすばらしい。

　頂上に戻り南へ50mほどで南峰へ行ける。天狗の岩洞の真上にあたる岩峰で、「群馬の山歩き130選」などでは、ここを天狗岩1180mとしている。この往復は多少険しく崖際には注意が必要である。

　再び頂上に戻り、来た道と逆方向の沢道を下る。急坂だが整備されていて、数分で広い鞍部に着く。ここからは右側のカラマツ林の中をジグザグに下る。ニリンソウの群生地がある。整備された道を下るとまもなく避難小屋に出る。あとは往路を戻る。

△天狗の岩洞

参考TIME

登山口 ➡ 避難小屋 ➡ 天狗の岩洞 ➡ 天狗岩頂上 ➡ 鞍部 ➡ 避難小屋 ➡ 登山口
　　　0:35　　　　0:25　　　　0:15　　　　0:05　　0:15　　　0:25

●アドバイス
▷天狗岩山頂周辺の稜線は岩場が多く、危険な場所も多いので、決して登山道以外には足を踏み入れないこと。

見どころ見ごろ

展望台から烏帽子岳をはじめ西上州の山々。新緑とツツジ、紅葉の頃がすばらしい。
　下降路では4月中旬からニリンソウの花が見事。

南牧村　　　　　　　　　　　　　　　　　　　　　　上級向き

立岩

たついわ　1265m

線ヶ滝〜立岩
2万5千図 荒船山

| 適期 | 1 | 2 | 3 | 4 | 5 | 6 | 7 | 8 | 9 | 10 | 11 | 12 |

▶標準的な総歩行時間
3時間
▶標高差　525m
▶眺望　◎

●プロフィール

立岩は南牧村北西部大上(おおかみ)の山村風景を前景に、「西上州のドロミテ」と呼ばれる日本離れした岩峰群を連ね、その景色は一幅の風景画を見るようでさえある。かつては近づきがたかった急峻な岩山にも、地元南牧村によって登山道が整備され、岩場には鎖もつけられている。

▲立岩（大上集落から）

線ヶ滝上流の南登山口から頂上までは1.8km。鎖のついた急な岩場を登る。南登山口から西山腹にある威怒牟幾(いぬむき)不動を経由して立岩山頂へは3km。威怒牟幾不動は大岩壁の基部にあり、1750年の創建と伝えられる。

●コースガイド

線ヶ滝の車道終点（登山口）から丸木橋を渡ると、案内板、道標、石仏がある威怒牟幾不動入口。左へ行くのは星尾峠経由荒船山への道である。右へ数分で南登山道入口の分岐があり右へ入る。

入口から約30分で路傍に大岩があり、数分先にベンチがある。まもなく長い丸太の階段を登ると急なガレ場になり、長い鎖が付いている。落石に注意して登りきると、岩壁に斜めのバンドがある。この山で最も太い鎖で

交通　マイカー　下仁田町から南牧村に入り、約15kmの生涯学習センター（羽根沢バス停）を右折し約4kmで線ヶ滝。駐車は登山口手前の路側に数台。線ヶ滝入口に休憩所・WCがある。

公共交通機関　上信電鉄下仁田駅から南牧バス勧能行き20分「雨沢」下車。隣接のタクシー15分で線ヶ滝。または、同バス32分の「羽根沢」下車。徒歩1時間10分で線ヶ滝。

○問い合わせ
南牧村役場　☎0274(87)2011
雨沢ハイヤー（南牧バス・タクシー）
☎0274(87)2323

狭い足場を登り、稜線の鞍部に出る。少し先にベンチがあり、頂上まで0.5kmとある。

この先、歩きやすい道で、落ち葉が深くなると、左の稜線へ鎖もある湿った土の登りで、ベンチの下に着く。頂上は目の前である。

頂上はあまり広くはないが、岩壁の上とは思えないゆっくりできる場所である。

下山はすぐ東の展望台の先から、左へ斜めに鎖を下ると尾根歩きになる。20分ほど先の鎖場で約10m直登するとやせ尾根が続き、雑木林の頭を越えると、立岩へ1kmの道標がある。ここからは細い道の下り約15分で威怒牟幾不動に出る。岩壁基部の朽ちたお堂の下の東屋で休憩。檜林の中を下って登山口に戻る。

▲東の大屋山西端から立岩

参 考 TIME	登山口 ➡ ガレ場下 ➡ 立岩頂上 ➡ 鎖場 ➡ 威怒牟幾不動 ➡ 登山口
	0:50　　　0:35　　　0:20　　　0:35　　　0:40

●アドバイス
▷立岩の周辺は地形が複雑で崖が多いため、登山道からはずれると非常に危険である。
▷このコースの逆コースで歩いても歩行時間は同じ。

見どころ 見ごろ

頂上からの展望。経塚山、毛無岩、黒滝山へと続く縦走路の岩峰群。快晴の日には八ヶ岳から日本アルプスまで遠望できる。10月末から11月初旬の紅葉期が最も良い。

桧沢岳

南牧村　　　　　　　　　　　　　　　　　　　上級向き

ひさわだけ　1133m

根草〜桧沢岳
2万5千図 神ヶ原・十石峠

| 適期 | 1 | 2 | 3 | 4 | 5 | 6 | 7 | 8 | 9 | 10 | 11 | 12 |

▶標準的な総歩行時間　2時間20分
▶標高差　463m
▶眺望　●

●プロフィール

　桧沢岳は甘楽郡南牧村と、多野郡上野村に通じる塩之沢峠の北側にある。峠から南牧側へ下ってくると、その姿の良さが印象に残る山である。

　山麓から仰ぐと、石垣を積んだ段々畑の中腹に数軒ある農家の裏山と言った感じで、本来雨乞いの山で、頂上や中腹に神社が祭られ

▲桧沢岳（塩之沢峠道から）

ている。西上州に多い岩峰の一つで、山頂は狭く、他にも休憩に適する広場はないので、小人数での静かな山行向きである。

●コースガイド

　大森橋から村道を5分ほど行き、一軒家の下で左へ橋を渡り登山口（山道入口）へ。登山口には2、3台の駐車場所があるが、地元用なので、空いていても置かないこと。車道はこの先、奥の家へ下ってしまう。駐車場所の先を右折し、狭い石垣の道を登ると、最上部の民家の庭を横切る。畑跡のススキ原を横切ると杉林の尾根がはじまる。

　十数分で露岩の多い急登になる。さらに十数分、ツガの大木の所で右上へ行く踏み跡は、大岩と崖に阻まれる。左へ土の急斜面を巻く道で上に出

交通　マイカー　下仁田町から南牧村に入り、磐戸橋を渡った先で左の桧沢大橋を渡って上野村へ向かい、根草集落の大森橋へ。県道と村道の分岐点には桧沢岳登山口の標識があり、2台程度の駐車スペースがある。

公共交通機関　上信電鉄下仁田駅から南牧バス勧能行き17分の「磐戸橋」下車。近くの南牧タクシー10分で根草の大森橋。

○問い合わせ
　南牧村役場　☎0274（87）2011
　南牧タクシー　☎0274（87）2108
　雨沢ハイヤー（南牧バス・タクシー）
　☎0274（87）2323

る。少し先で左に突き出た岩に「龍福界」の小碑がある。ここから西の山々の展望が良い。この先5分で本峰と西峰の鞍部に着く。北面はスッパリ切れ落ちている。西峰の往復は、この山で最も足元が悪い。頂上には石祠があり展望が良い。

　本峰の頂上へは固定ロープのある3mの岩場を登ると、平らな巻き道を経て、3等三角点と愛宕神社のある山頂に着く。

　神社の裏から北へ下山、山腹を右に曲がって行くと、岩壁に大きな洞窟があり、お籠り堂が残っている。尾根に出て、展望の良い岩を経て東鞍部に着く。ここからは岩壁に沿って緩やかに下り、檜林に入ってジグザグの急降になる。尾根から離れて沢を渡るとすぐ上の林道に出る。下って行けば大森橋に戻る。

▲桧沢岳頂上

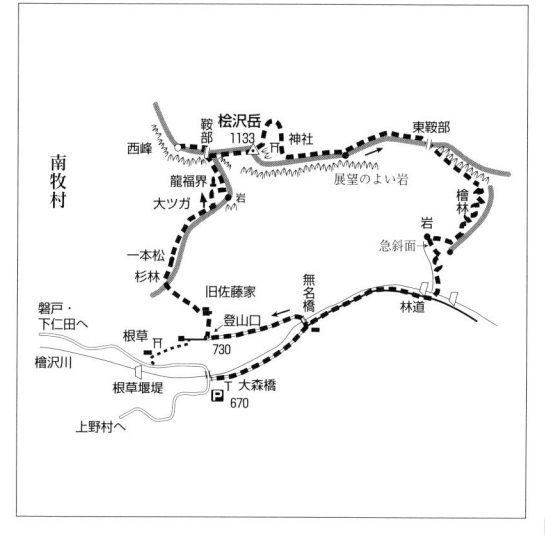

参考TIME

大森橋 ➡ 登山口 ➡ 鞍部・西峰往復 ➡ 鞍部 ➡ 桧沢岳
　　　0:10　　　0:55　　　　　0:10　　0:05

➡ 東鞍部 ➡ 林道 ➡ 大森橋
0:20　　　0:30　　　0:10

●アドバイス
▷本峰と西峰の間の鞍部から西峰にかけて、北側が切れ落ちた崖のため要注意。
▷東鞍部から沢に下る少し手前で、片側が谷の急斜面を細道で横切る所あり要注意。

見どころ見ごろ

4月下旬から5月にかけて、アカヤシオ、ミツバツツジが岩峰を彩る。紅葉も美しい。

下仁田町／南牧村　　　　　　　　　　　　　　　　初級向き

小沢岳

おざわだけ　1089m

七久保橋〜小沢岳
2万5千図 神ヶ原・十石峠

| 適期 | 1 | 2 | 3 | 4 | 5 | 6 | 7 | 8 | 9 | 10 | 11 | 12 |

▶標準的な総歩行時間　2時間30分
▶標高差　439m
▶眺望　○

●プロフィール

　小沢岳は下仁田町の南方にあり、小さいながらも独特なピークで、地元の人々に親しまれている。西上州の小槍と呼ばれ、特に富岡市、安中市方面から見る姿は、周辺の山塊には不似合いなほどの鋭峰で、引き締まったスマートな山容を誇っている。また、山の北面では石灰岩の採掘が大規模に行われていた。

▲青倉川対岸の金剛ノ萱から小沢岳

　山頂からは北に下仁田の町並が箱庭のように見下ろせる。また、北西側は妙義から荒船にかけての展望が広がる。山頂の一隅に置かれた大日如来の石像は文化6年（1809年）のもの。

●コースガイド

　下仁田町跡倉から青倉川沿いにさかのぼる。七久保(ななくぼ)橋先の駐車地から小沢沿いの林道を20分余りで左に八倉(ようくら)峠への細道を分ける。さらに7、8分登ると椚(くぬぎ)峠に着く。峠の雑木林の中には、2体の馬頭観音が祭られていたが、林道ができてからは、コンクリートの台上に並んでいる。（左像は寛政11年未11月）。かつてこの峠を越えて往来があったことをしのばせる。

交通

マイカー　下仁田町から南牧村方面に向かい「跡倉」信号を左折し6.6kmで七久保橋。林道は椚峠まで延びているが、峠は狭く途中の路肩が崩れる時もあり、ふつうは七久保橋先の小橋を渡った所に数台駐車。他にも小スペース2、3ヵ所あり。

公共交通機関　上信電鉄下仁田駅からタクシー15分で七久保橋。平日の町営バスは土谷沢行き15分で終点の坊主渕下車。徒歩2.4kmで七久保橋。この間の渓谷は紅葉が美しい。

○問い合わせ
　下仁田町役場　☎0274（82）2111
　平和タクシー　☎0274（82）2429
　成和タクシー　☎0274（82）2073

峠から東側は杉、檜の林、西側は雑木林の尾根道をたどり、檜林の広い斜面を登ると図根点峰（1052m）に着く。山頂まであと10分である。

　小沢岳の頂上は北側180度の展望台で、南方は、御荷鉾スーパー林道沿いの、より高い山々にさえぎられる。

　山頂で出会った人達の話を聞くと、冬季雪に埋もれる新潟県から南下して、このあたりの山々を訪れることも多いという。

　下山は往路を戻るが、椚峠から西北へ下り、南牧村磐戸(いわど)へ出ることもできる。（サブコース参照）。

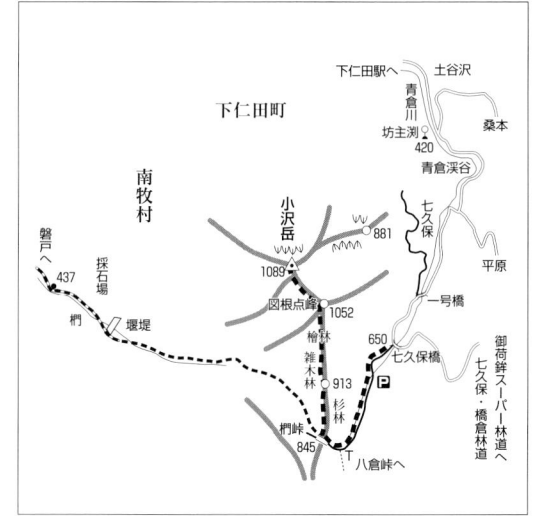

▲稲含山から小沢岳

参考 TIME
七久保橋 ➡ 椚峠 ➡ 図根点峰 ➡ 小沢岳 ➡ 椚峠 ➡ 七久保橋
0:35　　0:40　　0:10　　0:40　　0:25

●アドバイス
▷山頂の西側は崖になっているので要注意。
▷少々の雪なら歩けるが、雪が解けたあと、凍結した場合、尾根がやせている部分では非常に危険。

●サブコース
[磐戸コース] 椚峠から、荒れた部分もある山道を約40分で、堰堤の下の林道終点に出る。簡易水道の施設があり、2、3台の駐車場所もある。

　林道を下り、約800mで右に椚石の採石場を見ると、まもなく椚の集落となる。磐戸からは南牧バス17分で下仁田駅。椚峠（1時間）椚集落（25分）磐戸橋バス停。

見どころ 見ごろ

　大気の澄む冬の好天には、小沢岳の山頂から、立岩の彼方に檜ヶ岳、穂高岳を遠く望むことができる。

神流町／藤岡市　　　　　　　　　　　　　　　　一般向き

赤久縄山

あかぐなやま　1522m

| 栗木平～赤久縄山 |
| 2万5千図 神ヶ原・万場 |

| 適期 | 1 | 2 | 3 | 4 | 5 | 6 | 7 | 8 | 9 | 10 | 11 | 12 |

▶標準的な総歩行時間　4時間50分
▶標高差　712m
▶眺望　□

●プロフィール

赤久縄山は、神流川と鏑川を分けて東西に連なる山々の最高峰である。1等三角点が置かれた山頂は、藤岡市、神流町の境にある。

頂上は南面だけ視界が開け、良く晴れた冬の日などは遠く富士山を望むことができる。

御荷鉾スーパー林道を行き、北登山口から登るのは近道。山頂往復だけなら25分。初級者、家族向き。

▲稲含山から赤久縄山

●コースガイド

栗木平（くりき）登山口の道標には、赤久縄山3.8km180分とある。10分先から山道に入ると大きな案内板がある。塩沢川源流沿いに10分で早滝分岐となる。急斜面を横切る所は数カ所に鎖が付けられている。早滝は落差40m。

本道に戻り、トリ沢沿いに奥に入り、急登して支稜線に出ると、頂上へ1.8km80分の道標がある。この先約10分で東電の黄杭（きくい）124号鉄塔分岐があるが右へ登る。約20分進むとまた分岐があり右へ登る。

頂上へ1.4km50分の道標から先、山腹を横切る細道となり、稜線に出ると直下にスーパー林道がある。東電の黄杭からわずか下って林道に出る。少し先の鉄塔下には、頂上へ0.9km35分とある。東登山口に入り、感じの

交　通　　マイカー　神流町万場八幡宮のT字路を塩沢川沿いに約5.5kmで栗木平の登山口。登山口道標の近く、ガードレール外側の土捨て場、数台のスペースに駐車。または上信越道富岡IC付近から50分ほど。甘楽町那須、小峠、会場橋、塩沢峠を経て栗木平に下る。登山口の少し下右側が駐車地。

公共交通機関　万場バス停から登山口は往復約11kmのため、車利用が前提となる。

○問い合わせ
　神流町役場　☎0274（57）2111

良い林の中を登って赤久縄山頂に立つ。

　西登山口へ下ると東屋のある広場で、案内板や道標がある。下り道は広くなったり狭くなったりするが歩きよく持倉分岐に着く。右へ持倉3km40分、左へ安取峠0.7km20分とある。うすい踏み跡を左へ下ると杉林の細道になる。山腹を横切って少し登ると、眼下に林道終点がある。コンクリートの舗道を3分で安取峠のT字路に着く。栗木平へは2.7km30分だが、のんびり歩くと50分かかる。安取川沿いの山道は廃道状態である。

▲早滝

参考 TIME

登山口 ➡ 早滝分岐・早滝往復 ➡ 早滝分岐 ➡ 124号分岐
0:20　　　　0:20　　　　　　　0:45

➡ 御荷鉾スーパー林道 ➡ 赤久縄山 ➡ 西登山口 ➡ 持倉分岐
0:40　　　　　　　　0:35　　　　0:10　　　　0:50

➡ 安取峠 ➡ 登山口
0:20　　　0:50

●アドバイス
▷西登山口の道標では安取峠へ2.9km50分とあるが、手前の持倉分岐までで50分かかる。

●サブコース
スーパー林道から （初級向き）赤久縄山西登山口が登りやすい。（上信越道富岡ICから約1時間で西登山口）。徒歩往復約30分。北登山口にも駐車場があり、往復約25分。

　山頂付近で見られる花の例。6月イブキトラノオ、クサタチバナ。9月フウロソウなど。

見どころ 見ごろ

美しい混生林に覆われているので、5月の新緑、10月の紅葉は特に目をみはる美しさがある。

神流町／藤岡市　　　　　　　　　　　　　　　　　一般向き

御荷鉾山

みかぼやま　1286m

投石峠〜東・西御荷鉾山
2万5千図 万場

適期	1	2	3	4	5	6	7	8	9	10	11	12

▶標準的な総歩行時間
　2時間50分
▶標高差　261m
▶眺望　◎

●プロフィール

　御荷鉾山は西上州の名山で、古来地元の人々の信仰の山である。4月28日の山神祭には、神流町万場を挙げて賑やかに山登りが行われる。

　みかぼは三株の意で、東御荷鉾山、西御荷鉾山とオドケ山の三山からなっていて、ミカブ、ミカボと呼ばれている。また、日本武尊

▲オドケ山（手前）と西御荷鉾山

東征の折、この山を越えるとき、鉾を担われた伝説から、この字が当てられたともいう。晩秋のころ、西御荷鉾の山頂に近い南面に、直径110mの丸に大の字が刈り出される。

　東西御荷鉾山の鞍部にある投石峠には伝説がある。昔、このあたりを荒らしまわっていた鬼が、弘法大師の読経により調伏された。（法力により降参させられた）。改心した鬼は持っていた石槍を天空に投げすてて消え去ったという。石の落ちた所が鬼石だという。

●コースガイド

　投石峠から林道を約50m東へ行き、急登5分で稜線に出る。釜伏山の南面を巻いて稜線の鞍部に戻り、雑木林の中を約17分登ると東御荷鉾山頂に

交通　マイカー　藤岡市から国道462号24kmの神流町万場で右折し、御荷鉾スーパー林道へ上る。駐車は投石峠付近のほか各登山口に数台。または上信越道富岡ICから甘楽町那須、小幡、会場橋、塩沢峠を経て50分ほどで投石峠。
公共交通機関　バス利用の場合、万場から登山口まで往復約3時間を要するため、車での入山を前提とする。

○問い合わせ
　神流町役場　☎0274（57）2111
　みかぼ高原荘（宿泊・入湯）
　☎0274（57）3211

着く。頂上は石祠や3等三角点があって狭い。展望は南側が開ける。

投石峠に戻り、東登山口から西御荷鉾山へ杉林の中を登る。西御荷鉾の頂上は東西に長い草原状で休憩に最適。山名板、三角点、西端に不動明王の石像がある。初夏にはニッコウキスゲやカイ（甲斐）フウロなども咲く。

頂上から0.9kmの南登山口へ下る。左手の斜面には、丸に大の字が見える。林道に出ると東隣の広場に、平成12年4月建立の、青銅製高さ8.5mの大鉾と、大きい不動石像がある。さらに200m先では「父不見御荷鉾も見えず神流川、星ばかりなる万場の泊まり」の尾崎喜八文学碑を見て、投石峠に戻る。

△不動明王石像

参考 TIME　投石峠 ➡ 東御荷鉾山 ➡ 投石峠 ➡ 西御荷鉾山 ➡ 南登山口 ➡ 投石峠
　　　　　　　0:50　　　　0:30　　　　0:40　　　　0:25　　　　0:25

●アドバイス
▷冬季の12月10日から4月20日の間は、万場から御荷鉾スーパー林道までは通行禁止となるため、万場の八幡宮脇から県道富岡線に入り、塩沢峠を経由することになる。

●サブコース
オドケ山コース　投石峠から車で西へ約3.3km走るとオドケ山の登山口で、案内板が立ち駐車スペースがある。オドケ山は西御荷鉾山から西に延びた主稜から北に派生した峰で、遊歩道ができている。一周1.3km、登り20分下り15分の山だが、遠望するとオニギリ形で目立つ。山頂には2基の石祠があり、樹間に御荷鉾山を望み、何となく良い山である。

見どころ 見ごろ

西御荷鉾山の頂上からは、南は秩父の山々、北側正面眼下に富岡市、安中市方面。遠くは上信越から北アルプスまで、広大な山域を望める。

藤岡市

初級向き

桜山

さくらやま　591m

鬼石～桜山
2万5千図 鬼石・藤岡

| 適期 | 1 | 2 | 3 | 4 | 5 | 6 | 7 | 8 | 9 | 10 | 11 | 12 |

▶標準的な総歩行時間
　3時間20分
▶標高差　446m
▶眺望　○

●プロフィール

桜山（桜山森林公園）は藤岡市鬼石（おにし）の西方約6.5km（直線距離で3.5km）にある。

有名な冬桜はその数7000本。11月上旬から咲き始めるため、紅葉と桜の花という、他ではまず見られない景色となる。12月1日の"桜山まつり"のころには全山満開となり、時ならぬ"お花見"の宴が園内各所で催される。もちろん本物の桜のシーズン（4月中旬）もすばらしい。

▲桜山

園内は道標が完備されているので、好きなコースを選んで周回できる。

●コースガイド

鬼石郵便局前バス停から歩く。桜山入口の信号を西へ行き、町並をはずれると桜山が見えてくる。しばらく車道を歩き金丸（かなまる）で右折すると、2分ほど先の左側に、「関東ふれあいの道」の道標があり山道に入る（桜山へ2.8km）。

杉林を抜けるとりんご畑になり、猪（いのしし）よけの小さな門を開閉すると、少し先で車道に出る（桜山へ2km）。斉藤りんご園の前をすぎると、10分ほど

交通　マイカー　藤岡市街地から10kmの、鬼石北部の「諏訪」信号右折、1km余で「桜山入口」十字路右折。ここから約5kmで桜山公園第1駐車場。鬼石までは、藤岡ICから14km21分、本庄児玉ICから15km23分。なお、道路は「上り道」と「下り道」が別々になっている。

公共交通機関　JR新町駅から日本中央バス鬼石行きか上野村行きで鬼石郵便局前下車。
JR本庄駅南口から朝日バス鬼石行き約46分同所下車。

○**問い合わせ**
藤岡市役所　☎0274（22）1211
藤岡市シャトルバス（桜山森林公園行き）　☎0274（52）2621
鬼石タクシー　☎0274（52）2621
日本中央バス藤岡営業所　☎0274（20）1811　　朝日自動車　☎0495（21）7703

で右側に桜山ハイキングコースの道標を見る。

　明るい雑木林の木段を150段ほど登ると広場に出る。一段上が東屋のある展望台で、ここからは頂上に向かって約270段の木段を直登する。途中から人出で賑やかになる。

　桜山頂上には「桜山の板碑」といわれる大きな板碑が立っている。南北朝時代の文和三年（1354年）甲午七月一日と記され、上部に梵字の大聖大日如来を表す「ア」が彫られている。

　桜を愛でながら日本庭園へ下り、第１駐車場へ。駐車場の南端から木段の長い山道を下り、久々沢の車道に出る。近くに天然記念物「三波川のタラヨウ」の木がある。車道を下って金丸に出る。あとは往路を鬼石局前へ戻る。

▲桜山の日本庭園

参考TIME　鬼石局前 ➡ 金丸 ➡ 桜山 ➡ 第１駐車場 ➡ 久々沢 ➡ 金丸 ➡ 鬼石局前
0:40　　1:00　　0:15　　　0:35　　　0:15　　0:35

●アドバイス
▷シーズン中の土休日は車の通行が多いため、車道を歩く際は注意を要する。

●サブコース
[八塩温泉コース] 八塩温泉郷バス停下車。約40分登ると弁天山（山頂より手前の364m地点）で、東屋とパノラマ盤がある。この先で左折して尾根を登りきると平坦になる。林道に出てまた山道に移り、雲尾の集落に着く。八塩温泉郷バス停（40分）弁天山東屋（40分）カタクリ自生地（20分）林道（25分）雲尾（30分）日本庭園（15分）桜山。

見どころ見ごろ
もちろん冬桜で、12月１日の桜山まつりを中心に、12月上旬が良い。そのほかツツジ園や椿園もあり、四季を通して楽しめる。

甘楽町／下仁田町　一般向き

稲含山

いなふくみやま　1370m

神の池公園〜稲含山〜秋畑稲含神社
2万5千図 下仁田・神ヶ原

| 適期 | 1 | 2 | 3 | 4 | 5 | 6 | 7 | 8 | 9 | 10 | 11 | 12 |

▶標準的な総歩行時間
　2時間20分
▶標高差　360m
▶眺望　○

●プロフィール

　稲含山は下仁田町と甘楽町の町境近くにある。古来農耕の神として地元の人々に親しまれてきた名山である。毎年5月3日の大祭には、秋畑（あきはた）、那須の神楽の一行が登山し、伝統行事の太々神楽が奉納され、地元の人々はこぞって登拝する。

▲稲含山（上信電鉄車窓から）

　山頂近くに二つの稲含神社がある。下仁田町側の稲含神社は下仁田町栗山地区が祭り、山頂直下の平地に建つ。欽明天皇の元年（540年）の開基という古社である。甘楽町秋畑側の稲含神社は安閑天皇の御代（530年）に創建され、豊稲田姫（とよいなだ）を祭神とし、印度の国から日本に稲作と養蚕を広めたといわれている。

　稲含みの名は、この豊稲田姫が印度から種子を持ってくるのに、どこに隠しても見つかってしまうので、口に含んで持って来たという伝説による。

●コースガイド

　神の池公園駐車場から出発。林道を少し登ると一の鳥居が見える。二の鳥居への道を左に分けて右の小尾根を登る。送電鉄塔の脇をすぎると鳥居峠（正しくは茂垣峠）の案内板がある。道標には頂上へ0.95km、一の鳥

交通　マイカー 上信越道富岡ICで降り、甘楽町小幡へ向かい、さらに雄川に沿って秋畑へ。富岡ICから神の池公園まで約20km。駐車約20台、東屋、水道、WCがある。下仁田側は下仁田ICで降り、下仁田町から南下し高倉、茂垣を経て林道の新鳥居峠手前の駐車場へ。約20台。ただし工事用車両の転回場所でもあるので停め方に要注意。神の池公園は峠を越えるとすぐ先。

公共交通機関 上信電鉄下仁田駅から新鳥居峠までタクシー約30分。駐車場から赤鳥居まで徒歩約8分。

○問い合わせ
　甘楽町役場　☎0274（74）3131
　下仁田町役場　☎0274（82）2111

居へ0.2km、神の池へ0.5kmとある。すぐ上に赤鳥居が立つ。

　ジグザグ道を20分ほど登ると、258段と書かれた擬木の階段にかかる。この上から5分でベンチがあり、展望もある。

　まもなく正面に山腹が迫ってくると、転落防止のフェンスが始まり、鎖場を経て下仁田稲含神社に着く。ここから5分で山頂に着く。山頂には方位盤があり、南側を除いて広大な展望がある。

　往路を戻り、フェンスの端に秋畑稲含神社への道がある。最初は山腹を右に回り込むように進み、次いで長い木段を下りて秋畑稲含神社に着く。

　神社から20分たらずで二の鳥居をくぐるとすぐ下が神の水。まもなく広い山道となり、一の鳥居を経て神の池公園に戻る。

▲稲含山の鎖場

参考TIME	神の池公園 ➡ 一の鳥居 ➡ 鳥居峠 ➡ 秋畑分岐 ➡ 稲含山 ➡ 秋畑分岐
	0:10　　　　0:10　　　　0:35　　　　0:15　　　　0:10

➡ 秋畑稲含神社 ➡ 二の鳥居 ➡ 一の鳥居 ➡ 神の池公園
　　0:15　　　　　0:20　　　　0:15　　　　0:05

●アドバイス
▷大気が澄み遠望がきく落葉期の日だまり登山も楽しい。厳冬期は鎖場付近の岩場が凍結し、その上に落ち葉が積もっていて危険である。

見どころ　見ごろ

アカヤシオの花が咲く4月下旬から5月上旬が良い。またこの頃、那須のバス終点の奥の谷あいに張られた350mのワイヤーに、数百匹の鯉のぼりが泳ぐ光景が見られる。

甘楽町　　　　　　　　　　　　　　　　　　　　　　一般向き

天狗山

てんぐやま　667m

宝積寺～天狗山
2万5千図 上野吉井

| 適期 | 1 | 2 | 3 | 4 | 5 | 6 | 7 | 8 | 9 | 10 | 11 | 12 |

▶標準的な総歩行時間
　3時間20分
▶標高差　367m
▶眺望　△

●プロフィール

　天狗山は群馬県に数カ所あるが、甘楽町の天狗山（白倉天狗山）は平成14年に「ぐんま百名山」の一つに選ばれた。白倉神社の北方にある4等三角点666.8mが頂上だが、地元では、一地点ではなく、白倉神社一帯をお天狗山と呼んでいる。

▲天狗山（最高点の左手前の山・小幡から）

　白倉神社は古来多くの人々の尊信を集め、「お天狗様で春がやって来た」が、近郷近在の通り言葉として伝えられてきた。4月第3日曜日の例祭には、多数の人出で賑わう。

●コースガイド

　宝積寺下の第一駐車場から歩く。宝積寺の右脇の道を進むと、まもなく車道に出る。大きく曲がって尾根の東側に出ると、10分余りで、菊ヶ池へ2.3kmの鉄製道標を見る。7分ほどで桜公園に着く。東方が開けて、畑の向こうに天狗山の尾根が見える。

　正面の山道に入るのは間違い。この辺がコース中唯一の展望台である。桜公園に戻り、先に菊ヶ池を往復する。山道の分岐には鉄製道標があり迷わずに行ける。植林地の林道に飽きる頃、ガレ沢につきあたる。道標によ

交通　マイカー　国道254号を甘楽町に入り、福島信号のすぐ西の「福島駅前」信号を左折、小幡の桜並木を経て約6kmで宝積寺下の駐車場。
公共交通機関　JR高崎駅から上信電鉄30分で上州福島駅下車。駅前から、富岡駅始発の上信ハイヤーバス那須行き15分で下轟（しもとどろく）バス停下車。（250円、硬貨の用意が必要）。宝積寺へは徒歩約13分。

○**問い合わせ**
　甘楽町役場　☎0274（74）3131
　上信ハイヤー富岡営業所　☎0274（62）2621
　昭和タクシー（小幡）　☎0274（74）2022

りガレた山道を約2分登ると、右へ山腹をつたう細い道に入る。7分ほどで左上にお菊の祠(菊女金毘羅堂)がある。祠からわずか下ると、大きな岩石が重なり合い、下部には平地があって菊ヶ池の跡らしい。

往路を桜公園に戻り、公園手前(南端)の広い山道を登る。約15分で右上に「分収林」の看板があり道が分かれるが、左の広い道を登ると主稜線の鞍部に出る。左へ少しで天狗山の山名板があり、三角点もある。鞍部に戻り左下へ5分下ると白倉神社に着く。社殿や神楽殿があり、白倉へ下る側には赤鳥居もある。桜公園を通り、駐車場へ下る。

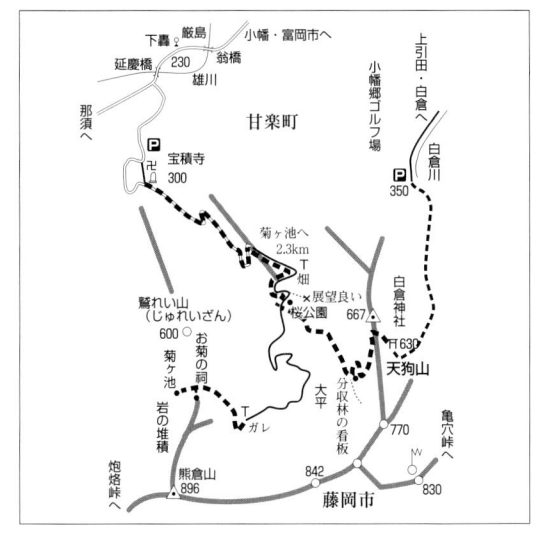

▲宝積寺のしだれ桜

参考 TIME

宝積寺 ➡ 桜公園 ➡ 菊ヶ池 ➡ 桜公園 ➡ 白倉神社 ➡ 桜公園
　0:40　　0:40　　0:30　　0:35　　0:25

➡ 宝積寺
0:30

●アドバイス
▷宝積寺から林道を桜公園付近まで入れるようだが、ここでは宝積寺から歩くコースとした。

●サブコース
[白倉コース](白倉神社の参道)。車で国道254号を吉井町から甘楽町に入ると、まもなく南側に赤い天狗面の目立つ天狗山入口がある。左折して南へ約3kmの上引田橋を渡って白倉川の左岸に移り、2.5kmで車道終点。駐車数台。白倉神社登山口標識がある。車道終点から白倉神社、山頂まで約3km1時間25分。初級向き。

見どころ 見ごろ

宝積寺の菊女観音像は高さ6m、本堂の前に立つ。周辺には甘楽町の名木、しだれ桜や大イチョウがある。「お菊まつり」は4月28日。

| 南牧村／下仁田町 | 一般向き |

鹿岳

かなたけ　1015m

下高原〜鹿岳
2万5千図 荒船山

| 適期 | 1 | 2 | 3 | 4 | 5 | 6 | 7 | 8 | 9 | 10 | 11 | 12 |

▶標準的な総歩行時間　3時間40分
▶標高差　585m
▶眺望　○

●プロフィール

鹿岳はラクダの背の二つのコブのような形で、遠くからも目立ち、四季を通じて変化に富み、人気の高い山である。

下仁田町と南牧村の境にあるが、南牧村の下高原（しもたかはら）から登られている。昔、岩峰の上から鹿を追い落として狩猟をしたので、鹿の岳（か）と呼んだという。

▲上高原から鹿岳

鹿岳の二つの岩峰は、近づくにつれてのしかかってくるようだ。南峰南面の岩壁は高度差百数十mという巨大さ。登路は両峰の岩場の間を登り、頂稜通しに続いている。

山頂からの展望は両峰ともすばらしいが、南峰からがより良く、西上州一帯の山々が手にとるように見える。

●コースガイド

南牧ハーブガーデン駐車場から約300m先が登山口で道標が立つ。山道に入り10分ほど登ると道はガレで行きづまるが、テープがあり左山腹を巻く。数分で鹿岳70分の道標があり、また数分で浅い洞穴のある大岩を見る。鹿岳50分の道標を過ぎ、登山口から50分で沢奥の二俣となる。杉林の中、

交通

マイカー　下仁田町から南牧村に向かい約6.5kmの小沢橋を右折し、3.5kmで南牧ハーブガーデン駐車場（有料）。約15台。

公共交通機関　上信電鉄下仁田駅から南牧バス勧能行き13分の「小沢橋」下車。下高原登山口まで徒歩約1時間。

○問い合わせ
　南牧村役場　☎0274（87）2011

きつい上りだ。ここからは30分たらずで鞍部に着く。

狭い岩尾根の鞍部は休憩に適さない。右へ4段の梯子をあがり、急登10分余りで南峰（一ノ岳）の頂上に着く。摩利支天の石碑があり、西上州の山々の展望台である。下の岩壁にはクライマーが取り付いていることもあるので、絶対に物を投げないように。

鞍部に戻り北峰（本峰、二ノ岳）へ向かうと5分ほどで20段の木の梯子がある。その上は鎖で、階段状の岩の急斜面を登る。頂稜に出ると山印の標石があり、その5分先が鹿岳頂上である。

展望を楽しんでから約10分で梯子の下に戻る。梯子を降りたら右へ下る。正面の下り道へは入らないこと。鞍部から往路を下る。杉林の中よりも、マメガタ峠を経て大久保へ下る方が山歩きの気分になれる。

▲南峰から見た本峰

参考TIME	駐車場	⇒	鞍部・南峰往復	⇒	鞍部	⇒	鹿岳本峰	⇒	鞍部	⇒	駐車場
	1:30		0:20		0:25		0:20		1:05		

●アドバイス
▷二つの岩峰間の稜線は崖際を歩くことが多いので慎重に。冬期は雪がなくても落ち葉の下の土が凍結するので要注意。

●サブコース
鹿岳〜四ツ又山　鹿岳本峰と南峰の鞍部のわずか手前から、四ツ又山方面への道標により、東側山腹へ少し下がり、落ち葉の急斜面をロープづたいの細道で横切る。

10分ほどでロープの部分が終わると、南峰の崖下から離れて、しっかりした尾根道になる。途中に道標もある平坦な尾根道を行き、急なジグザグを下るとマメガタ峠に着く。鹿岳本峰（55分）マメガタ峠。以後は四ツ又山の項を参照。

見どころ見ごろ

4月下旬から5月上旬にかけてアカヤシオ、ミツバツツジが咲く。10月末から11月上旬の紅葉はすばらしい。

南牧村／下仁田町　　　　　　　　　　　　　　　　一般向き

四ツ又山

よつまたやま　900m

大久保～四ツ又山
2万5千図 荒船山・下仁田

| 適期 | 1 | 2 | 3 | 4 | 5 | 6 | 7 | 8 | 9 | 10 | 11 | 12 |

▶標準的な総歩行時間　3時間10分
▶標高差　500m
▶眺望　□

●プロフィール

　四ツ又山は下仁田町と南牧村の境にあり、マメガタ峠をへだてて西は鹿岳に連なっている。山頂部は四つの鋸の歯のようなピークからなるが見る場所によっては、鋸歯があまり目立たなく、下仁田富士ともいわれる。

△四ツ又山（左）と鹿岳（右）

　この山は日本でも数少ない「根なし山（クリッペ）」の一つである。根なし山というのは、現在の位置に積もった地層でなく、よそでできた地層が、ほぼ水平に近い「押しかぶせ断層運動」によって、移動してきたものである。下仁田周辺の川井山、大崩山、御岳、大山とともに、一続きの地層のまま移動してきたものが、流水に浸食されて、現在のように独立した根なし山になったものといわれる。

●コースガイド

　大久保集落の集会所の手前に、南牧村ハイキングコースの案内図と四ツ又山登山口の案内板がある。20分ほど登ると大天狗峠への道を右に分ける。小さな沢に沿って登り、マメガタ峠に着く。

　峠から四ツ又山に向かい、約10分で見晴岩、さらに20分登るとロープ

交通　マイカー　下仁田町から南牧方面に入り、約6.5kmの小沢橋を右折し、約2.5kmで大久保。登山口案内板の先の橋の脇に5台ほどの駐車場。

公共交通機関　上信電鉄下仁田駅から南牧バス勧能行き13分の「小沢橋」下車。大久保登山口まで徒歩約40分。

○問い合わせ
　南牧村役場　☎0274（87）2011
　下仁田町役場　☎0274（82）2111

の付いた岩場が2カ所続き、その先で石祠のあるP4に出る。次いでP3は、山伏石像と少し先に石祠がある。少し戻って尾根の東側を巻く所が悪い。ロープはあるが足もとに注意し、振られないように進む。P2は少し手前に烏天狗、ピークには石像がある。四ツ又山頂上（P1）には山伏石像が立つ。狭い頂上は鹿岳や下仁田方面の眺めが良い。

雑木林の中を南の大天狗峠に下る。峠からは大久保へ下る。往路のマメガタ峠道と合う直前に、名水の水場がある。あとは往路を大久保登山口へ戻る。

なお、駐車場所がない時は、約700m先の鹿岳と同じ南牧ハーブガーデンの駐車場を利用する。大久保登山口まで徒歩10分。帰りは15分ほどである。

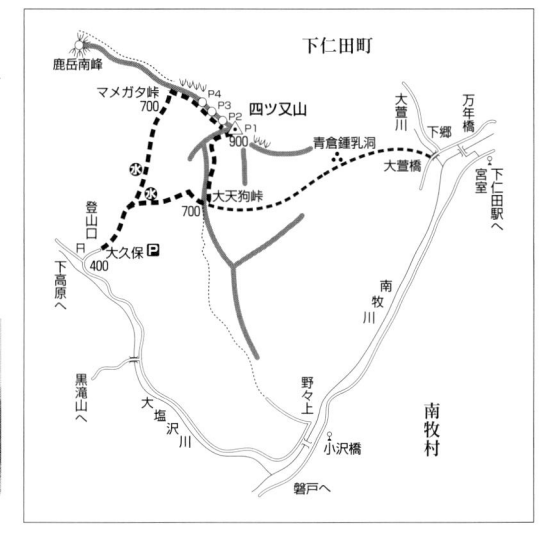

▲東麓から四ツ又山

参考 TIME

大久保登山口 ➡ マメガタ峠 ➡ P4 ➡ 四ツ又山頂上 ➡ 大天狗峠
　　　　　1:00　　　　0:40　　0:25　　　　　0:25

➡ 大久保登山口
0:35

●アドバイス
▷稜線の北東側は急崖で、南西側も急斜面になっており、積雪時、残雪時は特に要注意。
▷宮室コースは途中に鍾乳洞が3カ所あるが、いずれも入口が狭く、不用意に入ると危険

●サブコース
宮室コース 下仁田駅から南牧バス9分の宮室下車。すぐ先から鍾乳洞の標識がある。大萱橋を渡って山道に入る。第3洞入口標識からは約40分で大天狗峠に着く。宮室バス停（15分）大萱橋（25分）第1鍾乳洞前（50分）大天狗峠（35分）四ツ又山（50分）マメガタ峠（40分）大久保。

見どころ 見ごろ

4月下旬～5月上旬アカヤシオ、ミツバツツジが咲き新緑となる。10月末～11月上旬は紅葉が良い。

南牧村　　　　　　　　　　　　　　　　　　　一般向き

黒滝山

くろたきさん　870m

不動寺～五老峰
2万5千図 荒船山

| 適期 | 1 | 2 | 3 | 4 | 5 | 6 | 7 | 8 | 9 | 10 | 11 | 12 |

▶標準的な総歩行時間
　3時間10分
▶標高差　270m
▶眺望　○

●プロフィール

　黒滝山不動寺は奈良時代、行基菩薩作と伝えられる金躰不動明王像を安置して建立され、開運厄除け出世の不動として栄えてきた。

　江戸時代の延宝3年（1675年）黄檗宗開祖隠元の法孫潮音道海が黒滝派道場として中興し、末寺200余ヵ寺を有した。

　日東巌、星中巌、月西巌の絶壁に囲まれるように歴史的な寺院建築の数々が建っている。

▲不動寺山門

　坐禅、句会、探鳥会など訪れる人が多く、7、8月はキャンプ村も開設される。

　寺の南側にそびえる五老峰は、梯子や鎖を使ってのスリルある岩稜登りである。観音岩は頂上に観音像、周辺に33体の石仏がある。

●コースガイド

　不動寺に参詣し、山門前に戻る。10分弱で峠（752m）に着く。左へ行くと鉄柵のある馬の背だ。すぐ先で梯子と鎖の登りになる。最後の梯子20段は垂直に近い。十数分で難所を通過すると約8分で見晴台の岩に着く。

　見晴台からわずか戻って稜線東下を横切り稜線に戻る。九十九谷への分

交通

マイカー　下仁田町から南牧村に入り、小沢橋で右折して約5kmで黒滝山駐車場。2ヵ所35台。下段の第2駐車場はWCあり。

公共交通機関　上信電鉄下仁田駅から南牧バス勧能行き23分の六車下車。徒歩約2.3km40分で下底瀬公会堂脇の黒滝山登山口。または同バス20分の雨沢下車。隣接のタクシー約3.5kmで下底瀬の同登山口。

○問い合わせ
　南牧村役場　☎0274（87）2011
　黒滝山不動寺　☎0274（87）3037
　雨沢ハイヤー　☎0274（87）2323

岐標識を左へ直進し、観音岩に登る。ここを頂上とする。天気が良ければ高崎市が見える。

頂上から戻って九十九谷分岐を左へ折れる。時々露岩の上を歩く時は、右側に九十九谷の岩壁群が見える。下底瀬分岐で少し下りかけて登り返す。大岩の上を渡るが、ちょっと勇気がいる。

その3分先の鞍部から2分登ると鷹の巣岩の頂上である。鞍部に戻ってくねくねと下る。15分で涸れ沢に降り、5分で車道に出る。北へ登ると黒滝山分岐で、左に道標、右に元治元年の二十三夜塔が立つ。

右へ折れてしばらく上ると峠に着く。不動寺の前から駐車場へ下る。

△馬の背　整備されており不安はない

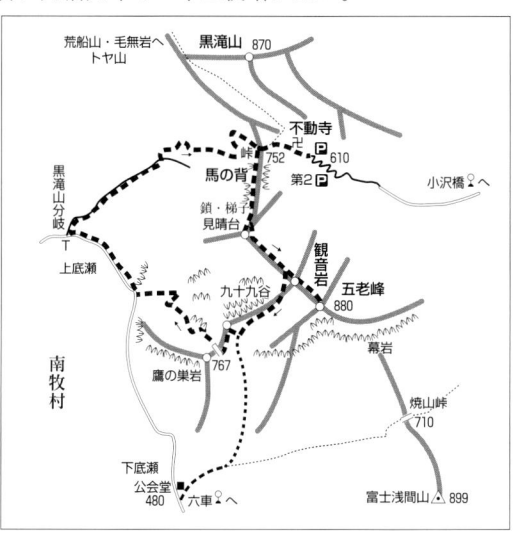

参考 TIME

駐車場 ➡ 不動寺 ➡ 峠 ➡ 見晴台 ➡ 観音岩 ➡ 下底瀬分岐
　　0:10　　 0:10　 0:25　 0:20　　 0:25

➡ 鷹の巣岩 ➡ 上底瀬・黒滝山分岐 ➡ 峠 ➡ 駐車場
0:10　　　 0:30　　　　　　　　0:35　 0:20

●アドバイス
▷梯子、鎖や、やせ尾根の通過に注意、降雪や雨で湿っている時は特に要注意。

●サブコース
六車コース　不動寺へ戻らず、六車（むくるま）バス停へ下るコース。鷹の巣岩からすぐ下の鞍部に戻りさらに数分で、往路を下底瀬下降点まで戻る。細道を下りきると焼山峠道と合い、まもなく下底瀬公会堂前の車道に出る。六車バス停まで約35分。六車から下仁田駅まで南牧バス23分。

見どころ 見ごろ

新緑の断崖に藤の花が咲く頃は特に美しい。九十九谷の紅葉は、侵食谷の奇岩、怪石の景観がすばらしく、西上州の隠れた名所である。

索　引

あ

赤城山（あかぎやま）／8
赤久縄山（あかぐなやま）／200
吾妻山（あづまやま）／20
朝日岳（あさひだけ）／80
浅間隠山（あさまかくしやま）／114
浅間山（あさまやま）／106
四阿山（あずまやさん）／120
吾妻耶山（あづまやさん）／76
阿能川岳（あのうがわだけ）／74
荒船山（あらふねやま）／178
有笠山（ありかさやま）／140
稲包山（いなつつみやま）／66
稲含山（いなふくみやま）／206
岩櫃山（いわびつやま）／138
牛伏山（うしぶせやま）／157
エビ山（えびやま）／132
烏帽子岳（えぼしたけ）／188
王城山（おうじょうさん）／136
大桁山（おおげたやま）／176
太田金山（おおたかなやま）／26
大水上山・丹後山（おおみなかみやま・たんごやま）／88
大峰山（おおみねやま）／78
小沢岳（おざわだけ）／198
小野子山（おのこやま）／144
御飯岳（おめしだけ）／124

か

篭ノ登山（かごのとやま）／112
笠ケ岳（尾瀬）（かさがたけ）／36
笠ヶ岳（谷川）（かさがたけ）／82
笠丸山（かさまるやま）／190
迦葉山（かしょうざん）／98
鹿岳（かなたけ）／210
鹿俣山（かのまたやま）／96
観音山（かんのんやま）／154
鬼怒沼山（きぬぬまやま）／52
草津白根山（くさつしらねさん）／126
栗生山（くりゅうさん）／14
黒滝山（くろたきさん）／214
黒斑山・蛇骨岳（くろふやま・じゃこつだけ）／108
景鶴山（けいづるやま）／34
袈裟丸山（けさまるやま）／12
庚申山（こうしんやま）／156
荒神山（こうじんやま）／22
鉱石山（こうせきやま）／104
子持山（こもちやま）／148
金精山（こんせいざん）／42

さ

桜山（さくらやま）／204
皿伏山（さらぶせやま）／32
茂倉岳（しげくらだけ）／70
至仏山（しぶつさん）／28
十二ヶ岳（じゅうにがたけ）／146
白毛門（しらがもん）／84
白砂山（しらすなやま）／130
四郎岳（しろうだけ）／50
皇海山（すかいさん）／48

錫ケ岳（すずがたけ）／46
諏訪山（上野村）（すわやま）／180
諏訪山（神流町）（すわやま）／184
石尊山（せきそんさん）／158
仙ノ倉山（せんのくらやま）／58
崇台山（そうだいさん）／160

た

大源太山（だいげんたさん）／62
平標山（たいらっぴょうやま）／60
高岩（たかいわ）／168
高間山（たかまやま）／135
嵩山（たけやま）／142
立岩（たついわ）／194
谷川岳（たにがわだけ）／54
茶臼山（ちゃうすやま）／24
角落山（つのおちやま）／116
父不見山（ててみえじやま）／186
天狗岩（てんぐいわ）／192
天狗山（てんぐやま）／208
天丸山（てんまるやま）／182
戸神山（とかみやま）／100

な

鳴神山（なるかみやま）／18
日暮山（にっくらやま）／170
日光白根山
　（にっこうしらねさん）／38
根本山（ねもとさん）／16

は

八間山（はちけんざん）／134
鼻曲山（はなまがりやま）／118
榛名山（はるなさん）／150
桧沢岳（ひさわだけ）／196
平ヶ岳（ひらがたけ）／90
武能岳（ぶのうだけ）／72
武尊山（ほたかさん）／92

ま

巻機山（まきはたやま）／86
万太郎山（まんたろうやま）／68
御荷鉾山（みかぼやま）／202
三国山（みくにやま）／64
三峰山（みつみねやま）／102
御堂山（みどうやま）／172
妙義山（みょうぎさん）／162
物語山（ものがたりやま）／174
物見山（ものみやま）／166

や

温泉ケ岳（ゆせんがたけ）／44
湯ノ丸山（ゆのまるやま）／110
横手山（よこてやま）／128
四ツ又山（よつまたやま）／212

山行チェックリスト (コピーしてお使いください)

■日帰りまたは小屋泊まり2～3泊の一般的山行に必要と思われるものをリストアップしました。

山行地（　　　　　　　　）　山行日　　年　　月　　日　◎は必携

	無雪期	積雪期	チェック
■装備			
登山靴	◎	◎	
ザック	◎	◎	
ザックカバー	○	○	
ストック	○	○	
ピッケル		◎	
アイゼン		◎	
スパッツ	○	◎	
コンロ（自炊の場合のほか、お茶や昼食にも）	○	○	
コッフェル（自炊の場合は必須）	○	○	
食器類（少量を多目的に流用）	○	○	
トイレットペーパー（本来の用途のほか多用途に）	◎	◎	
水筒	◎	◎	
テルモス（保温水筒）		○	
ヘッドランプ	◎	◎	
非常セット	◎	◎	
ツェルト（非常用シート）	◎	◎	
コンパス	◎	◎	
2万5千分の1地形図	◎	◎	
高度計（高度計付時計）	○	○	
サングラス	○	○	
■衣類			
登山用下着・靴下（着用）	◎	◎	
着替え一式（下着・靴下等）	○	○	
登山用シャツ（綿製品は不可）	◎	◎	
登山用ズボン（ジーパン等は不可）	◎	◎	
ズボン下		◎	
フリース・セーター等（薄手）	◎		
フリース（厚手）		◎	
アウターウェア上下		◎	
手袋（冬季はオーバーミトンも）	○	◎	
雨具	◎	◎	
帽子（冬季は目出帽等を）	◎	◎	
■食料			
主食（自炊の場合）	◎	◎	
行動食（昼食・おやつ・嗜好品）	◎	◎	
予備食・非常食（日帰りの場合でも1日分を）	◎	◎	
飲料水	◎	◎	
ゴミ袋（ビニール袋）	◎	◎	
■計画			
計画書（留守家族・所属団体等への連絡も）	◎	◎	
宿泊予約（山小屋・キャンプ場等）	○	○	
交通機関・非常時連絡先等の手配・調べ	◎	◎	

ぐんま百名山　まるごとガイド

発行日　2007年7月25日　初版1刷
　　　　2008年9月15日　初版2刷
　　　　2012年4月5日　初版3刷
　　　　2016年4月27日　初版4刷

調査・執筆

横田　昭二

協力

間弓　幸信（写真：△印）

編集・発行

上毛新聞社事業局出版部

〒371-8666　群馬県前橋市古市町1-50-21
Tel 027-254-9966　　Fax 027-254-9906

本書の無断複写・複製・転載を禁じます。

定価：本体1,500円＋税